전통올림낚시
수조 찌맞춤법

이정호의 떡밥낚시용

전통올림낚시
수조 찌맞춤법

이정호 지음

수조 찌맞춤의 논리적 타당성을 알면 편견을 버릴 수 있다!

추론이 아닌 과학의 바탕에서 본 합당한 실무서

양식붕어 · 토종붕어용 실전 전통 수조 찌맞춤

좋은땅

목 차

전통올림낚시(떡밥낚시용) 기초 이론

찌맞춤법

글루텐떡밥 대어낚시 요령

책머리에

...

"필자가 처음 낚시를 배운 시점은 필자의 나이 14세(1979), 까까머리 중학 1학년쯤 되었다. 나는 ○○낚시회 총무님으로부터 우리식 선통 수조 찌맞춤법을 배웠고, 당시 ○○낚시회(낚시방)에는 폭 30㎝, 깊이 1m 이상 되는 대형 수조통이 점포 중앙에 있었으며, 여러 아저씨들이 신기한 듯 필자를 지켜보는 가운데 총무님께서 '무바늘 표준·수평 찌맞춤법'을 전수하셨던 기억이 아직도 생생하다."

이정호의 '무바늘 찌톱 한 마디 기준 수조정밀 찌맞춤법'과 각종 이론들은 우리의 전통붕어낚시 원조 격인 수평·표준 찌맞춤법과 맥을 같이하며(계승·발전시킴) 2007년 2월, 낚시 단행본과 개인 카페, 블로그를 통해 발표한 지 벌써 11년이라는 세월이 흘렀고, 현재는 낚시계의 보편타당한 이론으로 자리매김해 나가는 상태이다.

우리식 낚시 기법인 표준·수평 찌맞춤법은 봉돌이 반드시 바닥에 닿아 있어야 하고, 동시에 고품질의 찌올림을 실현시키며 헛챔질이 발생하지 말아야 한다. 이를 규칙(법칙, 약속, 절도, 지조)이라 한다. 그래서 우리식 낚시 기법을 선비 낚시라 하며 이를 즐기는 전통붕어낚시인도 선비 낚시인이라 한다. 선비 낚시인들은 오랜 세월 고품질의 예쁜 찌올림을 갈망해 왔고, 필자도 마찬가지로 오랜 기간 이토록 어려운 전통붕어낚시의 꿈을 실현하고자 목표와 관념을 가지고 연구해 왔다. 연구하고 발표하는 과정에서 우리의 맥인 표준 찌맞춤법을 고스란히 보존시킬 수 있었고, 이런 가운데 고품질의 예쁜 찌오름과 함께 동시에 많은 어획량을 올릴 수 있는 방법을 연구하여 마침내 발표할 수 있었다.

그렇지만 이론을 발표할 당시만 하여도 낚시계는 봉돌에 바늘을 달고 케미꽂이나 케미컬라이트의 일정 부분이 수면과 일치하게 찌맞춤 하는 것을 정석으로 여기며 대부분 현장에서 찌맞춤 하는 것이 대세이자 일반 상식으로 통하던 시절이었다. 당시 필자는 낚시계에 전혀 알려지지 않은 이름 모를 무명의 생활 낚시인이었고, 여러 경로를 통해 찌맞춤 관련 낚시 이론을 발표하였으나, 무명인 관계로 필자는 허무맹랑하고 궤변론자이자 유명해지고 싶어 우쭐거리는 반항아 정도로 여겨질 뿐이었다.

당시 필자의 주장은 낚시업을 생업으로 하며 명성을 얻은 일부의 낚시인들이 주장하는 이론과 매우 상반된 내용이었으며, 논쟁 과정에서 필자의 주장이 옳다는 것을 그분들도 점차적으로 알게 되었고, 그분들로서는 적지 않은 충격과 받아들이기 곤란한 지경임을 필자가 미처 이해하지 못한 측면이 있었다. 돌이켜 보면 관계자분들과의 논란과 충돌은 불가피한 상황이었으나 좀 더 슬기롭게 대처하지 못한 것에 대해 아쉬움도 있다.

이후 그분들에 의하여 필자가 발표한 각종 낚시 이론들이 단계적으로 보급되면서 (필자의 주장을 공부한 조구업체 대표, 찌 제작자분들이 자신들이 운용하는 홈페이지, 카페, 블로그를 통해 발표함으로써 간접적으로 급속히 퍼져 나감) 덕분에 필자의 주장이 보편타당한 이론으로 낚시계에 자리매김하는 데 촉매제 역할을 하였던 것이 사실이다. 더불어 역사의 산증인이자 든든한 후원자이신 우리 동호인들의 끝없는 관심과 사랑, 응원에 힘입어 여기까지 올 수 있어 감사할 뿐이고, 필자 스스로 평가하기에도 우리식 전통붕어낚시 역사에 있어서 큰 획을 그은(우리 고유의 전통붕어낚시 찌맞춤인 표준 찌맞춤법의 맥을 이어 획기적으로 발전시킨) 장본인이라 하여도 과언이 아니겠다.

당시에는 여러 에피소드도 있었는데, 발표 이후로 전국의 많은 낚시인들이 천 리 길을 마다하지 않고 필자의 사무실로 찾아와 찌맞춤 방법 및 원리, 각종 간과하기 쉬운 낚시 행위 등 필자의 주장을 듣고 이해하며 공부하신 분들의 모습이 생생하다. 그중 이해력이 높은 지식인(연구원, 교수, 직장인, 엔지니어, 의사, 공무원, 사업가 등)이나 조력이 풍부한 낚시인들께서는 손바닥으로 무릎을 치며 아뿔싸 내가 지금까지 헛낚시를, 아니 허송세월을 보냈구나 하며 탄식하던 모습이 지금도 생생한 추억으로 간직하고 있다. 그분들 중에는 우리 단체에서 가장 낚시 기술이 뛰어난 필자의 후원인이자 애제자 안영섭 교관도 있었다. 안영섭 교관은 필자가 주장하고 발표한 각종 이론과 운용법의 실효성과 우수성을 가장 잘 이해하였다.

여러분도 잘 아시다시피 봉돌이 바닥에 닿는 우리식 낚시 기법은 붕어가 미끼를 흡입하고 일정 거리를 이동, 상승해야만(붕어가 위험을 감지하고 미끼를 뱉을 수 있는 기회를 주는, 침략적이지 않은 우리 민족의 기풍) 비로소 찌가 움직이기 시작하며, 여타 공격적이고 동적인 외래낚시 기법과는 확연히 다른 선비 낚시의 정적인 기풍과 우리 민족의 기상(찌올림), 성품 등을 내재한 매우 정서적이면서도 과학적이고 재미있는 낚시이다. 이렇듯 우리의 정서가 가득한 우리식 낚시가 이 땅의 주인임을 널리 알려지고 올바른 방법의 찌맞춤 원리를 획기적으로 발전시킨 우리의 표준 찌맞춤법을 모든 분들이 좀 더 알기 쉽게 이해하도록 중요 내용만을 총정리하여 수록함으로써 우리식 낚시를 좋아하는 낚시인들께 조금이나마 도움이 되었으면 하는 바람이다. 또한 우리나라도 엄연히 우리식 전통붕어낚시가 존재하며 찌맞춤 이론과 원리를 중심으로 기록한(낚시계 최초로 기록한) 전문 서적이 존재함을 후세에 알리고자 한다.

본서에는 유일무이 대한민국을 대표하고 존경받으신 전통붕어낚시 명인 평산 송귀섭 선생, 전통죽간낚싯대 제작 용운공방 송용운 명장, 월간 피싱리더 연재필자 박재호 선생, ㈜나노피싱 나노추 제작 엔지니어 변재만 대표 등이 동참하여 초대 에세이 코너를 통해 잔잔한 낚시 이야기와 전통낚시 관련 전문 글, 사진, 관련 작품, 상품을 함께 수록하여 수준 높은 양질의 전통낚시 이론서 겸 교양서가 되도록 하였다. 이와 더불어 본인이 지난 세월 정립한 정확하고 실효성이 높은 찌맞춤 이론만을 위주로 다루어 찌맞춤 관련 전문 서적이자 기록서를 목표로 하고자 한다. 참고로 필자가 실전에서 경험한 낚시 관련 운용법이나 기초 지식은 초보자들의 이해를 돕고자 최소한의 분량만 수록하기로 하며, 그 외 낚시 전문 이론, 낚시교양, 붕어의 생태, 포인트 분석, 기타 낚시 일반 상식 등 전반에 걸쳐서 전문적인 야전 실습 분야는 이미 송귀섭 명인을 비롯하여 선각자분들께서 수없이 많은 자료들을 축적시키고, 상세히 기록한 내용들이 발표되어 왔기에 필자가 또다시 기록할 이유가 없다. (필자가 이론서를 내기까지 마음의 스승이신 송귀섭 선생, 박재호 선생을 비롯하여 대선배 낚시인들께서 산통 끝에 정립시켜 오신 낚시 전문 지식이 밑거름이 되어 실효성 있는 전통 찌맞춤법을 마침내 완성하여 책으로 엮어 낼 수 있었음을 너무도 감사하게 생각하며, 이제는 현장, 수조에 관계없이 찌맞춤을 완성시킬 수 있는 방법을 본서를 통해 마무리 짓고자 한다.) 이제 마음이 홀가분하고 더 이상의 짐은 내려놓고자 한다.

본서가 완성되도록 격려해 주신 전통붕어낚시계의 대부이신 평산 송귀섭 명인, 전통 죽간낚싯대 송용운 명장, 원고 전체를 꼼꼼히 자문해 주신 붕어낚시 전문가 박재호 선생, 대한민국을 대표하는 낚시추 ㈜나노피싱 변재만 대표, 안영섭 교관께 다시 한번 감사의 마음을 전하며 이 책을 출간할 수 있게 도움 주신 관계자 여러분께도 감사하고 특별히 옆에서 협력하여 준 아내와 친구 박인호, 유년 시절부터 함께 낚시를 다니고 조언해 준 친구 이덕진, 채윤성, 지난 십여 년간 아낌없는 사랑과 관심으로 이끌어 주신 추억이 가득한 동호회 낚시 친구분들과 좋은땅 출판사에 감사의 뜻을 전한다.

2018년 6월 5일
이정호

발간에 대하여

...

**우리의 전통붕어낚시는 매우 교육적이고 과학적이면서 독특한
(찌가 상승하는 세계 유일의) 낚시 방법과 문화를 가지고 있다.**

　필자 세대의 조부모님, 부모님 세대 등 선배 낚시인 세대와 우리 세대들을 돌이켜 보았을 때 우리의 낚시 방법과 낚시 대상어인 붕어는 토종(동식물 등 산천초목), 미풍양속(풍속, 민속)들과 그 성품이나 생김새가 너무도 흡사하다. 그로 인해 자연스럽게 우리나라 낚시인들의 낚시 형태도 여유와 자연을 즐기는 찌오름 낚시를 좋아하지 않나 싶고 그 어느 누구도 찌올림 낚시 자체를 나쁘다고 평한 사람을 만난 적이 없었다. 그렇지만 전통바닥올림낚시의 역사에 대한 자료와 옛 문헌이 빈약하거나 없는 것이 현실이고 오래전부터 우리 낚시인들이 해 오던 전통바닥낚시 방식이 지금 우리가 배우고 익혀 온 방법과 동일한지는 정확히 알 수 없다.

　필자가 참으로 안타깝게 생각하는 것은 우리가 도자기 기술을 가르쳐 준 이웃 나라 일본을 보더라도 여러 가지 존칭을 써 가며 자기네 나라 낚시 기법을 잘 구사하고 발전시키는 조사들에게 명인이니 하는 존칭을 붙여 주고, 자기들의 낚시 기법을 최고로 여기며 각종 자료를 수집하고 기록물로 보존하고 있다. 반면에 아직도 케케묵은 찌맞춤론이 주제가 되어 책까지 발간하고 대단한 기술을 개발한 것처럼 갑론을박하며 낚시인들을 혼란스럽게 한다는 질책이 있을 수 있다. 그렇지만 찌맞춤의 중요성은 새삼스러운 일이 아닐 것이다.

　일본의 분야별 낚시와 관련된 전문 서적이 차고 넘치며 이를 체계적으로 정리해 온 그들을 볼 때 우리도 우리의 낚시 기법(전통올림낚시)에 대한 분야별 전문 지식과 기

록물 등을 수집하고 표준화된 규정과 방법론(우리식 낚시의 정확한 낚시 기술)을 체계화시킬 필요성이 있어 본서와 같은 전문낚시기술 서적이 많이 발간되어야 한다고 본다. 이렇듯 문서나 전문낚시기술 서적 등을 출간하는 것은 후손에 대한 배려이자 기록물이며 낚시인들을 섬기는 마음이라 하겠다.

빈약하나마 사료가 남아 있는 전후 세대~2000년대의 짧은 전통붕어낚시 역사 속에서도 전통올림낚시라는 수식어는 할아버지에서 아버지, 아버지에서 아들로 계통을 이루며 관습이 되어 왔기에 이 기간만이라도(전통올림낚시의 짧은 역사) 우리의 전통놀이 문화 중의 하나인 전통올림낚시를 우리 스스로 인정하고 사료를 수집하여 편찬과 더불어 교육, 보급이 진행되어 나간다면 우리의 정체성을 확립시킬 수 있을 것이라 생각되어 본서를 발간하게 되었다.

■ **평산 송귀섭 명인**

2005년 11월, 항상 마음속의 스승으로 모셨던 원로 예춘호 선생 댁을 찾았다가 선생을 모시고 물가로 나가서 낚시를 하던 중에 "일본사람들은 사소한 자기 지식도 책으로 내서 후학들에게 남긴다네. 그렇지 않으면 귀한 지식이 사라져 없어지거든. 우리는 그것을 배워야 해. 그러니 이제 평산도 책을 내시게."라고 했다.

그날 이후 필자는 그 동안 모아 두었던 자료를 정리해서 세 권의 붕어낚시 이론서를 냈다. 이때 글을 써서 책으로 엮어 낸다는 것이 얼마나 큰 산통(産痛)을 겪어야 하는지를 경험했었다.

그리고 2018년 3월, 이정호 선생이 책을 내겠다고 찾아왔을 때 책을 탄생시킨다는 것, 더구나 논란이 많은 전통 찌맞춤에 대한 이론 정리라니…… 맘속으로 크게 걱정이 되었다. 그러나 이정호 선생은 이미 농익은 전통 찌맞춤 이론을 정리한 상태였고, 그것을 완성해서 책으로 엮었다. 낚시동호인으로서 고마운 일이다.

낚시는 대자연 속에서 자아(自我)를 낚는 것이고, 그 낚시에서의 찌는 보이지 않는 물 속 불확실성과 소통(疏通)하는 매개(媒介)이면서 낚시의 꽃이다. 그리고 찌맞춤은 그 꽃을 활짝 피어나게 하여 소통의 길을 터주는 요술(妖術, magic)이다. 이정호 선생은 이 찌맞춤 요술을 글로 정리하여 책을 통해 세상에 내놓는 것이다.

붕어는 찌를 통해 말하고 우리는 그 찌를 보고 붕어와 소통한다. 또한 찌는 간드러지고 우아한 모습이 그자체로 아름다움이다. 그 찌오름의 아름다움에 대해 필자는 '붕어낚시의 오르가슴'이라고 표현하기도 했다. 그리고 그 아름다움은 수중 붕어의 행동을 정직하게 표현해 줄 때 배(倍)가 된다. 그러면 정직함은 어디에서 오는가? 바로 찌맞춤의 정확함에서 온다. 바로 그 찌맞춤을 정확하게 하는 것, 이것을 이 책은 설명하고 있다.

 찌맞춤 그까짓 것 아무렇게나 해도 붕어는 낚을 수가 있다. 그러나 맛이 있는 낚시를 즐기기 위해서는 아무렇게나 찌맞춤을 해서는 안 된다. 더구나 지금 내가 하고 있는 낚시가 대자연 속에서 자아(自我)의 혼(魂)을 건지는 낚시라면 가장 중요한 찌맞춤을 무시하고 아무 생각 없이 대충할 수가 있겠는가? 이정호 선생은 그 '찌맞춤에 대한 심오한 생각'이라는 것을 이 책을 통해서 상세히 설명해 주고 있다.

 독자들은 '찌맞춤, 그것은 아무것도 아니다'가 아니라 찌맞춤 속에 대자연(大自然)과 나와 붕어를 연결하는 낚시 철학이 녹아들어 있다고 생각하고 이 책에 접근했으면 하는 바람이다. 그리고 이정호 선생이 제시하는 정밀한 찌맞춤을 통해서 붕어낚시의 오르가슴에 도달하기를 바란다.

2018년 6월 寓居에서
평산 송귀섭

■ 용운공방 작품전
_글·사진 설죽 송용운

　이정호 선생의 『전통올림낚시 수조 찌맞춤법』 개정증보하여 발간하심을 진심으로
축하드립니다. 또한 낚시인의 한 사람으로서 낚시에 대한 그리고 수조 찌맞춤법에 대
한 체계적이고 이론적으로 접근한 교과서와도 같은 서적 발간은 낚시계의 한 획을 긋
는 기념비적인 일이라고 생각합니다. 이같이 뜻깊은 서적 발간에 작은 부분이지만 힘
을 합할 수 있음에 감사드립니다.

　저는 초등학교 시절 낚시를 좋아하시는 아버지에게 대나무 낚싯대로 낚시를 배웠고,
바늘에 지렁이를 끼워 던져 넣으면 물속의 상황을 전달해 주는 찌의 반응을 보고 붕어
를 잡아내는 모습이 신세계를 보는 듯 경이로웠습니다.
　어렸지만 맑은 물 앞에 앉아 햇빛에 반응하여 은빛 비늘로 일렁이는 작은 물결, 파란
하늘에 피어난 뭉게구름, 불어오는 산들바람을 온몸으로 느끼며 하는 낚시는 저만의
작은 천국과도 같았답니다.

　중학교 시절에는 낚시가 얼마나 좋았던지, 토요일마다 제가 등·하교하는 자전거에는
책가방 대신 제가 직접 만든 낚시 가방에 아버지에게 선물로 받은 대나무 낚싯대를 싣고
학교에 갔고, 수업이 끝나면 근처의 저수지와 강물에 낚싯대를 드리우고는 했습니다.
　낚시를 못 갈 때는 집에서 낚시 바늘도 직접 묶고 한 바늘은 바닥에 닿고, 한 바늘은
떠 있는 채비를 고안해 옆에서 낚시하시던 어른들보다 더 많은 붕어를 낚으며 우쭐대
기도 했었답니다.

그 이후로 글라스 낚싯대가 나오고 카본 낚싯대가 나와, 가볍고 잘 안 부러지는 더 긴 낚싯대로 낚시가 가능했지만 대나무 낚싯대에서 느끼던 손맛보다는 부족한 뭔가가 늘 아쉬움으로 남았었습니다.

그렇게 성장하면서 '내가 직접 만든 대나무 낚싯대로 낚시를 하면 좋겠다.'라는 꿈을 품게 되었고, 대나무만 보면 구해와 집에서 나만의 낚싯대를 수도 없이 만들어 봤습니다. 그러던 차에 코엑스 낚시쇼에서 고 방기섭 선생님을 만나 뵈었습니다. 그 후 제가 만든 대나무 낚싯대를 들고 순천의 '승작' 방기섭 선생님을 찾아뵙고 지도를 받으며 지금에 이르는 죽간·전통 대나무 낚싯대를 제작하는 '용운공방'을 꾸려 가고 있습니다.

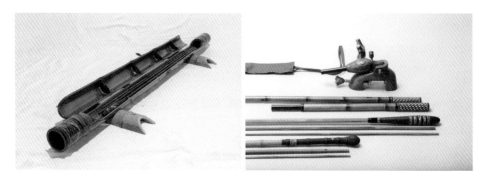

설죽 송용운 作(용운공방)

물가에만 앉아 있어도 마음이 평안해지고 자연과 동화되어, 내리쬐는 햇볕은 내 몸을 깨우고 싱그러운 초록의 산하는 내 마음을 정화하고, 물속의 붕어와는 찌와 교감하여 죽간으로 붕어를 걸어 낼 때는 삶의 아름다운 카타르시스에 전율하곤 합니다.

이정호 선생님의 『전통올림낚시 수조 찌맞춤법』 개정증보판이 많은 낚시인에게 보급되어 자연과 하나 되는 낚시가 각박한 현대인들의 삶에서 또 다른 위안이 되고 위로가 되기를 바라는 마음입니다.

안성맞춤의 고장에서
용운공방 송용운

인사말

필자와 김규환 전통올림낚시 동호회장

■ 전통올림낚시회장 일선 김규환

먼저『전통올림낚시 수조 찌맞춤법』개정판 출간을 축하드립니다.

돌이켜 보건대 정호 아우와의 첫 만남이 '전통올림낚시 찌맞춤법'을 접하고부터 10여 년이라는 세월의 인연을 맺어 왔네요.

언제나 열정을 가지고 전통올림낚시 연구와 결과물을 보급하는 데 앞장서는 모습을 지켜보면서 한편으론 자랑스럽기도 합니다.

특히 생업에 최선을 다하는 가운데 전통올림낚시 기술의 초석이 되어 준 이론적 분석과 기술적 완성의 기본 과정을 출간하기까지 많은 어려움이 있었겠지만, 이제 결실을 맺었으니 다시 한번 노고를 치하하며 더욱더 활발한 활동과 정진하는 모습을 기대하겠습니다.

한 가지만 더 말씀드리고자 합니다. 저도 낚시한 지 어언 50년이 되어 가는 듯합니다. 과거에도 그렇고, 현재도 현장에서 채비가 유실되었을 때 어쩔 수 없이 찌맞춤을 다시 할 수는 있으나 현장에서 찌맞춤을 다시 한다는 것은 매우 비효율적이라 생각합니다. 문제는 장소에 앞서 정확한 낚시 원리에 의한 찌맞춤 과정을 간과했던 것이죠. 이제는 낚시 이론의 학술적 가치와 실효성이 입증된 편리하고 정확한 '이정호'식 수조 찌맞춤법이 낚시계에 자리 잡았고, 더욱더 잘 퍼져 나가게 되기를 기대합니다. 그리고

저 자신과 우리 단체가 그렇게 되도록 노력할 것을 다짐해 봅니다. 이정호의 수조 찌맞춤법과 함께해 온 자랑스러운 大전통올림낚시회의 십여 년 역사를 다시 한번 되돌아보면서 우리 모두의 가슴속에 간직된 소중한 시간들을 되새겨 보며.

2018년 7월 20일
一先 김규환

■ 전통올림낚시 수조 찌맞춤법
절친회장 박영동

안녕하십니까! 이정호의 전통올림낚시 수조정밀 찌맞춤법 절친동호회장 박영동입
니다. 먼저 이정호의 『전통올림낚시 수조 찌맞춤법』개정증보판 발간을 진심으로 축하
드리며 적극 지원합니다.

저에게 낚시는 할아버지와의 소중한 추억이 깃든 보물 상자와 같습니다. 보물 상자
에 담긴 할아버지와의 추억, 손맛, 기쁨, 희열은 성장기 어린 나에게 인생의 교과서가
무엇인지 알게 하였고, 정말 잊지 못할 소중한 기억이었습니다.

그래서인지 제가 생각하는 낚시란! 낚시터에서 아들과 함께하는 시간은 커다란 활력
소이자 낚시를 통해 인생의 즐거움을 찾는 추억이라 말씀드리고 싶습니다. 남이 보면
낚시가 무슨 친구고 즐거움이며 생활의 활력소냐 웃을 수도 있겠지만 낚시인이라면 공
감하시리라 생각합니다. 잡고 놓아주는 단순한 만족감에서 벗어나 자연에서 가족, 친
구들과 함께하는 시간 등을 소통의 기회로 삼아 값진 삶을 누릴 수 있다면 얼마나 행복
하겠습니까!

언제부터인가? 저에게 또 다른 즐거움이 생겼습니다. '무바늘 찌톱 기준 수조정밀 찌
맞춤법'을 접하고부터 잡는 즐거움과 함께 붕어의 예신과 본신이 구분되었고, 교과서
와 같은 예쁜 찌올림을 마음껏 보면서 낚시를 즐기게 되었다는 것입니다.
이제 개정증보판이 새롭게 출간되므로 인하여 편리하고 정확한 수조정밀 찌맞춤 이

론의 당위성이 확고히 되리라 믿어 의심하지 않습니다. 작은 힘이나마 단체를 대표하는 사람으로서 우리 수조 찌맞춤법 절친 동호회원분들과 함께 절대적인 신뢰와 응원을 보내며 좀 더 많은 낚시인이 보고 습득하시어 쉽고 편리한 수조 찌맞춤법으로 인하여 더욱 빛나는 낚시인이 되기를 소망합니다.

끝으로 한 가지 더 말씀드리고 싶은 것은 낚시는 시작이 중요합니다. 일상생활에서도 예의와 범절이 있듯이 낚시 문화에도 낚시인으로써 반드시 지켜야 할 에티켓과 실천사항이 있습니다. 고성방가, 음주, 농민들과의 마찰, 쓰레기 무단투기 등으로 주변 사람들과 불미스러운 관계가 지속된다면 낚시할 수 있는 공간이 현저히 줄어들 것입니다.

저와 우리 단체를 중심으로 우리 모두 스스로 다짐합시다. 입문하는 낚시인들을 위해 새로운 마음가짐으로 다짐해 봅시다.

이정호의 『전통올림낚시 수조 찌맞춤법』 개정증보판이 많은 낚시인에게 보급되어 자연과 하나 되고 찌맛, 손맛을 만끽하시기 바랍니다. 우리의 전통붕어낚시를 통해 각박한 낚시인들의 삶에서 또 다른 위안이 되고 위로가 되시기 바랍니다. '수조 찌맞춤 절친회'가 조금이나마 도움이 되도록 노력하겠습니다.

2018년 7월 5일 모터스테이션에서
박영동

전통표준 찌맞춤법과 수조정밀 찌맞춤법은
맥을 같이한다

필자가 처음 접한 찌맞춤법은 '표준 찌맞춤법(무바늘 수평 찌맞춤법)'이다.

우리의 '전통붕어낚시' 찌맞춤 이론의 핵심인 '무바늘 찌톱 기준 찌맞춤법' 이론은 새삼스러운 것이 아닌 이미 오래전부터 행해져 왔다. 그런 무바늘 이론이 퇴색되고, 낚시인들 사이에서 잘못된 기법으로 비치게 된 것은 어떤 연유일까?

양어장 낚시가 성행하기 시작하고 동시에 케미컬라이트의 대중화와 여러 장르의 낚시 기법이 혼합되면서 마이너스낚시, 영점낚시 등이 성행하였다. 이때 일부 전문낚시인들에 의하여 전통올림낚시도 좀 더 예민하게 찌맞춤 한다는 명분(영점·마이너스낚시 기법과의 혼선과 잘못된 이론 분석)으로 봉돌에 바늘을 달고 찌맞춤 하게 되는 결정적인 기술적·학술적 오류를 범하게 되었다. 결국 개발자들이 엉뚱한 형태로 전통찌맞춤법을 정리(예: 유바늘 케미 기준 찌맞춤법)하는 과정에서 혼선(혼동)이 빚어졌던 것이고, 우리식 찌맞춤법이 오해를 받게 된 단초가 된 것이다. 좀 더 시간을 거슬러 돌이켜 보면 과거 선배낚시인들께서 교육하신 수평·표준 찌맞춤 방법이 이론상으로는 올바른 방법이었지만, 찌맞춤 과정을 비롯하여 채비 구성, 간과하기 쉬운 여러 문제점으로 인하여 효과를 낼 수 없었던 것이다. 문제점을 잠시 거론하자면 떡밥낚시에 비중이 높은 카본줄을 사용하거나 납추를 니퍼로 제거하는 과정에서 비롯된 상당한 부력 차이에 대한 이해력 부족, 부력 변동의 주원인인 찌 방수의 중요성, 찌맞춤 과정에서 찌톱의 굵기와 케미컬라이트의 굵기로 인한 표면장력이 부력에 미치는 영향, 매우 굵고 크고 무거운 바늘의 선택 등 떡밥낚시 채비경량화의 중요성에 대한 이해력 부족, 눈대중 육감 찌맞춤 교정의 오류 등 그 외에도 여러 가지가 있다.

　필자는 우리 선배낚시인들이 연구하고 개발하여 나에게 교육하신 우리식 전통낚시(표준 찌맞춤법) 맥락을 고스란히 보전한 가운데 이런 전반적인 문제점을 세부적으로 연구하여 획기적으로 개선시켜 계승·발전시켜 온 것이다. 이처럼 전통올림낚시 분야에서도 무조건적인 전통만을 고수하기보다는 현대의 사람들은 혁신적이고 변화를 원하는 것이 현실임을 인정하고 견문을 넓혀, 우리의 전통을 유연한 자세와 역동하는 현시대에 발맞춰 개선하여 발전시켜 나가야만 성장하고 보존할 수 있음을 이해하자.
　본서가 발간되므로 더 이상 우리의 전통 방식(무바늘 전통표준 찌맞춤을 근간으로 획기적이고 올바른 무바늘 찌톱 기준 찌맞춤법 개발)을 왜곡시키는 일들이 진행되어서는 안 될 것이고, 낚시계의 일부 개발자분들은 어설픈 낚시 지식으로 더 이상 낚시인들에게 혼동을 주는 잘못된 낚시 찌맞춤 이론을 교육하지 말아야 하겠다.

　끝으로 한 가지 부탁하고 싶은 것이 있다. 나의 직업이 음식평론가라 가정하고, 음식에 대한 평을 남기기 위해서는 해당 업소를 방문하여 먹어 보는 것이다. 이때 음식평을 위해서는 몸의 상태를 최적화시켜야 하고(지나치게 배가 고프거나 불러서는 안 된다), 감정적이면 안 될 것이다. 즉 근거와 과정을 명확히 하고 분석을 통해 해당 음식의 가치를 판단해야 하며, 반드시 먹어 봐야 할 것이다. 먹어 보지도 않고 음식을 평가하는 것은 일방적으로 자신의 상상을 전달할 뿐이지, 아무런 의미가 없을 것이다. 마찬가지로 필자가 주장하는 획기적인 찌맞춤법 과정을 분석하여 따져 보지도 않고 들어 보지도 않고 무조건적인 배척은 삼가야 할 것이다.

낚시 용어 정리

낚시 용어를 이야기하지 않을 수 없는 것이 낚시라는 취미 자체가 놀이적 개념이 강한 하나의 문화라면 우리 민족만이 즐기는 전통올림낚시도 우리들만의 독특한 낚시 문화가 되어야 하기 때문이다. 우리들 스스로 전통바닥올림낚시를 하나의 문화로서 인정하고, 이를 발

수파 노랭이대로 진정한 손맛과 희열을 느끼는 어르신 조사님

전시켜 나가기 위해서는 우리의 낚시 문화를 소중히 여기는 마음과 누구나 공감할 수 있는 우리식 낚시의 정확한 공통된 용어와 규칙을 만들기 위한 노력이 필요할 것이라 사료된다.

과거에 선배낚시인들은 전통올림낚시를 '바닥낚시'라 하였다. 개인적으로 바닥낚시의 뜻은 그저 바닥의 수심층만을 의미할 뿐이지(과거에는 맞는 용어였지만), 현시점에 와서는 입문자도 쉽게 이해할 수 있으면서 누구나 공감할 수 있는 좀 더 구체적이고 현실적인 용어로 변경되어야 한다고 본다.

전통올림낚시, 영점올림낚시, 내림낚시, 마이너스낚시(떡밥무게 찌맞춤법), 대어(대물)낚시 등이 바닥낚시에 해당되는 종류로서 각각의 찌맞춤 장르별로 채비의 구성원도 겉보기에는 모두가 동일한 모습으로 낚시가 행해졌던 것이 현실이다. 모든 장르에 공통으로 활용되는 수 없이 많은 응용채비(좁쌀봉돌분할 채비, 편대분할 채비, 분봉 채비, 이분할, 삼분할 등)들이 현존하는 현실 속에서 이 모든 장르와 채비를 '바닥낚시'라고 칭하는 것은 이해가 가지만, 전통올림낚시를 '바닥낚시'로 칭하는 것은 현실적으로 맞지 않다. 그러므로 우리의 전통올림낚시를 있는 그대로 '전통올림낚시' 또는 '전통올림바닥낚시', '전통올림붕어낚시' 등으로 정하는 것이 맞다.

또 다른 용어로 채비 구조보다는 찌맞춤(부력값)으로 낚시 방법을 구분하여 전통올림 찌맞춤낚시 = 전통올림낚시, 영점올림 찌맞춤낚시 = 영점올림낚시, 좁쌀봉돌이나 작은 형태의 보조봉돌을 이용한 마이너스 찌맞춤낚시(얼레벌레낚시) = 마이너스낚시 등으로 구분하고, 특정한 채비는(예: 편대 채비, 분할편대 채비) 만들어진 그대로 부르면 될 것이다. 여기에서 바닥이라는 용어를 사용할 필요가 없는 이유는 위 장르 모두가 '바닥낚시'라는 것은 누구나 아는 상식이기 때문이다.

전통적으로 전통올림낚시를 표준 찌맞춤법 또는 수평 찌맞춤법 낚시라고 하였다. 필자가 발표한 찌맞춤 과정도 표준 찌맞춤법을 근간으로 하였고, 찌맞춤 과정을 획기적으로 개발하였을 뿐이다. 따라서 넓은 의미로 해석한다면 전통올림낚시를 표준 찌맞춤이라 하여도 되겠지만, 기존의 표준 찌맞춤이라는 용어는 선배 낚시인들께서 만들어 놓은 익숙한 용어이고, 무거운 찌맞춤법으로 인식되어 왔으므로 그 자체 그대로 보존하는 것이 좋겠다. 필자가 발표한 찌맞춤은 가벼운 찌맞춤에 해당된다. 그렇지만 오링 가감법을 통해 부력의 변동이 용이하도록 개발하였고, 부력 변동의 차이에 따라 용어를 다시 정리하였다.

> 　　전통붕어낚시에서의 찌맞춤은 표준찌맞춤을 기본으로 하여, 가벼운찌맞춤과 무거운찌맞춤으로 대별합니다.
>
> 　　이것은 수많은 찌맞춤의 주장을 제가 3가지로 정리하고 이에 대한 용어통일을 위해서 낚시잡지에 <정상찌맞춤, 가벼운찌맞춤, 무거운찌맞춤>으로 표현 했다가(붕어낚시21. 1999년 10월호), 이것을 다시 2002년에 <표준찌맞춤과 가벼운찌맞춤, 무거운찌맞춤>으로 정의 했습니다.
> 그리고 낚시잡지에 글을 쓸 때나 방송을 통해서 스스로가 지속적으로 사용했습니다.(붕어낚시21. 2002년10월호, FTV 월척특급 프로그램 등)
>
> 　　그 이후로는 점점 이 세가지 용어가 전통찌맞춤 용어로 사용이 되기 시작하였고, 그동안 사용되었던 수많은 찌맞춤에 대한 용어는 지금까지 세월을 거치면서 많이 정리 되었습니다.(영점, 전층 등 분야는 별도)

위의 글은 평산 송귀섭의 <낚시힐링>에서 발취한 글이다. 평산 선생께서도 시대 변화에 따라 용어 정리에 많은 관심을 가지고 계셨다.

- 전통적으로 불러온 공통 용어
- 공통된 인식: 전통올림낚시 = 표준 찌맞춤법, 수평 찌맞춤법, 바닥낚시
- 포괄적 의미의 공통 용어: 전통올림낚시, 전통붕어낚시, 전통올림붕어낚시

※ 봉돌이 바닥에 닿는 낚시를 왜 전통올림낚시라고 하는가? 하는 질문을 자주 받는다.
　　전통올림낚시라는 용어는 필자가 개발하고 발표한 용어가 아니다. 필자도 형, 삼촌, 낚시 스승 등 아버지뻘 되는 선배 낚시인들로부터 교육을 받았고, 낚시터에서 쉽게 접할 수 있었던 용어였다. 이것은 세대 간 계승을 통해 이어 왔다. 결국 발전이라는 것은 선개발자의 연구가 뒷받침되어야 하고 이를 존중하며, 이를 바탕으로 계승·발전시켜 나가야 한다.

- 본서에서 활용하는 찌맞춤 단계 용어
- 무거운 찌맞춤: 전통적인 표준 찌맞춤, 수평 찌맞춤의 무거운 부력.
- 가벼운 찌맞춤: 수조에서 무바늘 찌톱 한 마디에 정밀 찌맞춤 한 부력.

- 아주 가벼운 찌맞춤: 현장에서 무바늘 찌톱 한 마디에 정밀 찌맞춤 한 부력.

- 본서에서 사용하는 낚시 전문 용어를 통해 수조 찌맞춤의 당위성 이해
- 독립체 미끼: 대물낚시에 사용하는 미끼를 뜻한다. 새우, 참붕어, 지렁이, 보리, 메주콩 등
- 바늘 결착력: 독립체 미끼는 바늘 결착력이 뛰어난 반면에 떡밥은 쉽게 이탈한다.
- 기본 찌맞춤선: 기준선, 기본값, 찌맞춤선, 영점선, 영점기준선, 최초 영점기준점, 최초 기본값, 최초 기준선, 기본 상태 기준점 등은 같은 의미를 뜻한다. 모두 찌톱 한 마디 부분을 말하며, 찌톱의 굵기가 가장 가늘고 표면장력이 가장 작게 발생한다.
- 기준선: 최초 수심 맞춤의 기본이 되는 선이다. 찌톱의 노출 정도에 따라 봉돌의 안착과 연관이 있다. 각각의 찌마다(찌톱 1마디의) O링(오링) 가감의 무게는 미세한 차이가 있다.

찌맞춤 미세조종용 나노오링

- 1년 평균 가장 적절한 찌의 부상력값: 수조에서 무바늘 찌톱 한 마디에 '정밀' 찌맞춤 한 부력을 말하며 '현장' 찌맞춤과 '수조' 찌맞춤 사이의 가변적 부력 차이를(각각의 채비 데이터 또는 평균 데이터를) 알면 힘들게 현장에서 찌맞춤 해야 할 이유가 전혀 없음을 알게 된다.
자연발생적 원인(수압, 탁도, 밀도, 염도, 기압 등)으로 인하여 부력은 반드시 변한다. 이때의 변동폭은 봉돌이 바닥에 닿는 전통올림낚시에는 큰 영향을 주지 못한

다는 것이 필자의 주장이다.

· 불변(不變): 최초 '수조' 찌맞춤 한 부상력의 기준은 변하지 않는다.

　　　　　 최초 '현장' 찌맞춤 한 부상력의 기준은 변하지 않는다.

· 부력(浮力): 시간의 흐름, 계절, 기타 등등의 자연발생적 원인에 따라 부력은 반드시 변한다. '부력'을 지식백과에서 찾아보니 기체나 액체 속에 있는 물체가 그 물체에 작용하는 압력에 의하여 중력(重力)에 반하여 위로 뜨려는 힘(부상력)을 의미한다. 물체에 작용하는 부력이 중력보다 크면 뜬다고 한다.

수조에서 찌맞춤 한 부상력을 기준으로 하여 자연발생적 원인, 외적인 원인이 작용하면 부력이 변한다. 이때 자연발생적 원인에 의한 부력 변동폭보다는 외적인 원인에 의한 부력 변동폭이 문제가 될 수 있고, 상황에 맞는 부상력값을 알면 오링 가감을 통해 문제를 해결해 나갈 수 있다는 것이 필자의 주장이다.

→ 자연발생적 원인으로 인하여 부력이 변동한다고 하더라도 봉돌이 바닥에 닿는 전통올림낚시에서는 그 값이 매우 작아서 무시하여도 된다. 이유는 가변적 요인으로 발생한 부력 변동폭이 훨씬 크기 때문이다.

· 외적 원인(가변적 요인): 수조에서 최초 찌맞춤 한 채비의 부상력 기준은 변함이 없으나 수류, 물방의 무게, 채비의 하강속도, 원줄, 수심 등 여러 현장 상황에서의 가변적 요인(변수)에 의하여 부력이 변동한다.

이때 자연발생적 원인도(수압, 탁도, 밀도, 염도, 기압, 수돗물과 자연수 등) 함께 작용하겠지만, 그 수치가 상징적이거나 낚시에 지장을 주지 않는 수준이기 때문에, 봉돌을 바닥에 닿게 낚시하는 기법에서는 무시하여도 된다는 게 필자의 주장이다.

· 오링 가감: 자연발생적 원인으로 부력은 반드시 변한다. 따라서 변하느냐 안 변하

느냐는 논쟁거리가 아닌 우주의 원리, 자연의 법칙이며 과학이다. 필자는 이를 부정하는 것이 아닌 낚시 행위의 현실 속에서 우리가 미처 알지 못했던 부분을(설명하는 과정에서) 좀 더 알기 쉽게 과학적으로 풀어 설명하지 못한 점을 인정하며 본서를 통해 설명하기로 한다.

→ 자연발생적 원인으로 인하여 반드시 부력 변화는 발생하나 이보다 외적인 원인으로 발생하는 부력 변동폭이 문제가 될 수 있고, 부력 변동의 원인이 무엇이며, 폭(데이터)을 이해하면 문제를 쉽게 해결할 수 있다.

이때의 오차의 폭은 상황(활성도, 장소, 수온, 수심, 원줄, 계절 등)에 따라 부상력값을 어떻게 적용할 것인가를 판단하고, O링(오링)을 탈·부착하는 방법이나 수심 맞추기, 각종 운용술(떡밥 운용, 채비 운용)을 통해 해결이 가능하다는 게 필자의 주장이다. 그렇기 때문에(자연발생적 원인 때문에 부력이 변동하여) 장소(반드시 수조에서 찌맞춤 한다, 또는 현장에서 찌맞춤 한다)에 연연하지 말자는 것이다.

· 안착: 전통올림낚시는 봉돌의 안착(채비)이 매우 중요하고 상황 변화에 따라 가장 적절한 부상력값으로 봉돌을 바닥에 안착시켜야 한다(닿게 한다). 찌톱의 노출 정도.

· 불안정안착: 봉돌을 바닥에 닿게 하는 전통올림낚시 기법의 특성상 찌맞춤을 지나치게 가볍게 하면 헛챔질, 빨리는 입질, 솟구치는 입질 등 정서적으로 매우 불안정한 형태로 찌가 반응하게 된다. 찌톱의 노출 정도에 따라 봉돌(채비)의 안착에 차이가 날 수 있다(⟨Ⅰ.2.(3) 수심 맞추기⟩ 단원 참고).

· 수류: 물의 흐름.

· 와류: 물이 소용돌이치면서 흐름.

· 대류: 기체나 액체에서, 물질이 이동함으로써 열이 전달되는 현상. 기체나 액체가

부분적으로 가열되면 가열된 부분이 팽창하면서 밀도가 작아져 위로 올라가고, 위에 있던 밀도가 큰 부분은 내려오게 되는데, 이런 과정이 되풀이되면서 기체나 액체의 전체가 고르게 가열된다.

· 대류현상: 더운 물은 온도가 올라가면서 부피가 팽창한다. 이것은 밀도가 작아짐을 의미한다. 즉 차가운 것은 아래로 내려오고, 따뜻한 것은 위로 올라간다. 이러한 현상을 대류라고 한다. 저수지에서의 대류현상은 〈Ⅰ.2.(2)② 시간, 수온(계절)에 따른 붕어의 활성도 변화를 이해하자〉 단원을 참고하자.

· 오링가감법: 수조에서 '무바늘 찌톱 한 마디 기준 찌맞춤'을 완성한다. 이때의 부력을 '기본 찌맞춤' '기본이 되는 부상력값'이라 하고 미리 달아 놓은 스냅이나 봉돌에 오링을 가감하는 방법으로, 부력을 미세조정 하거나 장르의 변화(변동)를 용이하게 한다.

아주 가벼운 찌맞춤법 ⇄ 가벼운 찌맞춤법(기본 찌맞춤) ⇄ 무거운 찌맞춤법
(현장에서 찌맞춤 한 부력)　　(수조에서 찌맞춤 한 부력)　　　(표준 찌맞춤법)

→ 위 세 가지로 분류한 찌맞춤을 오링을 추가하거나 제거하는 방법을 통해 자유롭게 수조에서 장르 또는 부력 변동이 가능하다.

환자들의 이야기

나에게는 직업의 특성상 창업 상담이 많이 들어온다. 누군가 나에게 "지금의 대한민국 최고의 유망 업종은 무엇입니까?"라고 물어본다면 단연코 컨설턴트라 말하고 싶다. 컨설턴트가 제공하는 현재의 전문 분야는 창업, 개인사업장 및 기업의 무역, 수출, 운영, 기술

필자와 환자들

엔지니어 등 산업의 각 분야별 다양한 개통에서 종사할 수 있다. 그렇다면 지금의 가장 유망한 컨설턴트 직종을 뽑으라고 주문한다면 두말할 것 없이 환자를 상담하는 직종을 추천할 것이다.

이미 환자를 치료하는 의사들이 엄청나게 많은데 무슨 뚱딴지같은 소리냐 하겠지만 필자가 말하는 환자는 어떤 질병을 가지고 있는 환자를 말하는 것이 아니라 낚시병 환자에 대한 이야기다. 현존하는 불치병 중 아마도 최고로 고치기 어려운 병이 낚시병이 아닌가 싶다. 물론 필자도 골수 낚시병 환자다. 365일 낚시와 관련된 생각을 단 1분 1초도 거르지 않는다. 필자도 환자 수준의 골수 낚시꾼임이 틀림없다. 이처럼 정도가 심한 낚시환자들을 분리해 보면 A, B, C급과 구제불능급으로 나눌 수 있는데, 필자는 B급 수준에서 A급을 선망하는 수준의 환자가 아닌가 싶다.

특히 A, B급 수준의 낚시꾼들은 전염성도 매우 강해서 주부들의 원성이 매우 심한

편인데, 가까운 이웃 한 분이 나와 접촉한 지 한 달 만에 A급 수준의 중증환자가 되어 버렸다. 난치병 환자가 된 이 사람은 필자에게 무슨 큰 성은을 입은 듯 매일같이 고마움의 표시를 하며 오늘도 비몽사몽 간에 낚시터를 헤매고 다닌다. 이렇듯 낚시를 전혀 알지 못하는 사람들은 낚시꾼을 친구로 삼지 말아야 한다. 한 가지 좋은 예로 A급 수준의 골수 낚시꾼이 모처럼 마음을 잡고 취직을 하게 되었다. 하지만 그놈에 전염성이 얼마나 심한지 그 회사 동료들이 모두 낚시꾼이 되었고, 급기야 낚시회까지 발족되고 말았다. 만약 이 사람들을 고칠 수 있는 컨설턴트가 있다면 매우 훌륭한 상담사의 자격을 갖추었다고 본다.

A급 수준의 환자: 최근 우리나라 낚시 인구가 폭발적으로 늘어나고 있으며, 민물낚시 인구도 대단히 많다고 한다. 필자의 개인적인 생각으로 이 중에 A급 골수 붕어낚시꾼은 약 4만 명은 족히 되리라 생각한다.

신혼여행 때도 낚시 가는 사람 또는 한 번쯤 생각해 보는 사람.
필자는 A급 낚시병 환자를 선망하는 수준의 B급 낚시꾼이다 보니 아주 젊은 시절에 결혼 날짜를 잡고 신혼여행을 가는 길에 가까운 방파제를 찾아 낚시를 결심하였다. 하지만 이내 마음을 고쳐먹고 본연의 임무에 충실하였지만, 사실 이 정도면 필자에게도 분명히 문제가 있었던 게 분명할게다. 인생을 살다 보면 부부간에 여행갈 기회가 많이 있겠지만, 신혼여행은 인생의 단 한 번뿐인 소중한 시간이 아닌가! 신부와 백년가약을 설계하는 여행길에 낚시에 아까운 시간을 허비해 버린다면, 아마도 그날 이후 신부는 다른 사람에게 낚임을 당했을 것이다. (실제로 이런 낚시꾼이 존재한다.)

그 외 A급 수준의 골수 낚시꾼들의 행적을 살펴보면 매우 다채롭다.
천둥 번개가 치고, 태풍 매미가 와도 요지부동 꼼짝도 않고 청승 떨기가 비일비재하며, 실수로 미늘 있는 낚시 바늘이 자기 손가락에 찔려서 이를 빼내기 위하여 애써 보지만 결국 물에 빠져 허우적거린다. 주변 낚시꾼의 도움으로 간신히 목숨을 건졌지만 병원에 다녀와서 또다시 낚시터로 향한다. (진짜 이런 사람 있음.^^)

한 번은 선배 낚시꾼이 필자를 보더니 입에 거품을 물고 자랑을 하신다. 말씀인즉슨 아내와 함께 먼 길을 다녀오다가 그만 날이 어두워져 한참 어두운 국도를 달리게 되었다고 한다. 어디쯤인가 시골 국도를 달리다 보니 끝이 보이지 않는 넓은 수면을 보이더란다. "여보 마누라 얼른

A급 환자 시절 필자와 특A급 환자 정원창 동호인과 함께

차 세워." 하고 급히 트렁크 속의 5분 대기조용 비상 낚시가방을 짊어지고 헐레벌떡 내려가 보니 어이구! 병에 걸려도 단단히 걸리셨지, 그만 헛것이 보였다고 하며 대단위 비닐하우스 경작지란다.

구제불능급 수준의 환자: 어느 해인가? 필자가 300명 이상 출전하는 지역 방송국에서 주체하는 낚시 대회에 참석하여 아주 좋은 성적을 거둔 적이 있었다. 보통 이런 낚시 대회는 매우 건전하여 자기의 낚시 실력을 마음껏 뽐낼 수 있으면서, 동료 낚시꾼과의 만남의 장소로 활용하여 단합심을 키울 수 있다. 또 식후 행사로 치르는 경품행사를 통해 운이 좋으면 가전제품이나 낚시용품들을 탈 수 있어 일거양득의 매우 유익한 행사라 하겠다. 하지만 여기에는 건전한 낚시꾼도 있지만 구제불능급의 매우 염려스러운 낚시꾼들을 만날 수 있는데, 이 사람들의 얼굴색은 특별히 숯검댕이 낚시꾼들 중에서도 최고 품질의 참숯 피부색을 지니고 있어 얼핏 보면 아프리카 토인이다. 이빨만 하얗게 드러난 모습을 볼 때 영락없는 흑인의 모습이다. 물론 얼굴이 새까맣다고 하여 모든 사람들이 문제가 있다는 것은 아니다. 필자가 말하는 문제의 사람들은 다니던 직장도 그만두고 오로지 낚시에만 매달려 가장으로서의 책임을 다하지 않고, 내기낚시에만 목숨을 걸고 다니는 것이다. 실제로 어떤 낚시인은 사회적으로 존경받던 교육자의 길을 망각하고 낚시라는 병에 걸려(완전히 중독이 되어) 지금 이 시간에도 낚시도 아니고 레저(취미)도 아닌 도박낚시 중독증 환자가 되어 있다고 한다.

B급 수준의 낚시꾼: 앉으나 서나 낚시 생각만 하는 사람으로서, 가끔 병이 도지면 A급 수준의 낚시꾼을 선망하게 된다. 하지만 그 증세가 오래가지 않는다. 이런 사람에게 가끔 나타나는 증상을 살펴보면, 마침내 붕어의 어신인 듯한 찌오름에 챔질을 해 보지만 아무리 챔질을 하여도

특A급 수조 찌맞춤 동호인 환자들과의 친목활동

붕어는 안 잡히고 팔운동만 열심히 한다. 열심히 팔을 들고 허우적거리다 눈을 떠 보면 꿈에서도 낚시를 하고 있지 않는가! 하하! 낚시터나 낚시점을 운용한다면 직업병이라 할 수 있겠지만, 다른 직업을 가지고 있다면 영락없는 낚시병이다.

C, D급 수준의 낚시꾼: 사람은 꿈과 지혜가 있으며 좋은 경험은 추억으로 남긴다. 동물은 매우 본능적으로 잠자는 듯한 일생을 살다가 종족 번식의 의무를 다하고 세상을 떠난다.

낚시 도중 혈관질환으로 숨을 거둔 사례도 분명히 있을 것이다. 물론 낚시로 인하여 문제가 발생하였다. 단정 짓기 어렵겠지만 낚시에 대한 지나친 욕심은 고스란히 스트레스의 원인이 될 것이다. 특히 스트레스를 많이 받은 신체기관은 노르아드레날린이라는 물질의 분비로 인해 혈관이 수축되고, 평소 혈액 속의 콜레스테롤 지방이 많은 사람은 혈관이 막혀 버려 급사하거나 큰 병에 걸린다고 한다. 자중합시다!!!^^

오랜 친구를 만난 뒤에(고삼지의 추억)

■ 글_이덕진

어느덧 세월이 흘러 벌써 나이가 지천명(知天命)을 넘어가고 있다. 공자는 50세에 이르러 천명을 알게 되었다고 한다. 나에게는 삶의 추억이 남는 것 같다. 나이를 먹을수록 자꾸 옛날이야기를 한다고 한다. 또한 예전에 갔던 곳을 가게 되면 어김없이 예전의 이야기를 한다. 왜냐하면 거기에는 옛날의 추억이 서려 있기 때문이다. 또한 오랜 벗을 만나게 되면, 이때도 옛날이야기를 한다. 그렇다는 이야기는 오랜 벗에게는 추억의 이야기가 서려 있기 때문이다. 우리가 삶을 산다는 것은 그만큼 추억을 쌓아 가고 있다는 것이 아닌가 생각해 본다.

이덕진, 이정호

오늘 어린 시절 종암동에서 함께 뛰어놀던 오랜 친구를 만났다. 사회생활을 하다 보니, 먹고사는 문제와 직접적인 관련이 없거나, 멀리 떨어져 있으면 만나기가 여간 쉽지 않다. 젊은 시절 벗과 함께했던 추억 이야기가 나왔다. 젊은 시절 겨울에 고삼 저수지에서 얼음낚시를 하겠다고 친구 셋이서 낚싯대만 가지고 갔다. 헐……. 얼음 구멍을 뚫는 끌이라고 하는 것이 없었다. 초보자 티가 팍 난다. 이거 매운탕은 먹을 수 있는 걸까? 멀리서 낚시하는 어르신께 끌을 빌렸다. 어르신이 우리가 초보자인 것이 눈에 들어왔나 보다. 끌로 얼음구멍을 파다가 끌을 물에 빠뜨릴까 봐 끌에 있는 손잡이 줄을 꼭 손목에 감고 얼음구멍을 파라고 친절하게 알려 주셨다. 만일 끝을 놓치면 끝이 물에 빠져 잃어버리기 때문이다. 지금 생각나지만 참 고마우신 분이다. 친구 중 한 명이 구멍을 냈다. 이제 낚싯바늘을 물에 넣을 수 있게 되었다. 그런데 아무리 기다려도 아무 소식이 없다. 기다리고 또 기다려도 아무 소식이 없었다. 배가 슬슬 고파온다. 매운탕을 끓여 먹는 것은 이제 어렵게 되었다. 우리는 라면을 끓여 먹기로 했다. 고삼지 한가운데서 서로 미끄럼을 타며, 주변 민가에 물을 길으러 갔다. 우물에서 물을 길으려고 하는데, 엄청나게 큰 개가 다가왔다. 우리 중 한 친구가 개와 상대하며 나머지는 얼른 물을 퍼서 잽싸게 우물가를 벗어났다. 라면만 끓여 먹고, 하루 종일 붕어 한 마리도 잡지 못했다. 그래도 집에 돌아오는 길은 즐겁고 재미있었다. 돌아오는 버스에서 내내 동네 우물가에서 마주쳤던 개 이야기를 하며 깔깔대고 웃었다. 즐거웠던 것이 친구와 함께해서가 아니었나 추억해 본다.

중년이 된 꼬마들(왼쪽 위부터 이길재, 채윤성, 이덕진, 이정호)

이처럼 친구와 함께했던 것은 시간이 흘러가면 추억으로 남는다. 이제 나이 오십을 넘기고 있는데, 과거의 추억만을 이야기하기에는 너무 젊은 나이가 아닌가 생각한다. 앞으로 새롭게 만들고 덧입혀 갈 추억이 기다리고 있다. 나의 나이대는 삶의 절반을 넘긴 나이로 생각이 된다. 어찌 보면 지금부터 더 소중한 추억을 쌓아가야 하는 것이 아닌가 생각해 본다. 어린 시절의 아름답고 소중한 추억 위에 덧입혀지는 그러한 추억들, 귀중한 만남이 계속되어 쌓여 가는 추억들…….

친구 중 한 명은 벌써 첫째 딸이 일찍 시집을 가서 아들을 낳았다. 벌써 할아버지가 되었다.

이렇게 친구를 만났을 때, 옛 친구의 삶의 소식을 듣는 것도 또한 하나의 소소한 즐거움으로 다가온다. 20년 뒤에도, 30년 뒤에도 서로 건강하게 나서 추억을 이야기했으면 한다. 그렇게 되기를 바란다. 오랜 친구를 만난 뒤에.

2018년 7월
분당에서 오랜 친구가

초대 에세이 작품전

■ 초대 작가 송귀섭

- 우리나라 대표 전통붕어낚시명인 평산 송귀섭 신미
- 낚시방송 FTV 제작위원 겸 방송 진행자
  (〈월척특급〉, 〈송귀섭의 전통붕어낚시〉, 〈붕어학개론〉 등)
- 낚시 관련 작가, 잡지 〈낚시춘추〉 연재, 학교 및 낚시 단체 강의, 작품 어탁 ㈜아피스 사외이사, 체리피시 자문위원, ㈜나노피싱 자문위원 등
- 저서:『붕어의 첫걸음』,『붕어 대물낚시』,『붕어학개론』

　송귀섭 선생은 어릴 적 고향인 전남 함평에서부터 낚시를 시작해 군 장교 복무 시절에도 틈만 나면 낚시를 즐겼다. 케이블 낚시 방송 FTV 개국 이래 제작위원 및 프로그램 진행자로 활동하고 있으며, 붕어 대물낚시 기법 및 현장을 소개하는 〈월척특급〉은 저자가 진행 중인 최장수 인기 프로그램이다. 월간 〈낚시춘추〉를 비롯한 낚시 언론 매체에 각종 연재 칼럼을 맡고 있으며, ㈜나노피싱, ㈜천류 프로스태프, 이노피싱 어드바이저, 체리피시 필드스태프로 활동 중이다. 팬클럽 '평산가인'에서 저자의 활동상을 엿보고 교류할 수 있다.

평산의 釣行隨想 나는 이 自然舞臺의 主演이다

■ 글·어탁 작품_송귀섭

어슴푸레 동이 트는 이른 시각.

올해의 마지막 날을 낚시터에서 보낼 생각으로 자주 다니던 낚시터를 찾았다. 오늘은 낮낚시만 하고 해가 지기 전에 작은 케이크 하나 사 들고 가서 아내와 샴페인을 마시면서 제야의 종을 기다릴 예정.

그러면서도 마치 밤낚시까지 할 것처럼 새벽에 도착해서 해가 떠오르는 시간까지 넓은 좌대랑 받침틀 그리고 8대의 길고 짧은 낚싯대까지 정식으로 차렸다. 나의 놀이터에 올해 마지막 출조를 기념하는 완전하고도 거창한 무대(舞臺)를 차린 것이다.

이렇게 모든 준비를 마치고 나니 섣달 그믐날인데도 이마에 땀이 솟는데, 그 땀을 쓱 문지르고 바라보니 나의 무대가 참 멋지다. 미끼를 달아 넣으면 금세 찌가 솟아 줄 것만 같은 그런 느낌.

지금 대자연(大自然)의 무대에서 낚시를 하고 있는 나는 이 무대의 주연(主演)이다. 관객이 없은들 어떠랴. 내가 내 마음을 덜어서 저만치 보내 놓고 스스로 관객 하면 그만인 것을……. 그뿐이랴. 하늘에는 구름 한 점이 둥실 떠서 내려다보고 있고, 내 무대 주변에는 산천초목이 있어 내 모습을 보아 주지 않는가? 이따가는 물속에 사는 내 친구 붕어도 나타나 줄 것이고…….

모든 준비를 다 마치고 첫 미끼를 달아 찌를 세워 놓고 맑은 공기에 취하려니 갈댓잎 사이로 살랑살랑 불어와 얼굴에 닿는 영하의 겨울바람이 오히려 시원하고, 물에 내려 반사되어 와닿는 햇살이 따사롭다.

하늘에는 길게 한 줄 하얀 흔적을 남기고 지나간 비행기 자국이 점점 옅어지면서 사그라진다. 이 세상에 있는 모든 것은 저렇게 시차(時差)를 두고 사라지는 것이다. 이것이 '없으면서도 있는 것 그리고 있으면서도 없는 것', 바로 진공묘유(眞空妙有) 그 진리(眞理)이다.

문득 '하늘을 우러러 한 점 부끄럼이 없기를' 노래한 윤동주 시인의 序詩가 떠오른다. 오래전 용정 윤동주기념관 여행 때 그 앞에 한동안 머무르며 읽고 또 거듭해서 읽었던 시(詩). 그리고 백두산 가는 길에 일송정을 바라보면서 선구자를 노래하다가도 해란강을 다 지날 때까지 뇌리(腦裏)를 떠나지 않고 읊조렸던 시(詩).

현실적 고뇌(苦惱)와 이념적 갈등(葛藤)을 심장에 깊이 새긴 소리 없는 다짐. 참으로 하늘을 우러러 한 점 부끄러움이 없었는지……. 흰 옥양목을 다듬잇돌에 올려놓고 방망이로 두드려 보드랍게 하듯이 스스로 새로운 다짐을 해 본다.

오늘 대자연 속 낚시터에 하늘을 이고 앉아 있는 나는 '머리가 시키는 일(驕慢, 誘惑)은 한 번 더 생각하고, 가슴이 시키는 일(良心, 사랑)에는 머뭇거리지 말자.' 하고 생각한다. 항상 내가 노니는 이 자연 무대는 나의 무대이고, 내가 주연이니 하늘을 우러러 한 점 부끄러움이 없도록 가장 멋진 모습을 보여야 한다.

아주 작은 그리고 지극히 단순한 자연 사랑. 그것이 하늘이 내려다보는 이 거대한 자연무대에서 내가 할 수 있는 가장 현실적인 실천이다. 그러니 가슴이 시키는 그 길을 가야 한다.

언제 접근했는지 뿔논병아리 한 쌍이 긴 대 찌 앞에서 부리를 맞대고 사랑 유희를 하는데, 그 순간에 찌가 올라온다. 그것도 아주 중후한 모습으로…….

그런데 가슴에서는 그대로 그냥 두고 바라만 보란다.

부여 여행 시에 낙화암 고란사에서 담아온 〈진공묘유〉 현판 사진

오래전에 5짜 대물붕어 기념어탁을 하며 탁제로 쓴〈진공묘유〉

찌불 앞에서 나눈 이야기 - 낚시의 3맛(味) · 3락(樂) · 3쾌(快)

■ 글 · 어탁 작품_송귀섭

닭이 우는 소리가 사라지니 이내 날이 밝아오고, 항상 그렇듯이 동내 이장의 아침을 여는 마을방송이 '에~ 또~'를 연신 반복하면서 여러 차례 들려온다. 그 뒤를 이어서 시골마을을 순회하는 만물상 트럭의 스피커 소리와 동내 개 짖는 소리가 어우러져서 생동하는 아침을 연다.

겨울철 밤낚시를 하고 맞이하는 아침. 물가에 살얼음이 잡혔다.

차에 가서 쉬라는 말을 끝내 듣지 않고 담요를 뒤집어쓴 채 잠이 들어 있던 막내 회원이 슬그머니 일어나 졸리는 눈으로 찌를 보더니 깜짝 놀라 낚싯대를 쳐든다. 어쩌랴. 낚싯대 3대의 줄을 칭칭 감아 놓았다. 그리고 줄이 엉클어진 끝에는 동자개가 빠각빠각 소리를 내며 딸려 나온다. 이 겨울에 동자개라니…….

"선생님 말씀대로 잠시 쉬더라도 낚싯대를 걷어 놓을 것을 그랬습니다."

내가 도와주러 다가가니 겸연쩍어 하면서 하는 말이다.

"이제 낚시를 마감할 시간이니 줄을 끊어버리고 대를 접게. 다음에는 자동빵(?) 욕심으로 이런 실수를 반복하지 말고……."

그리고 주변정리를 다 하고 귀갓길에 올랐다.

"선생님, 오늘처럼 오붓이 같이할 기회가 많지 않을 텐데 낚시를 제대로 즐기는 것에 대한 선생님의 말씀을 듣고 싶습니다."

"낚시를 즐기는 데는 3맛(味), 3樂(즐거움), 3快(쾌감)라는 것이 있네."

약간은 피로감을 느끼는 운전 중에 마침 막내가 말을 걸어와서 '낚시의 3덕(德)'에 관한 얘기를 하면서 피로감을 떨칠 수가 있었다.

"3맛은 눈맛, 손맛, 입맛으로서, 눈맛이란 출조지역의 볼거리를 돌아보는 것과 낚시간의 찌맛을 포함하여 눈맛이라고 하고, 손맛은 물고기와 힘겨루기를 할 때 낚싯대를 통해서 전해 오는 맛이며, 입맛은 출조지역의 특색 있는 먹거리나 낚은 물고기로 요리를 해서 먹는 음식 맛이지. 이 3맛은 다 만족하면 최상이겠지만 이 중에서 한 가지 맛이라도 만족하면 더 이상은 욕심부리지 않는 것이 좋다네. 그래야 그날 출조의 즐거움이 남거든."

"3樂은 대자연 속에서 호연지기를 즐기는 호연락(浩然樂), 좋은 사람들과 어울려서 즐기는 인화락(人和樂), 사랑스런 물고기와 어울려서 즐기는 조어락(釣魚樂)의 3가지를 말하는 것인데, 그중에서도 대자연의 품을 느끼고 그 큰 기운을 안고 돌아오는 浩然樂이 으뜸이라네. 그런데 이 浩然樂은 물고기에 대한 욕심을 버린 후에라야 가능하게 되는 즐거움이지."

"3快는 그 첫째가 열심히 낚싯대를 다 펴놓고 미끼를 달아 찌를 세운 후에 전경을 바라보면서 시원하게 느끼는 상쾌(爽快)함이고, 두 번째가 낚은 물고기를 놓아줄 때 퍼드덕! 꼬리치고 들어가는 데서 흐뭇하게 느끼는 통쾌(痛快)함이며, 세 번째는 낚시를 마치고 자리를 정돈한 후에 잘 정돈된 낚시자리를 돌아보면서 뿌듯하게 느끼는 유쾌(愉快)함이라네. 여기에서는 마지막의 유쾌함을 느끼고 철수하는 것이 그날 낚시 힐링에서 가장 중요한 부분이지."

얘기하는 중에 졸음이 달아난 막내는 이 내용을 『붕어학개론』말미에서 봤다며 더 상세한 설명을 원했고, 여러 가지 예를 들어가며 설명을 하는 동안 어느덧 목적지인 조우회사무실 앞에 도착했다.

"이번 출조도 즐거웠네. 다음에 또 浩然樂 하러 가세."

오짜 유영도

무욕과 무소유 그리고 방생

'왜 낚은 물고기를 다 놓아주어야만 하는가?'

우리나라 낚시 잡지 초창기부터 30여 년 동안 낚시 전문 기자였고, 지금은 은퇴한 노(老)기자가 내게 안부를 전하면서 한 질문이라며 필자의 방송을 담당하는 피디가 전해 주었다.

왜 이런 얘기를 했을까? 요즈음 낚시 방송에서 보면 대부분 낚은 물고기를 놓아주는데, 만약 놓아주지 않으면 마치 '진정한 조사가 못 되고 물고기를 탐욕(貪慾)한다.'라는 식의 암시(暗示)를 느끼게 하고 있기 때문일 것이다.

그러나 꼭 그럴 필요는 없다. 필요할 때는 필요한 만큼 취하되 낚은 붕어를 가치 있게 활용하면 된다. 다만 꼭 필요하지 않다면 고이 놓아주고 무소유(無所有)의 기분으로 홀가분하게 떠나는 것이 그날 낚시의 맛을 긴 여운으로 남기는 무욕(無慾)의 쾌감 중 하나이기도 하다.

낚시에서의 욕심(慾心). 그것은 물속을 알 수가 없는데 괜한 욕심에 빠져서 빠른 입질과 많은 조과에 집착하는 것으로 본래 내 손에 없는 것(空과 虛)에 집착하는 것과 다르지 않다. 지금의 시간과 공간(時空)은 지나버리면 없었던 것이 되고, 생각은 잊히면 없었던 것이 되며(虛想), 손에 든 것은 놓아버리면 빈손(空手)이 되는 것이다. 그러니 지금의 조과 욕심에 집착하는 것은 결국은 지금 내 손에 없는 것에 집착하는 바보 같은 욕심이다.

그리고 무소유(無所有)란 하나도 소유하지 않는다는 의미가 아니라 불필요한 것을 소유하지 않는다는 의미이니 낚시 간에 마음을 비운다는 것도 무작정 다 비운다는 것이 아니라 필요 이상의 욕심을 비운다는 의미이다. 그래야 낚시의 의미에도 부합하고, 작은 즐거움에도 만족하는 진정한 낚시 힐링이 된다.

048 전통올림낚시 수조 찌맞춤법

무소유와 방생 그것을 실천하기 위해서는 마음을 비우는 연습이 필요하다.

과(過)하게 소유하고 싶다는 욕심은 불행을 잉태(孕胎)하고, 빨리 갖고 싶은 조급함은 화(禍)를 부른다. 그러므로 자신의 삶에서 집착의 마음을 내려놓는 연습이 필요한 것이다. 낚시에서 조과에 연연하지 않는 것, 살림망에 담지 않고 곧바로 방생하는 것, 모두 마음을 내려놓는 연습을 통해야만 가능하다.

필자는 즉시 방생을 실천하려고 살림망을 없애고 나서도 혹 월척을 낚으면 비닐봉지에 담아 두었다가 동행인에게 보여 주고 나서야(자랑?) 방생하는 것을 한동안 반복한 후에야 즉시 방생이 자연스럽게 되었었다. 적어도 한두 해 동안의 마음을 비우는 연습이 필요했던 것이다.

■ 글_붕어낚시 전문가 박재호

(붕어낚시 '사계' 블로그 운용, 월간낚시 〈피싱리더〉 연재 필자)

장사에도 두 종류의 사람들이 있다. 장사치와 장사꾼이다. 장사치는 눈앞에 보이는 이익만 추구하고 장사꾼은 손님을 극진히 모시며 눈앞에 보이는 이익보다 투자 개념으로 접근한다.

박재호 선생의 어록을 살펴보니 낚시하는 사람들도 두 종류의 사람들이 있다. 출조 횟수에 관계없이 첫째는 모든 포커스를 오직 '잡는다'에만 올인하고 낚시에 매달리는 꾼들이 그것이고, 둘째는 낚시를 레저스포츠 문화의 하나로 낚시가 주는 즐거움을 즐기는 사람들이 그것이다. 박재호 선생은 후자에 가까운 분이다. 생업을 중시하시며 낚시는 취미일 뿐이다.

(※ 삼공낚시의 의미 참조: https://blog.naver.com/pjh0858/120208427419)

'하이테크 붕어낚시' 초고(草稿)나 '붕어낚시 사계' 연재를 준비할 당시만 해도 낚시도, 젊음도 영원할 줄 알았다.

그랬던 낚시가 이제는 조금씩 접어 가야 할 나이가 되었다. 이런 상황에서 이정호 선생의 연락을 받았고, 순간적으로 주마등처럼 스쳐지나가는 지난 낚시 세월이 만감으로 교차해 왔다.

어떠한 의도도 목적도 없이 무작정 2칸, 2.5칸, 3칸 세대의 대나무 낚싯대를 사 들고는 홀린 듯이 시작했던 소싯적의 낚시. 지금은 보기 힘들지만 칸델라 불빛 외에는 칠흑 같은 어둠 너머로 은가루처럼 곱게 뿌려져 길게 흐르던 은하수를 바라보던 청년기의 낚시.

아차! 하는 순간 초릿대를 붕어한테 빼앗기거나 부러트리게 되면 놓친 고기가 못내 크다고 한참 동안 수초 사이로 동동거리며 약 올리는 찌만 바라보던 낚시. 어쩌다 겨우 월척 한 수 낚으면 세상을 다 낚은 듯한 즐거움도 같이 낚았던 시절이다. 어디 사짜가 있고 오짜가 있었겠는가. 어쩌다 월척 이상의 붕어나 팔뚝만 한 잉어라도 한 마리 낚게 되면 영물을 낚았다고 얼른 풀어 주자던 시절이다.

차가운 밤이슬 아래 비닐 한 장 달랑 깔고 덮고 봄, 여름, 가을밤을 지새우던 낚시. 잊지 못할 낭만이 가득했던 낚시다. 지금의 튼실한 장비와 압도적인 기술낚시 앞에는 한 줄 케케묵은 옛날이야기밖에는 안 되겠지만…….

'세월 앞에 장사 없다.'라는 말이 있다. 필자의 나이가 결코 많은 나이라고는 말할 수는 없다. 그렇지만 흐르는 세월 앞에 침침해져 가는 눈을 보면 적은 나이는 아닌가 보다 싶기도 하다. 언제부터인가 강한 집중력을 발휘해야 하는 장르의 낚시는 자꾸만 포기가 되고 있다.

그런 시기에, 낚시 인생을 뒤돌아보면서 반성할 수 있는 시간을 만들어 준 것 같아 이정호 선생의 연락에 감사를 드린다. 용운공방 송용운 선생에게도 감사를 드린다. 그리고 항상 이정호 선생 곁에서 빛과 소금과 같은 우정을 나누고 있을 조우들의 건승에도 기원을 해 본다.

낚시 인생이 그렇다. 세상 짐을 다 내려놓고 떠난 물가에서 만나 벗이 된 사람들. 필자의 낚시도 그렇다. 그렇게 살아온 낚시 인생이었기에 이제 와서 미련스레 무엇을 더 보태고, 무엇을 더 덜어 내야 할 게 있을까 싶다.

수년 전부터는 짬낚시를 즐기면서 낚싯대를 펴놓고는, 주변의 산으로 들로 휘적휘적 돌아다니면서 밥상에 오를 나물도 한 움큼, 약초도 한 뿌리, 춘란도 한 뿌리 채란해 오기도 한다. 산천으로 돌아다니길 좋아하는 낚시인들이 아니면 꿈도 꾸지 못할 자유로움이다. 낚시인들만 가질 수 있는 최고의 즐거움이다.

낚시 인생은 더없이 빠르다. 수많은 추억들이 주마등처럼 스쳐 지나가지만 달려가는 세월은 질주하는 경주마처럼 멈추게 할 수가 없다. 이게 낚시 인생이다.

이정호 선생의 낚시 인생이 고스란히 담긴 『전통올림낚시 수조 찌맞춤법』 재발간에 즈음하여, 한순간도 놓치지 않았던 이 선생의 낚시에 대한 열정과 집필을 위해 땀 흘린 그동안의 노고에 다시 한번 박수를 보내며, 선생의 인고의 세월이 더 많은 낚시인들에겐 귀감이 되고, 후배들에겐 좋은 길라잡이가 될 것을 믿어 의심치 않으며 성원을 보내는 바이다.

2018년 9월 18일
이정호 선생의 『전통올림낚시 수조 찌맞춤법』 재발간에 즈음하여

대나무 낚싯대 특별초대전

■ 설죽 송용운 명장

제9회 한국옻칠공예대전 입선

제42회 공예품대전 추천작

제12회 한국옻칠공예대전 입선

국회 신학용 의원 표창장

제34회 대나무공예대전 특선

제3회 전통문화상품공모전 특별상

대한민국목공예대전 2017 입선

경기도지사 유공표창

국회 김학용 의원 표창장

러시아 푸틴 대통령 정상 선물로 선정

각종 영화 및 드라마에 대나무 낚싯대 협찬

사) 대한민국기능전승자회 회원

사) 안성공예가회 회원

현) 용운공방 대표 죽간 · 대나무 낚싯대 및 수제
    낚시용품 제작

주소: 경기 안성시 금광면 현곡길 91 용운공방

전화: 010-4736-7127

용운공방 http://cafe.naver.com/songyongwoon

'용운공방 대나무 낚싯대'

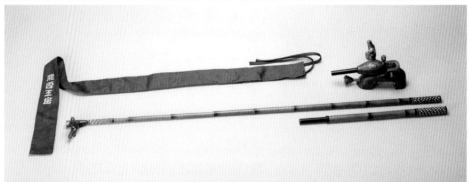

전문가 초대석

■ ㈜나노피싱 변재만 대표
대한민국 대표 낚시추 제작 전문가

부력을 알면 찌맞춤은 쉽습니다.

10억 분의 1 나노추를 만드는 기준! 찌의 정확한 부력을 찾기 위한 기준입니다.

나노추는 초정밀 가공, 감성 디자인, 기능적 설계, 정확한 중량 표시, 최적의 호환성으로 새로운 가치를 만들어 갑니다.

낚시를 위한 최고의 가치는 즐거움입니다. 나노오링을 사용해 미세 조절을 빠르고 간편하게 할 수 있으며, 한 번의 찌맞춤으로 찌의 정확한 부력을 알 수 있습니다.

전문가 초대석

■ 조이불망찌, 애후공방 수선찌 소개

- 이정호의 떡밥낚시용 수조 찌맞춤법에 최적화된 조이불망찌

조이불망 수제찌(명작)

제작·판매: 조이피싱 최호근 대표

홈페이지: https://cafe.naver.com/joyfishing1

연락처: 010-4806-1188

- 이정호의 떡밥낚시용 수조 찌맞춤법에 최적화된 수선찌

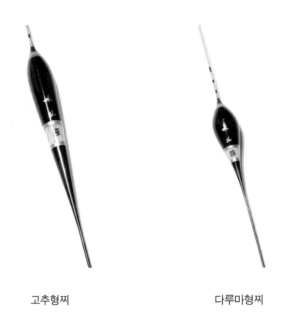

고추형찌   다루마형찌

제작·판매: 애후공방 이길후 대표

연락처: 010-3866-4158

※ **주의할 점**

애후공방 수선찌, 조이불망 수제찌는 필자가 오랜 세월 애용해 온 훌륭한 찌입니다.

그렇지만 관련 업체로부터 청탁을 받거나 금품을 요구하지 않습니다. 찌 제작사의 모든 품목을
권장하는 것도 아닙니다(본서에 소개된 품목만 권장함).

조이불망, 애후공방 낙관이 찍힌 제품에 한하여 권장하며 제품의 품질을 보장하거나 책임지는
것은 아니며 사용자의 느낌이나 취향에 따라 만족감, 성취감이 필자와 다를 수 있습니다.

제품에 대한 일체의 문의를 사양합니다.

후원

■ 모터스테이션 박영동 대표

확실한 보증서비스!
EQ900 브레이크

모하비 전용 VK골드 튜닝 쇼바
VK골드 튜닝 쇼바 출시예정

획기적인 신소재의 사용
달라진 강성! 달라진 내구성!
180도 달라진 스테빌라이저

모터스테이션 울산점

(자동차 정비 · 수리)

주소: 울산 중구 성안로 138

전화: 052-242-2100

울산점 박영동 대표

수조 찌맞춤법 동호인회장

http://www.motorstation.kr/main/main.htm

■ ㈜방일FC 방일해장국 이상희 대표이사

이상희 대표이사, 이태호 부장과 함께

주식회사 방일FC(방일해장국)

(방일해장국 사업 및 프랜차이즈 경영)

http://www.bangilnet.com

주소: 경기도 파주시 광탄면 방축길 157-5

가맹 문의: 031-575-5055

■ 음성 용대리낚시터(수조 찌맞춤 동호회 신병훈련소)

홈페이지 http://yongdaeri.fishinggall.com

평균 씨알이 좋고 자원이 풍부한 용대리낚시터(충청북도 음성군 삼성면 덕호로 360)

수조 찌맞춤법 입문 1년 만에 이호영 동호인 용대리낚시터 225수 기록

■ 원주 15년 전통 대추나무막국수 김종헌 동호인

원주시 흥업면 매지리 1055

대추나무 막국수

033-763-6188

동호인 체험담

■ 전용찬, 박인호, 박근필 동호인

　지난 12년간 전국에서 수많은 낚시인들이 천릿길을 마다하지 않고 필자의 사무실로 찾아와 그 인연이 현재까지 이어지고 있다. 육성으로 알려준 체험담을 일일이 기록으로 남기지 못한 아쉬움이 있으나 다행스럽게도 동호인분들과의 인연은 아직도 진행형이다.

　일부 기록으로 남긴 실전 체험수기와 각별한 친구가 된 동호인들이 보내 준 솔직한 체험담을 함께 수록하고자 한다. 동호인 여러분! 사랑합니다. 감사합니다.

지피지기 백전백승(知彼知己 百戰百勝)

■ 글_전용찬 동호인

전용찬 동호인은 2006년 겨울 어느 날, 낚시터에서 인연이 되었다. 이후 수조 찌맞춤법 이론 및 실전운용법을 함께 연구해 왔으며, 현재는 이론과 실무에 능통한 전문낚시인이 되었다.

붕어세상 사이트에서 정보를 얻어 찾아간 수로에서 이정호 님과 시작된 인연을 소개하고자 한다. 2006년 그해 겨울, 12월 크리스마스이브 전날 밤, 울주군 웅촌면 대대리 수로에서 냉혹하리만치 영하의 차가운 기온 속에 낚시를 하고 있었다. 수로 폭이 그리 크지도 않고 나와 마주 보고 있는

전용찬 동호인

건너편에 누군가의 계속 흔들리는 케미 불빛만 보였다. 누군지 잘 모르지만 극저수온기에 이토록 활발하게 붕어를 낚아 올리지 않나? 어렴풋하게나마 찌올림이 길었던 것은 아마도 장찌(60㎝)는 되어 보임 직했을 것이다. 수로라도 수온과 활성도를 감안하면 저부력찌가 유리하다고 생각하고 있기는 하나, 분납채비의 일종인 좁쌀을 이용한 것을 안 것은 초창기 발표자가 운영하는 '전통올림낚시회' 카페에서 채비를 확인할 수 있었다. 그 당시 개인적으로 겨울철 저수온기 채비는 2~3푼짜리 막대 형태로 즐겨 사용하였는데 문제는 아무리 찌맞춤을 잘하였다 하여도 늘 조과나 찌올림 표현이 만족스럽지 못하였다. 이유는? 첫 번째는 케미를 기준으로 찌맞춤 한 것이 잘못이며, 두 번째는 카본사였다. 예전의 나의 찌맞춤 방식은 현장에서 맞춘 것을 수조에서 평균값을 통계치로 활용하였으나 매번 오류가 생긴 것은 바로 카본사가 주범이었다. 계절마다 상

이했고, 시행착오를 부채질했으며, 낚시에도 흥미를 잃었다. 아마도 이것 때문에 어리바리 맞춤이 최종 기착지가 된 것이다. 어느 날 처음으로 한차례 실전 낚시에 흔쾌히 수락하여 출조를 하였고, 그 결과 지금까지의 찌올림과는 판이하였다.

찌톱 기준 찌맞춤과 채비(찌의 형태, 길이＋바늘＋원줄＋목줄 외 패턴 및 계절별로 상이)의 운영 방법으로 나의 낚시 스타일이 변모했다. 그 후 유료터, 자연지, 댐, 강계, 부산 경남북, 전라도까지 천 리 길도 마다하고 물 있는 곳이라면 승승장구한, 어연 12년의 세월. 추억의 뒤안길로 보내면서 지금도 스스로 독조를 하고 있지만. 그분(?)의 만남이 결코 헛되지 않았다고 자부한다. 사족(蛇足)으로 덧붙이면서⋯⋯. 이 강산, 물 있는 곳이라면 어디서에서나 하나의 채비로 적용할 수 있을 뿐만 아니라, 오링가감법만 숙지하면 어떠한 상황에도 능히 대처할 수 있다. "케미는 찌맞춤의 범주에 속해 있지 않고, 밤낚시에 필요한 도구의 역할을 할 뿐이다. 표면장력에 약점이 있어서 물속에(물표면 포함)는 부력이고, 물 밖에는 비중이다." 그간 수조통 앞에서 다녀간 주변의 객에게 수없이 갈파하고 설명한 핵심 내용이다. 그간의 부력 물체인 케미의 오해(?)로 인해 내 스스로 오판했다는 것을 알리려 한다.

그간의 부력물체인 케미의 오해(?)로 인해 내 스스로 오판했다는 것을 알리려 합니다. 누구나 쉽게 배울 수 있고 찌맞춤에 스트레스가 없는 가장 간편한 올림낚시의 표본격인 '찌톱 기준 수조 찌맞춤법' 낚시계의 큰 궤적을 이룩한 전인미답(前人未踏)의 찌맞춤이라고 믿어 의심치 않습니다.

지피지기 백전백승(知彼知己 百戰百勝)하기를 간절히 바라는 마음으로 감히 권유하는 바입니다. 감사합니다.

저자와 친구가 된 대물 낚시꾼

■ 글_박인호 동호인

이 시대의 진정한 낚시인 박인호 동호인은 2007년부터 필자와의 인연이 이어지고 있다. 이후 수조 찌맞춤법 이론 및 실전운용법을 함께 연구해 왔으며, 현재는 이론과 실무에 능통한 전문낚시인이 되었다.

제가 낚시에 입문 당시인 20여 년 전에는 '바늘 달고 케미 끝 수평 찌맞춤'이 정설처럼 소개되어 유행하던 시기였습니다. 저 역시도 아무런 거리낌 없이 그 방법을 따라 하게 되었고요. 그런데 정작 낚시터에서 낚시를 해 보면, 무언가 잘못되었음이 느껴졌습니다.

박인호 동호인

1. '바늘 달고 찌맞춤의 오류'가 발생되었습니다.

첫째, 바늘 무게가 고스란히 부력에 적용되는 오류를 알지 못하였습니다.

둘째, 두 바늘 채비에서 한 바늘이 목줄 길이의 2배까지는 입질이 와도 그 파악이 되지 않는 오류가 발생되었습니다.

셋째, 떡밥 무게에 의해 바닥에 안착된 바늘의 떡밥이 풀리면, 그만큼의 찌가 상승하게 되고, 그것을 인지하지 못한 꾼들은 그것을 입질로 알고 챔질을 하게 되는 우(愚)를 범하곤 하였습니다.

2. '수평 찌맞춤의 오류'가 발생되었습니다.

수평 찌맞춤은 '물의 엄청난 표면장력(表面張力)'을 완전히 무시한 엄청난 오류입니다.

수평 찌맞춤에서 이정호식 케미 '하단' 찌맞춤을 해 보면, 엄청난 양의 봉돌을 깎아

내야 한다는 것을 알 수 있습니다. 즉, 그만큼의 무거운 찌맞춤을 하고 있다는 것을 반증하는 것이라고 할 수 있을 것입니다.

3. 위 1과 2의 오류를 모두 겸비한 엉터리 찌맞춤이 바로 '바늘 달고 한 수평 찌맞춤'인 것입니다.

문제는 일부의 매체에서 아직도 이런 엉터리 찌맞춤법이 정설이라고 소개하고 있다는 점입니다.

제가 개발자분을 알게 된 것은 낚시점에서 우연히 『전통 올림낚시 수조 찌맞춤법』이라는 책자를 보게 된 후입니다. 처음에는 '전통 찌맞춤법이 다 그렇고 그런 방법인데, 무슨 책자까지 출판한다는 말인지.' 하면서 지나치려 하였으나, 혹시나 하는 심정으로 그 책을 꺼내서 잠시 내용을 읽어 보았습니다. 책 속에는 평소에 제가 궁금해하던 부분이 모두 수록되어 있었습니다.

그 즉시 저자에게 전화를 하여 만나기를 청하였고, 며칠 후 그 책을 구입한 채 만나서 '이정호식 케미 하단 수조 찌맞춤'을 저자분께 직접 전수받게 되었습니다. 이정호식 찌맞춤 이론은 막연히 '머릿속으로만 상상한 찌맞춤'이 아닌 수조에서 실험을 하여 체득한 '검증된 찌맞춤'을 보여 주었습니다. 상기 1과 2의 오류를 모두 해소해 주는 명쾌한 설명과 직접 눈으로 보여 주는 실험까지 체감할 수 있었습니다.

우리는 흔히 낚시 잡지의 기자나 유명 낚시인의 글이라면, 그 자체로 신뢰성을 인정받아 무조건적으로 따라 하는 경향이 있습니다. 그러나 그들의 글이라고 해서 무조건적으로 신뢰해서는 안 될 것이라고 생각합니다.

그때 이후부터 저의 모든 채비를 '이정호식 수조 찌맞춤 채비'로 변경하였으며, 그로 인해 유료터뿐만 아니라 노지에서도 종전과는 확연히 나은 조과를 내고 있으며, 현재까지도 이정호 님과 서로 연락을 주고받는 등 각별한 인연을 이어오고 있습니다.

제가 보는 이정호식 수조 찌맞춤(초보 독백)

■ 글_박근필 동호인

실전 낚시에 있어서 생각과 판단이 분명한 박근필 동호인은 2009년부터 필자와의 인연이 이어지고 있다. 이후 전통올림낚시회 활동을 함께하면서 수조 찌맞춤법 이론 및 실전운용법을 함께 연구해 왔으며 현재는 필자의 든든한 후원인이자 수조 찌맞춤법에 능통한 생활낚시인이 되었다.

박근필 동호인

2010년 박근필 동호인이 전통올림낚시회에 기고한 체험담을 본서에 싣기 위하여 2018년 다시 기고하였다.

저는 아직도 낚시 관련 용어와 기술이 많이 취약하고 어렵습니다. 하지만 낚시가 너무 좋습니다. 낚싯대부터 시작하여 찌, 채비, 바늘, 미끼의 종류와 특성, 포인트 파악 및 선정……

낚시 한 번 하기에 너무나 많은 생각과 선택을 필요로 합니다. 물론 이런 행복한 고민이 너무 좋은 것이 문제겠죠.

여럿이 한 장소에 모여 각자의 포인트를 선정하고, 각자의 생각대로 청사진을 그리며 즐겁게 혼자만의 낚시를 시작합니다. 취미를 모토로 한 단체놀이면서 동시에 본인 의지에 따른 완전한 개인놀이가 낚시의 매력이자 문화라 생각합니다.

전통올림낚시를 접한 지 1년 정도 되었네요. 그전까지는 개인놀이만을 지향하다가 드디어 단체놀이를 병행하게 된 거지요.

하지만 낚시를 하기 위해 알아야 할 너무나 많은 것이 있음을 알았고, 혼자서는 감당할 수가 없으며, 한계에 다다르게 된 것을 알게 되었습니다. 붕어는 못 잡아도 만만하게만 봐 왔던 낚시가 결코 만만하지 않게 된 것입니다.

예전이 생각나는군요. 현장에서 일단은 무거운 봉돌로 아무 생각 없이 던져 놓고 입질이 없으면 그때부터 깎아 내기 시작합니다. 반복하다 보면 마이너스 채비가 되어 있지요. ^^ 미끼는 바닥에 있고, 봉돌은 떠 있고, 그러다 떡밥이 떨어지면서 찌가 올라오고…….

입질인 줄 알고, 좋~다! 챔질합니다. (바보) 반복하다가! 미끼가 떨어졌구나. (난 천재)

이때부터는 떡밥을 작게 달아서 아예 띄워도 봅니다.

그러다 계속 입질이 없으면 좁쌀 봉돌을 끼워서 다시 또 내립니다. 이런 짓을 반복합니다. 무슨 짓을 하는지도 모른 채ㅠㅠ

돌이켜 보면 답답한 시절이었지만, 이런 행동이 나쁘다 생각하지 않습니다. 어찌 되었건 생각을 하며 물속 상황을 많이 이해하려 고민했던 과정이었으니까요.

하지만 이런 무모하고도 비효율적인 행위들을 지금도 어딘가에서 누군가는 반복하고 있다는 것이 안타까운 부분입니다. 문제는 그때의 저나 아직도 이러고 있는 분들이 시행착오를 겪고 있는 과정에서 자신의 채비를 아주 불신하게 된다는 것이지요.

채비뿐만 아니라 미끼, 포인트에도 의구심이 생기고, 결국 애꿎은 붕어 탓으로 돌립니다(고기가 없다고 결론을 내립니다).

과연 그럴까요?

낚시를 시작하는 많은 분들이 방송, 책자 등을 통해 낚시점과 낚시터에서 접근하고 있습니다. 방송에서 보고 낚시방 사장님 말씀 몇 마디 듣고는 대충 현장에서 채비를 꾸립니다. 안타깝지만 확고한 지식과 믿음이 없이 찌맞춤을 하니, 상상으로만 붕어를 잡고 있습니다.

월척도 잡고! 찌올림도 환상이고.

계~속, 그렇게 계~속. 안타까움의 연속입니다.

저도 계~속 안타깝지요.

붕어를 못 잡는 것이 안타까운 것이 아니라 낚시하는 내 자신의 채비를 불신한다는 것이 안타깝지요.

현시점에서 전통올림낚시회 카페를 알게 된 계기는 기억이 희미하지만(고기를 못 잡으니 정보 검색을 하다 왔겠죠?!) 이정호식 찌맞춤을 만난 건 완전히 로또 걸린 기분이라는 겁니다. 부자가 되려면 부자들과 사귀고, 낚시를 잘하려면 낚시 고수들과 사귀어야지요. 게다가 사람들까지 좋다면 단체놀이로는 아주 이상적이겠지요.

이정호식 찌맞춤은 제가 보는 입장에서 주제넘지만 한마디로 이렇습니다. 이정호식 찌맞춤은 ZERO에서 시작한다! '0'이라는 개념, 서로 공평하다(합쳐서 0)는 뜻도 있지요. (달리하면 한쪽이 이득을 보면 반드시 다른 한쪽이 피해를 보게 되어 있는 것, 제로섬게임이라 그러는 게 맞죠?^^)

즉, 부력과 침력의 공평에서 시작합니다. 그리고 환경적 요인(유속, 표면장력 등 여러 원인)에 따라 다시 ZERO로 가기 위하여 O링을 가감합니다. 그리고 드디어 어여쁜 붕순이들이 O링을 가감한 ZERO를 움직여 주고, 그 영향은 찌에 여과 없이 그대로 표현이 됩니다.

목줄과 바늘은 붕어들의 몫이죠. 붕어가 미끼가 무겁다고 안 먹을까요?(참치용 바늘은 아니겠죠?)

그러니! 찌맞춤 시 제외시켜야 하는 것은 바닥올림낚시에서는 당연하다고 생각합니다(목줄과 바늘은 정확한 찌맞춤 후 현장에서 사용할 테크닉입니다). 하지만 낚시를 처음하시는 분은 당연히 바늘을 끼워서 찌맞춤을 합니다.

처음 낚시하는 분들이 ZERO로 가야 된다고 생각하긴 힘들 것이고, 저 또한 그렇게 채비를 하였습니다. 봉돌 깎을 니퍼만 하나 들고, 붕어가 잡히지 않으면 찌맞춤에 문제가 있나? 미끼가 맞지 않나? 포인트가 아닌가? …… 고민할 것이 너무 많았습니다.

이제는 찌맞춤에 믿음을 가지고 있으니 고민할 것이 많이 줄어들었고, 어복도 많이 늘어 저는 이 자리까지 왔습니다. 제대로 된 찌맞춤을 배웠고, 고수분들이 주변에 계시니 로또 제대로 맞은 것이 아닌가 생각합니다.

전통올림낚시 회장님 이하 모든 분들, 특히 이정호 사부께 매우 감사하게 생각합니다. 요즘 낚시 좀 알 것 같습니다. 더불어 이정호식 찌맞춤법이 많이 전파되어 제대로 된 찌맛, 손맛 보시는 낚시인들이 많이 생겼으면 좋겠습니다. 다시 한번 감사드립니다.

전통올림낚시 '수조 찌맞춤법' 보급 활동 및 기념 앨범

낚시박람회에서 송귀섭 명인, 변재만 대표와 함께 개정증보판 출판 계획 설명

낚시박람회에서 송귀섭 명인, 변재만 대표와 함께 개정증보판 출판 계획 설명

대물 낚시인 부마 박인호 동호인

이숙현 대표와 함께

전통올림낚시 '수조 찌맞춤법' 보급 활동 및 기념 앨범

조이피싱 수조 찌맞춤 낚시교실 참석

이정호의 수조 찌맞춤법 안영섭 교관

붕어낚시 전문가 박재호 선생과 함께

㈜나노피싱 변재만 대표와 함께

송용운 명장과 함께

전통올림낚시회 창시 및 환경정화운동 실천으로 올바른 낚시 문화 정착

필자의 제안으로 전통올림낚시회는 매회 정기모임 때마다 환경정화운동을 실시하였고 인터넷 홍보 활동을 통해 몸소 실천하는 전통붕어낚시인이라는 자긍심 고취와 문화를 확산시켰다.

전통올림낚시회 회장단(이정호의 떡밥낚시용 전통올림낚시 수조 찌맞춤 동호회 창시)

필자와 김규환 초대 회장

필자와 김근오 2대 회장

낚시회 창시자 이정호

김동욱 3대 회장

전용찬 카페운영자

김문성 총무

이정호의 떡밥낚시용 전통올림낚시 수조 찌맞춤법 보급 활동

필자는 지난 십여 년간 전국의 낚시인들께 '무바늘 찌톱 기준 수조정밀 찌맞춤법'을 보급하였다.

I.

전통올림낚시
(떡밥낚시용)
기초 이론

전통올림낚시 수조 찌맞춤의 준비 단계

(1) 각종 수조 찌맞춤용 소품(소모품)

전통올림낚시 수조 찌맞춤에 필요한 소모품은 낚싯줄(원줄, 목줄), 찌, 납추(봉돌), 케미꽂이, 케미컬라이트, 찌멈춤고무, 찌고무, 스냅고리, 오링, 스위벨, 편대 등이다.

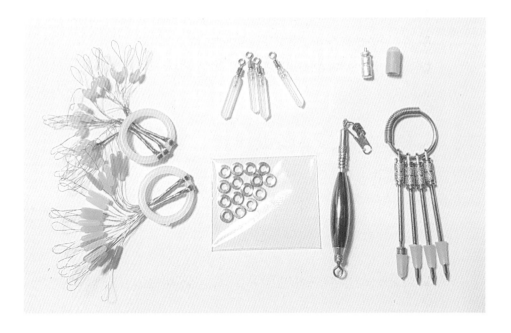

① 낚싯줄과 바늘(원줄, 목줄, 기둥원줄)

떡밥낚시에서 바늘, 원줄, 목줄, 찌 등을 선택하고 적용하는 기준은 당일 활성도(개체 수와 먹이 경쟁, 시간의 흐름에 따라 먹이 활동성이 다르다), 계절, 장소를 감안하여 판단한다.

㉠ 바늘의 선택

떡밥낚시용 바늘의 선택 기준은 허리와 끝의 간격이 넓고, 끝이 날카롭고 가벼우며 가늘어야 한다.

▶ 이물감

붕어가 떡밥 흡입 후 이동하는 과정에서 이물감을 최소화하려면 바늘의 크기와 무게, 개수 등을 상황 변화에 맞게 선택한다. 기준은 당일 활성도, 계절, 장소를 감안하여 판단한다.

▶ 결착력

올바른 바늘 선택을 통해 떡밥의 이탈 현상을 최소화해야 한다. 떡밥은 생미끼(새우, 지렁이, 참붕어) 또는 알곡 형태의 곡물미끼(대물낚시용 미끼)와 달리 **바늘에 붙는 결착력**이 많이 떨어진다. 따라서 붕어가 떡밥을 흡입하는 단계부터 이동하는 과정에서 떡밥이라는 미끼는 바늘에서 쉽게 이탈할 수밖에 없고, 낚시인 입장에서 반드시 해결해야 할 과제이다.

※ 이탈 현상이 최소화되도록 하기 위한 필자의 아이디어 제안: 조구업체는 무광택으로 표면이 꺼칠한 바늘(흡착력이 향상된 기능성 바늘)을 제작하기 바란다.

그 외에 자세한 내용은 〈Ⅲ. 글루텐떡밥 대어낚시 요령〉 단원을 참고하도록 하자.

ⓛ 원줄의 종류와 선택

▶ 원줄의 종류

원줄은 물에 뜨는 모노필라멘트사(아주 가벼운 플로팅나일론사, 중간 성질의 세미플로팅나일론사)와 무거운 카본사 등으로 나눈다.

모노필라멘트사는 주로 내림낚시, 중층낚시와 전통올림낚시 등에 적합하고 카본사는 비중이 아주 크기 때문에 바다낚시, 주낙(잡혀주는 방울낚시)에 사용하기를 권장한다. 필자는 플로팅 계열 모두 사용하나 중간 성질의 세미플로팅나일론사를 좀 더 자주 사용하는 편이다. 주의할 점은 인장 강도가 좋고, 최대한 늘어나지 않은 검증된 품질의 제품을 구입하기 바란다.

원줄은 종류나 굵기에 따라 비중이 다르며 비중은 부력에 직접적인 영향을 주기 때문에 상황에 맞는(장소, 계절, 활성도 등 현장 상황을 감안한다) 원줄의 종류, 굵기를 선택하여 찌올림의 품질 및 입질 빈도수에 영향이 최소화되도록 해야 한다.

▶ 원줄도 가변적(외적) 요인에 해당된다.

이정호식 수조 찌맞춤의 부력은 수조에서 '0'의 무중력 상태이다. 수조찌맞춤을 완성한 채비를 현장에 가서 투척하게 되면 원줄의 무게(비중)와 여러 외적인 원인(수류와 같은 가변적 요인)이 작용하여 부력이 무겁게 변한다. 즉 '+' 플러스낚시로 변한다. 좀 더 구체적인 내용은 찌맞춤 단원(〈Ⅱ.1.(1)⑤ 외적 요인(가변적 요인)과 환경적 요인이란?〉 참고)에서 설명하기로 한다.

▶ 원줄의 비중(무게) 실험과 카본줄과 모노줄 구별 방법

원줄의 무게 실험에 대하여 설명하기로 한다. 플로팅나일론사, 중간 성질의 세미플로팅나일론사, 무거운 카본사 등을 각각 5㎝ 간격으로 잘라서 동시에 수조에 넣어 보

자. 이때 원줄이 수조 바닥까지 내려가는 모습과 속도를 관찰해 보기 바란다.

카본줄과 모노줄 구별 방법을 설명하기로 한다.

플로팅나일론사, 중간 성질의 세미플로팅나일론사와 별도로 카본사의 끝을 라이터로 태워보기 바란다. 카본사는 까맣고 단단한 몽우리가 만들어지며(약간 느린 속도로 오그라진다) 그을음이 발생한다. 플로팅나일론사는 지글지글하며 빠른 속도로 오그라들 것이고, 세미플로팅나일론사는 카본 성분 함유로 인하여 좀 더 느린 속도로 지글지글 오그라들면서 약간의 까만 몽우리가 만들어질 것이다.

▶ 원줄의 굵기와 비중, 카본사의 문제점

저수온기, 수온변동기는 장소에 관계없이 갑작스러운 입질 변화가 심한 시기이다. 다시 말해서 활성도의 저조로 인하여 찌를 전혀 들어 올리지 못하는 상황이 자주 발생한다.

이때는 비중이 거의 없는 모노필라멘트사를 선택하고, 굵기도 0.8~1호 이내로 최대한 가볍고 가는 원줄의 선택은 필수이며,

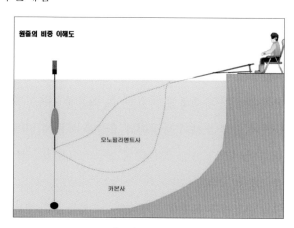
원줄의 비중 이해도

채비 전체(찌부터 바늘까지)를 최대한 경량화시켜야 한다. 이렇게 하는 이유는 원줄의 비중이나 수류에 의한 원줄의 저항 등이 부력에 지장을 최대한 주지 않게 하기 위함이다. 문제는 카본줄이다. 카본줄은 무게의 기준이 모호하며 성질이 뻣뻣하고 무겁기 때문에 원줄은 그림과 같이 늘어질 수밖에 없다.

카본사의 엄청난 무게(침력)는 가볍게 찌맞춤한 부력에 큰 영향을 줄 수밖에 없다.
특히 저수온기나 수온변동기에 저부력찌를 사용한다면 무거운 **카본줄의 엄청난 침력** 으로 인하여 **찌맞춤의 의미가 완전히 상실**되며, 카본사 특유의 **뻣뻣한** 성질로 인하여 경량화된 채비가 낚시인 앞으로 당겨지는 문제가 발생하므로 찌로서의 역할을 수행하기 어렵다.

최근에는 대물낚시인들도 카본사는 사용하지 않은 추세다. 줄이 너무 뻣뻣하여 채비를 디루기가 힘들 뿐 아니라 수초에 감기기 쉽고 낚싯대를 들어 올리는 과정에서 손상이 가거나 부러지는 문제가 발생한다.

그렇다면 고수온기에 카본줄을 사용하는 것은 어떨까?

'카본줄을 사용한다고 하여 붕어를 전혀 못 잡을 것이다? 찌가 안 올라올 것이다?'라는 뜻은 아니다. 이유는 붕어 마음에 달렸기 때문이다. 천하장사 강호동 붕어에 대하여 한 가지 좋은 예를 들어보기로 한다. 필자의 젊은 시절(초보)에는 인

인찌기(멍텅구리) 채비

찌기 낚시가 유행하였으며(3~5호 카본줄 사용) 특별히 찌맞춤이랄 것도 없이 인찌기 중간에 달린 도깨비 방망이와 흡사한 봉돌에 찐깻묵을 돌덩이처럼 단단하게 뭉쳐 달았다.

이처럼 엄청난 무게의 채비를 3~7치급 천하장사 강호동 붕어가(자신의 무게보다 훨씬 무거운) 찌를 몸통까지 들어올리는 경험을 필자는 무수히 겪었다. 다시 말해서 잡혀준 것이다.

결론적으로 활성도가 좋은 고수온기에도 카본줄은 사용하면 안 된다. 입질 빈도수와 찌올림의 품질 차이가 비교하기 어려울 정도로 많이 날 것이며, 활성도가 저조해지면 입질을 전혀 읽어 내지 못하고 자동빵(떡밥을 교체하기 위하여 낚싯대를 들어 올리면 붕어가 잡혀 있는 현상을 말한다) 경험을 자주 하게 될 것이다.

그렇다면 낚시인들이 카본줄을 사용하는 가장 큰 이유는 무엇일까?

나일론사에 비하여 강하다는 주장이 있다. 필자는 오랜 기간 나일론사를 사용하여 왔지만 **검증된 제품**이라면 크게 걱정할 이유가 없다. 다시 말해서 **나일론사 vs 카본사의 강도 문제가 아닌 검증된 품질의 차이**에서 오는 하나의 해프닝에 불과하다(카본사가 조금 더 강하다고 하여 카본사의 침력을 무시하면 안 된다). 따라서 검증된 제품을 사용하기 바란다.

정리하자면 원줄로 인하여 부력이 무거워진다면 붕어가 떡밥을 흡입하고 상승하는 과정에서 빠르게 이물감을 느끼게 될 것이고, 그로 인하여 물고 있던 미끼를 뱉어 버리게 될 것이다. 결국 애써서 정밀하게(예민하게 찌맞춤 하는 목적이 무엇인가?) 찌맞춤을 한 채비에 **비중이 높은 카본줄을 선택하여 찌맞춤의 의미가 상실되도록 하는 행위는 대단히 잘못된 판단**이다.

▶ 전통올림낚시의 원줄 호수에 대한 선택 기준
· 수온 변동기, 저수온기의 하우스낚시터: 0.8~1호
· 수온 변동기, 저수온기의 관리형 노지 낚시터: 1~1.5호
· 고수온기 장애물이 없는 낚시터: 1.5~2호 이내
· 고수온기 장애물이 있는 낚시터: 2~3호 이내

ⓒ 원줄이 부력에 미치는 영향

▶ 저수온기, 수온변동기 원줄이 부력에 미치는 영향은?
이정호식 찌톱 1마디 기준 수조정밀 찌맞춤을 완성해서 낚시하고자 하는 현장에 투척하게 되면 수심에 따라 케미꽂이 또는 케미 전부 노출, 케미 1/3, 1/2, 2/3순으로 표현된다. 결국 찌맞춤이 수심의 깊이에 따라 부력이 무거워졌다는 것을 알 수 있다. 그런데 이 정도의 부력 차이로 인하여 찌올림이 크게 나빠지거나 조과에 문제가 생기는

것 같지 않고, 실제로 수조 찌맞춤만으로도 큰 어려움 없이 붕어를 낚고 있다. 하지만 실질적인 문제는 저수온기처럼 활성도가 약한 상황이라면 그중에 활성도가 좋은 붕어만 낚을 수 있고, 나머지 붕어들은 놓칠 수밖에 없기 때문에 현장에서 찌맞춤을 좀 더 가볍게 다시 해야 하지 않을까?

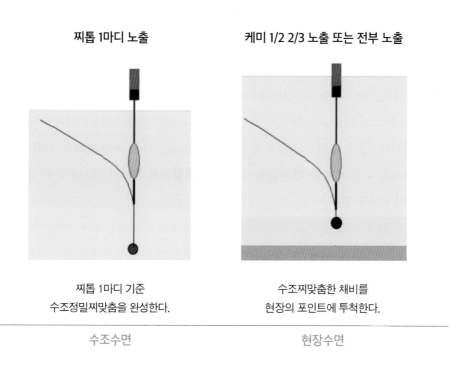

찌톱 1마디 노출	케미 1/2 2/3 노출 또는 전부 노출
찌톱 1마디 기준 수조정밀찌맞춤을 완성한다.	수조찌맞춤한 채비를 현장의 포인트에 투척한다.
수조수면	현장수면

▶ 필자의 답변

위의 질문 내용은 필자가 이미 약10년 전에 문제와 해결책을 발표한 내용이지만 본서에 상세히 다시 수록하기로 한다. 〈Ⅱ.1.(1)⑤ **외적 요인(가변적 요인)과 환경적 요인이란?, Ⅱ.2. 2차 오링가감법**〉단원을 **필독**해 보기 바라며, 본 단원에서는 우선 찌와 원줄만 설명하기로 한다.

원인은 수심의 깊이에 따라 또는 원줄의 무게, 찌의 종류, 낚싯대의 길이 등 여러 원인(표면장력, 수류, 기타 외적인 요인)이 복합적으로 작용하여 부력이 무거워지는 것은 사실이며 수심이 깊어질수록 케미컬라이트의 잠김 현상이 심해진다.

결론부터 말하자면 수심의 깊이와 낚싯대의 길이, 원줄의 무게로 인하여 부력이 무거워지는 것은 사실이나 **봉돌이 바닥에 닿는 전통올림붕어낚시 기법에 한해서** 크게 걱정할 필요가 없으며 해결책도 그리 어렵지 않다. 다시 말해서 필자와 우리 동호인들의 출조 경험과 데이터 통계 자료를 볼 때 저수온기, 수온변동기에도 크게 문제는 없었다. 다만, 계절에 관계없이 붕어의 활성도에 따른 개개인의 대처 방법 차이(기량 연마, 각종 운용술 습득)와 간혹 오링가감법을 통해 부력에 변화를 주면 문제의 해결이 그리 어렵지 않았다는 뜻이다. 한 번 더 강조하고 싶은 것은 부력 변화(부력 차이)보다는 낚시인의 기량(붕어에게 먹이를 먹이는 기술을 비롯한 각종 운용술, 기량 = 실력)이 우선이었다는 점이다.

특별히 부력에 변화를 주어야 하는 날에는(활성도가 저조할 때) 일시적으로 부력이 좀 더 가벼울 때 조과나 찌올림이 좋아지는 것도 사실이지만, 이때는 (저수온기) 수조와 현장과의 부력 차이는 불과 두 마디 전후가 대부분이었다. 이유는 **채비(원줄 0.8~1호 이내)가 극도로 경량화된 상태다 보니 달랑 오링 1~2개 정도면 차이를 극복할 수 있었다는 점**이다. 다시 말해서 수조와 현장과의 부력 차이가 생각만큼 그리 크지 않다는 것이며, 오링가감법으로 얼마든지 대처가 가능하다는 것이다.

장소도 주로 양어장(하우스 포함) 등 양식 붕어 낚시터에 국한되었고, 자연산 붕어를 상대로 하는 노지낚시터에서는 굳이 부력을 더 가볍게 변환시킬 필요성을 전혀 느끼지 못하였다는 점이다. 다시 말해서 수조 찌맞춤 상태가 더 유리하였다는 것이다.

▶ 소장하고 있는 원줄의 데이터 값 찾기

필자가 주로 사용하는 (세미)플로팅나일론사는 원줄에 약간의 비중이 있어서(원줄이 수면에 일정 부분 잠기며) 찌톱 1마디 기준(원줄 0.8~2호, 찌톱의 굵기가 0.5㎜ 이내의 제품일 경우) 최소 반 마디(원줄 0.8호)에서 최고 두 마디(원줄 2호) 이내의 무게(침력)로 작용하는 범주를 크게 벗어나지 않는다.

본인이 자주 사용하는 원줄과 찌의 특성을 파악하여 늘 일정한 제품을 선택하고 적용시키면, 선택된 제품은 오차 범위(오링 1~2개 정도의 무게)를 크게 벗어나지 않는다. 벗어나는 제품을 일부 소장하였어도, 소장한 제품의 편차(데이터)를 알면 오링가 감법을 통해 해결이 가능하다.

▶ 그 외 실전 경험을 몇 가지만 간추려 설명하기로 한다.

만약 수심이 깊다면 채비가 수직으로 서 있는 상태이다. 결국 채비 전체가 불안정하게 서 있을 수밖에 없다. 이유는 수심이 깊을수록 속수류의 흐름이 심하기 때문이다.

수심에 관계없이 바람이 심한 날은 원줄의 물 타기 현상도 문제가 될 수 있다. 이렇듯 수심이나 원줄의 무게보다는 가변적 요인이 더 문제가 될 수 있음을 이해하자. 물 타기의 문제점은 수조, 현장 찌맞춤에 관계없이 가벼운 찌맞춤에서는 동일하게 작용한다.

2007년, 오링가감법을 발표하며 수심이 깊을수록 채비가 불안정하기 때문에 기본 수조 찌맞춤 상태에서 오링을 1개 추가 가감하라고 권장하였다. 이유는 부력을 오히려 무겁게 하여 봉돌(채비)이 바닥에 안정적으로 안착되게 하기 위함이었다(〈Ⅰ.2.(3) 수심 맞추기〉단원 참고). 이때의 **적용 기준은 활성도, 계절, 장소, 수류(물의 안정 정도) 등 현장 상황을 고려하여 적용 범위가 달라질 수 있다.**

수심이 깊어지는 단계이거나 직선 상태라 하여도 초릿대가 잡고 있기 때문에 더 이상 무거워지지 않는다. 예를 들어서 떡밥낚시에 주로 사용하는 원줄의 굵기는 0.8~2.5호 이내다. 만약 원줄의 굵기가 0.8~1.2호 이내라면 대략적으로 찌톱(찌톱의 굵기가 0.5㎜ 이내의 제품일 경우) 반 마디에서 한 마디 길이 이내의 무게(침력)로 작용하며 1.5~2호 이내라면 한 마디에서 최고 두 마디 이내의 무게로 작용하고 더 이상 내려가지 않는다. 내려갈 수 없는 이유는 초릿대가 원줄을 잡고 있고, 내려가려는 성질(침력)이 카본사와 달리 무한정하지 않기 때문이다(모노줄은 뜨려는 성질이 있다). 특히 세미플로팅라인은 물에 뜨지도 않고 가라앉지도 않는 성질이 있다. 필자는 육안이나 채비를 걷어 올리는 과정에서 상층부 0~60㎝ 이내에 원줄이 떠 있는 모습을 자주 관찰할 수 있었다.

2.5호 이상의 굵은 원줄도 크게 염려할 필요가 없다. 2.5~3호 이상의 굵은 원줄은 **활성도가 좋은 시기**에 주로 **수초**가 많거나 장애물이 많은 얕은 수심층에서 **한정적으로 활용**하는데 이때 원줄은 땟짱이나 수초 언저리에 걸쳐지기 때문에 무게로 작용하지 않는다.

만약 수초가 없고, 수심이 얕을 경우에는 2.5호 이상의 호수는 주로 한 방(대물)을 노리는 낚시에서 입질이 좋은 고수온기에(활성도가 우선 작용하기 때문에) 주로 사용하며 수온 변동기나 저수온기에는 호수를 낮추어도 크게 문제가 되지 않는다.

이렇듯 각각의 원줄(굵기)은 상황에 따라 **쓰임새와 적용**이 다르고 다른 외적인 요인이 함께 작용하기 때문에 원리를 이해하면 봉돌이 바닥에 닿는 전통올림낚시에서는 크게 염려할 필요가 없다.

정리하자면 **균형**이다! 굵은 원줄에 저부력찌를 장착하지 않는다. 저수온기에 고부력찌를 사용하고 상당히 낮은 호수의 원줄을 사용하는 사람은 없을 것이고, 반대로 고수온기에 저부력찌를 사용하고 상당히 높은 호수의 원줄을 사용하는 사람은 없을 것이다.

다시 말해서 계절, 수온, 활성도, 수심, 낚싯대의 길이 등에 맞는 찌를 선택하고 서로 균형(찌와 원줄)이 맞아야 한다. 찌, 원줄도 될 수 있으면 같은 회사의 제품을 소장하며, 이때의 축적된 **데이터를 기준으로 오링 가감을 통해 문제 해결이 가능**하다.

㉣ 기둥목줄! 기둥원줄?

좁쌀분할 봉돌 채비(스위벨 채비), 분할편대 채비, 관통추 채비 등 이분할 형태 채비의 연결 기둥줄을 말한다. 즉 본봉돌과 보조봉돌의 구조로서 본봉돌과 보조봉돌의 중간에 연결된 줄을 말한다. 옛날이야기이지만 필자는 10년 전부터 줄기차게 **목줄보다는 원줄 개념**으로 접근하라 하였다. 또한 본봉돌 + 기둥줄 + 보조봉돌은 **하나의 동일체**(하나의 봉돌)라 하였고, 현재는 필자의 주장이 보편타당한 이론으로 자리 잡은 듯하다.

※ 〈 I . 1. (3) 전통올림낚시 채비의 종류〉 단원 관련 그림 참고.

좁쌀분할봉돌 채비(스위벨 채비), 분할편대 채비는 와이어, 스텐강선, 사슬, 합사, 카본사 등 다양한 소재의 줄로 연결할 수 있으며 어떤 소재를 사용하든 중간의 연결 원줄(기둥줄)의 **소재에 따라서(특정 소재로 인하여) 어획량이 좋아지거나 나빠지는 것은 아니다.** 중요한 것은 기둥줄의 길이나 **적절한 탄성과 채비의 구조**이다. 주의할 점은 지나치게 **유연한 소재의 줄을 사용하여 어신 전달에 문제가 발생**하지 않도록 해야 하고, 이왕이면 **굴절(마디)이 최대한 없는 구조의 간결한 채비를 권장하며 목줄과 채비가 엉키지 않**아야 한다.

참고로 필자가 10여 년 전부터 즐겨 사용한 관통추 채비는 추 중간에 구멍을 뚫어 원줄을 통과하여 본 봉돌과 보조 봉돌의 이격 거리를 현장 상황(활성도, 수심, 물의 흐름, 잡어의 성화 등)에 따라서 (간격을) 자유롭게 조절하였다. 이런 방법은 낚시 경력이 오래되었거나 연구하는 선후배 낚시인이라면 누구나 한 번쯤 실행하였을 것으로 사료된다.

※〈Ⅰ.1.(3)② 편대 채비·분할편대 채비·저수온기 분할외편대(외바늘) 채비 응용법〉단원 참고.

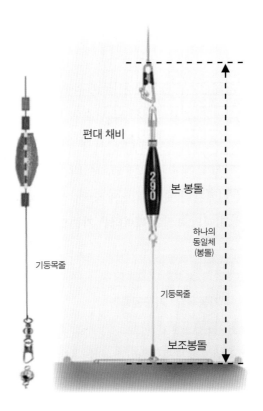

편대 채비

기둥목줄

본 봉돌

하나의
동일체
(봉돌)

기둥목줄

보조봉돌

ㅁ 목줄 선택에 있어 고려해야 할 사항

전통바닥올림낚시는 아래의 그림처럼 납추는 바닥에 닿고 목줄은 일직선으로 바닥에 누워 있어야 떡밥이 납추로부터 적당한 간격을 유지할 수 있다. 따라서 **목줄은 가늘면서 적당히 탄성**이 유지되어야 한다.

전통바닥올림낚시의 정렬 상태

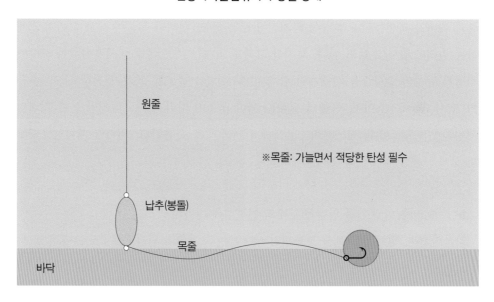

원줄

※목줄: 가늘면서 적당한 탄성 필수

납추(봉돌)

목줄

바닥

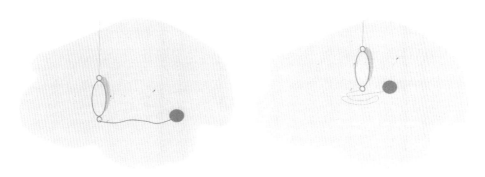

목줄이 일직선으로 잘 펴져 있다.

목줄이 꽈베기처럼 꼬여 있다.

욕심이 과하여 **지나치게 가늘거나 부드러운 목줄을 선택한다면, 그림과 같이 목줄이 일직선으로 펴져 있지 않고 납추의 위 아래로 꽈배기처럼 꼬이거나 뭉쳐지게 된다.** 이럴 경우 목줄, 바늘, 떡밥, 납추 모두가 한 덩어리가 되어 붕어가 빨리 거부감(경계심)을 느끼게 된다. 물론 목줄이 가늘고 부드러우면 붕어가 미끼를 흡입할 때 다소 도움이 되어 입질 빈도수가 훨씬 많아질 것이라는 기대감에 쉽게 포기하기 어려울 것이다. 그렇지만 위의 그림처럼 꼬임 현상을 해결할 방법이 없다. 특히 보통은 두 바늘 낚시를 자주 하는데, 이때 두 바늘은 심각하게 꼬일 수밖에 없어서 오히려 득보다 실이 많다는 뜻이다. 예를 들어서 생미끼 사용 시 카본이나 모노 소재의 원줄을 목줄로 사용하여 목줄과 채비가 침전물이나 감탕에 빠지지 않도록 하고, 미끼와 목줄이 서로 꼬이지 않게 하는 원리와 같다고 보면 된다. 하지만 그래도 최대한 가는 목줄을 사용하고자 하다면 적절한 탄성의 합사줄을 선택해야 할 것이다. 현재 기준으로 필자가 권장하는 목줄은 PE 합사 0.4~0.5호이며, 목줄의 길이는 채비 구조에 따라서 다르겠지만 분할 형태의 채비는 2.5~3㎝ 이내, 전통채비는 3~4㎝ 이내를 주로 사용한다. 외바늘 채비는 1~2㎝ 더 길게 사용할 때도 간혹 있다.

▶ 목줄, 바늘의 굵기와 입질 빈도수의 연관성에 대하여

피라미채비, 빙어채비(본줄 모노필라멘트 1호, 목줄 모노필라멘트 0.6호)에 주로 사용하는 부드러우면서도 적당한 탄성을 유지하는 제품(0.6호 이내의 모노사와 작은 바늘)을 구입하여 필자가 봉돌에 묶어서 실전 운용을 통해 실험하였다. 그 결과 확실히 입질 빈도수와 찌올림 폭이 향상됨을 알 수 있었다. 문제는 줄이 너무 약해서 줄의 파마 현상이 심하였고, 잘 끊어지고 말았다. 결국 줄의 굵기도 중요하지만 **가늘어도 목줄은 적당한 탄성을 유지시키는 제품을 선택해야 한다는 것**이다.

가늘면서도 적당한 수준의 탄성(모필라멘트사 수준까지)을 유지시킬 수 있으면서도 모노사의 단점을 보완할 수 있는 질긴 합사줄이 판매되기를 희망한다. 낚시꾼은 최대한 이에 부합하는 제품이 있는지 찾아보는 노력이 필요하다.

② 전통올림낚시에 사용하는 소모품의 종류

전통올림낚시에 사용되는 소모품은 바늘, 목줄, 원줄, 찌 외에 케미꽂이, 케미컬라이트, 스냅, 오링(쇠링), 스위벨, 편대, 각종 봉돌(관통추), 찌멈춤고무, 찌고무 등이 있다. 이들 중에서 적절히 잘 선택해야 한다.

㉠ 각종 봉돌, 관통추×구멍추(본봉돌), 스위벨(보조봉돌), O링, 편대, 스냅

나노오링(쇠링)

나노추(본봉돌)

나노스위벨(보조봉돌)

필자가 권장하는 (주)나노피싱은 모든 제품을 규격화 시켰다는 점이고 친환경 소재로서 소수점 단위의 초정밀 분리결합 방식의 신개념 제품들이다. 특히 슬림한 디자인은 수중 저항이 적어 찌올림이 부드럽고 정확하다.

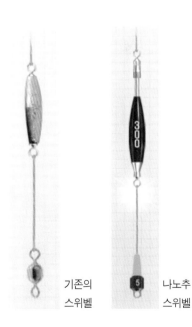

기존의
스위벨

나노추
스위벨

전통올림낚시에서는 편납홀더는 사용하지 않는다. 이유는 정서상 보기 좋지 않고 편납홀더 속의 기포가 부력으로 작용하므로 정확한 오링가감을 적용하는데 오차가 생길 수 있다. 반면에 오른쪽 그림의 간결하고 슬립한 형태의 관통추는 정서상 보기도 좋고 기포 발생량을 최대한 줄일 수 있다.

관통추와 스냅고리를 활용하면 본봉돌의 이동이 용이하고 채비 전환도 용이하다. 스위벨채비에서 ⇌ 편대채비로 편대채비에서 ⇌ 스위벨채비로 전환한다.

※ 스위벨(보조봉돌)은 둥근원형의 부피가 큰 관통봉돌은 사용하지 않는다. 구조상 목줄 엉킴이 심하기 때문이다.

| 스냅고리 | 스위벨 | 철사편대 | 관통추 분할채비 |

바닥 상황에 따른 각종 채비의 이해도

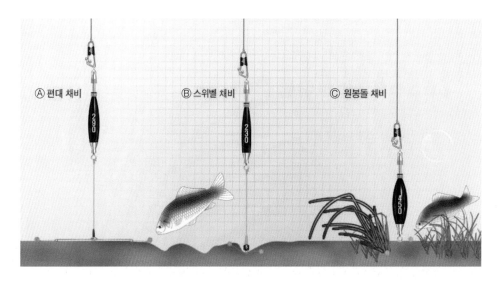

Ⓐ 분할편대 채비   Ⓑ 스위벨 채비(좁쌀분할봉돌 채비)   Ⓒ 전통원봉돌 채비(전통 채비)

ⓛ 케미꽂이와 케미컬라이트

케미꽂이는 표면장력이 최대한 작게 작용하도록 폭이 좁고 굴곡이 적은 슬림한 제품을 고르고, 이에 맞는 케미컬라이트를 선택하기 바란다. 즉 케미컬라이트는 무게(부피)나 표면적이 최대한 작게 나가는 미니 케미컬라이트을 선택한다.

주의할 점은 간혹 전지, 발광다이오드, 케미컬라이트 등의 무게가 서로 다를 수 있기 때문에, 이로 인하여 입질이 까칠한 날 문제가 발생하지 않도록 평소 무게 선별 및 확인 작업이 필요하다. 또한 낮에는 주간 전용 케미를 사용한다면 야간에 사용할 케미컬라이트의 무게와 서로 같아야 한다.

본 단원과 소품은 다르지만 필자가 10년 전 발표한 내용 중에는 좁쌀봉돌선별법이 있다. 좁쌀봉돌은 보조 봉돌의 역할이며, 과거에 자주 사용한 납추로 만든 좁쌀봉돌은 같은 호수라도 무게가 제각각인 경우가 많았다. 현재는 기술의 발달로 인하여 이런 오차가 최소화됐을 것으로 예상된다. 그래도 혹시 모르니 늘 사용하는 소품의 같은 호수라도 (초정밀 전자저울로) 무게를 확인해 보기 바란다.

※ 부력이 변동하는 외적인 요인: 케미컬라이트, 케미꽂이는 부력 변동이 발생하는 외적인 요인 중 하나이다. 다시 말해서 굵은 표면적, 물방울 등은 정확한 부력을 실현시키는데 방해 요소로 작용한다. 좀 더 자세한 내용은 관련 단원을 참고하기 바란다.

(2) 찌의 선택(떡밥낚시용)

찌의 부력과 푼수와의 관계, 무게중심, 자중대비, 순부력, 자립, 몸통의 크기(표면적)와 모양, 찌톱의 굵기, 저항, 칠 등 찌와 관련하여 알아야 할 전문지식이 굉장히 많고, 모든 지식을 습득하려면 한도 끝도 없다. 필자는 찌 제작 전문가도 아니고, 이런 전문적인 지식을 설할 만한 지식 또한 부족하니, 이런 내용은 찌공방(찌 제작장인)이나 인터넷 검색 등 각종 매체를 활용하여(혹은 찌와 관련하여 지식이 풍부한 분께) 습득하기 바란다. 본서에서는 찌맞춤과 연관성이 있고, 실전 운용상 꼭 필요한 내용만 간추려 설명하기로 한다.

① 칠의 경화와 방수의 중요성, 찌의 보관 방법과 흠집

칠의 경화와 방수의 중요성을 개인블로그와 카페를 통해 발표한 지 10년이 되어 가지만 기록 차원에서 본서에도 함께 수록하기로 한다. 찌의 소재는 오동, 발사, 부들, 갈대, 수수깡, 공작 등 수많은 소재가 있다. 칠의 종류도 카슈, 우레탄 등 다양한 종류가 있다고 한다.

㉠ 찌의 방수 테스트와 칠의 경화 실험(1차, 2차, 3차 실험 결과)

찌의 하강속도 제어, 휴지로 케미꽂이(케미컬라이트)와 찌톱의 물방울 제거 등 여러 주의사항을 준수하여 그림과 같이(출조 전 집에서) 이정호식 수조정밀 찌맞춤을 완성한다.

최초 찌맞춤 작업을 완성하면 그림과 같이 찌톱 1마디 부분이 수조 수면과 일치될 것이다. 다음으로 찌맞춤이 완성된 채비를 수조에 약 5~10분간 방치해 놓는다. 이때 원줄은 U자 형태로 자연스럽게 입수된 상태이며 찌톱의 유지 상

찌맞춤선

수조정밀찌톱한마디찌맞춤상태

태를 다시 관찰해 보면 대략 1~5㎜ 정도 더 잠수된 상태로 표시될 것이다. 이런 현상이 발생하는 원인은 수조의 **물이 찌톱을 잡고 있던 표면장력이 깨지면서 실제 부력을 나타내는 것이다**(항상 그런 것은 아니며, 개개인의 꼼꼼한 성격이나 찌톱에 따라서 미세한 차이가 있다).

정리하자면 최초 찌톱 1마디 부분까지 1차 찌맞춤을 완성한 후, 2차에서 약 5~10분 동안 수조에 그대로 방치하였다가 다시 관찰하였다. 그 결과 찌톱이 약간 더 내려갔으므로 찌맞춤이 완전히 완성되었고, 실험 준비도 끝난 것이다.

▶ 1차 실험(방수 테스트): 위의 완성된 수조 찌맞춤 상태(약 5~10분 동안 수조에 그대로 방치한 상태)에서 또 다시 약 20~30분 시간이 더 흘러도 찌가 전혀 미동도 없다면 방수에는 문제가 없다는 뜻이다. 만약 찌톱이 물속으로 점점 입수된다면 찌에 흠집, 실금, 구멍이 있거나 칠이 잘못되어 방수에 문제가 발생한 것이다(흠집은 없어도 칠이 잘못되면 칠이 지속적으로 물을 먹는다). 주의할 점은 생산된 지 얼마 안 된 찌를 칠이 완전히 마르기도 전에 성급히 사용하거나 장시간 물에 담가 실험하지 않기 바란다. 다시 말해서 **20~30분 정도의 방수 테스트로 문제가 없다면(충분하다면) 필요 이상으로 몇 시간씩 실험할 필요가 없다는 뜻이다.**

※ 방수에 문제가 있을 것으로 예상되는 찌만을 선별하여 실험하기 바란다.

▶ 2차 실험과 증명(칠의 경화 실험): 2차 실험은 10년 전, 필자가 낚시계 최초로 실험하여 발표한 내용이며 다시 한번 상세히 정리하여 발표하기로 한다. 찌톱 1마디 수조 찌맞춤 상태 그대로 수조에 방치해 놓는다. 약 2시간 간격으로 최소 8시간 이상 또 다시 관찰(실험)을 하였다. 찌의 종류에 따라서 실험 결과가 다를 수 있지만 **찌톱이 약 1~3마디 떠오른 찌가 있었다.** 이런 현상이 주로 나타나는 찌의 소재 및 칠의 종류는 백발사찌, 통공작찌, 통부들찌, 수수깡찌, 통갈대찌 등 몸통이 비어 있거나 예민한 소재, 통짜 형태의 찌였다. 칠은 주로 우레탄 소재에서 많이 나타났다.

만약 수온이 변동하여 부력이 가벼워졌다는 일부의 주장이 있을 수도 있겠으나, 문제는 **떠오르기만 하지, 내려가지 않는다는 것이며, 실내 기온은 늘 일정하므로 온도 변화는 없었다.** 찌가 떠오른 원인으로는 순부력이 좋게(소재가 좋고 솜씨가 좋은 제작자가 예민하게) 제작된 찌와 소재에 한하여 발생하였고, 찌맞춤이 예민한 상태에서 칠이 덜 경화되어 발생하는 현상임(칠이 마르면서 부력이 가벼워짐)을 알 수 있었다. 이런 현상은 소재가 좋고 예민하게 제작된(순부력이 좋은 찌라도) 찌라도 **찌맞춤이 예민하지 않다면 변화도 둔하게 나타나거나 전혀 변하지 않는 것처럼 보였다.**

따라서 구입한 지 얼마 안 된 찌는 소재에 따라서 1차 수조 맞춤 후 당분간은 수시로 부력에 변화가 있는지 확인 작업을 거쳐서 (칠의 경화를 지켜본 후, 변화가 있다면) 찌맞춤을 재차 재조정하여 사용하기 바란다. 그렇다고 **구입한 모든 찌를 무리하게 8시간 이상 또는 하루 종일 물에 담가 놓아 찌의 수명을 단축시키지 말아야 한다.** 때로는 찌의 소재에 따라 교정에 상당 기일 소요될 수 있으므로 사용 전 수조에서 부력변동 상황을 점검 후 사용하기 바라며(찌맞춤 완성 후 수개월 간) **구입한 지 얼마 안 된 순부력이 좋은 찌는 출조 당일 현장에서 장시간 낚시하다 보면 부력이 가벼워질 수 있기 때문에 주의해야 한다.**

▶ 3차 실험으로 일직선 모양의 통공작찌, 속이 빈 통부들찌, 통갈대찌 등을 물속에 1~5시간 이상 넣고 빼기를 반복해 본 결과, 물속에 들어가면 부력이 가벼워지고 빼면 (일정 시간이 지나면) 다시 원상태로 돌아간다는 사실을 알게 되었다. 따라서 예민한 찌맞춤을 추구하는 이정호식 전통올림붕어낚시에서는 위와 같은 찌를 사용할 경우 주의가 필요하다.

참고로 과거와 달리 현재는 필자가 정밀한 찌맞춤법을 발표한 이후(필자가 2007년 2월, '무바늘 찌톱 기준 정밀 찌맞춤법'을 발표한 이후) 낚시계의 올림낚시 찌맞춤법이 괄목할 만큼 발전하였다. 다시 말해서 찌맞춤이 굉장히 예민해졌다는 뜻이다. 따라서 전통올림낚시에서 백발사, 통공작과 같은 예민한 소재나 통찌몸통, 진공 형태의 찌를 선택할 필요성이 상실되었다는 뜻이다. 다만 극저수온기 활성도가 매우 저조할 때에

한하여 예민한 소재와 순부력이 좋은 찌를 선택적으로 활용하기를 권장한다. 찌의 성능(순부력)에 지장을 주는 유리섬유 소재의 찌톱이나 찌다리를 사용하는 것은 권장하지 않는다.

※ 예민한 찌란? 면적, 부피, 칠의 마감(두께, 매끈한 정도), 슬립 형태 등 구조와 함께 찌톱, 찌다리 등이 가벼운 소재를 선택하는 것이 좋다. 예를 들어서 찌톱부터 찌다리까지 모든 소재를 부력물질로 제작하면 좋겠지만, 찌다리, 찌톱의 경우 어느 정도 견고성이 보장되어야 한다. 따라서 이때 주로 사용하는 것은 카본톱이며, 유리섬유톱은 사용하지 않는 것이 좋다. 다리나 찌톱의 굵기도 가늘면 가늘수록 예민하고 마감이 매끈하면 좀 더 예민해진다. 전체적인 균형(balance)도 매우 중요하다.
(자료 제공 및 구입처: 애후공방 수선찌 010-3866-4158)

ⓛ 찌의 보관 방법과 흠집

본 단원은 필자가 이미 10년 전 발표한 내용이며, 다른 분에 의하여 또다시 발표된 사례가 있는 매우 중요한 낚시 관련 행위이다.

기능이 뛰어난 좋은 찌를 구입하는 것도 중요하지만, 보관 방법 등 관리적 측면에서 우리가 쉽게 간과하는 부분은 찌의 몸통이 손상된 것도 몰랐거나 응급 처방으로 매니큐어 등으로 덧칠하여 사용했던 시절이 있었다. 이때 손상된 부위를 완벽하게 방수 처리하지 못할 경우 물이 찌몸통으로 스며들어 부력이 무거워지는 낭패를 겪게 된다.

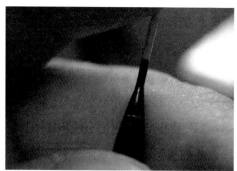

찌몸통에 실금 현상이나 홈이 생겼다면 틀림없이 방수에 문제가 발생한다.

찌몸통에 실금이나 홈이 생겼을 경우(예전에 자주 목격한 일이지만) 매니큐어를 덧칠하여 그냥 사용하는 낚시인들을 자주 목격하였다. 이렇게 하면 완벽한 방수가 안 될 뿐더러 보기도 좋지 않기 때문에 아주 잘못된 방법이다.

다시 말해서 찌에 실금과 홈이 생긴 것도 모르고 그냥 사용하게 된다면 찌가 물을 먹게 될 것이고(방수 문제), 이로 인하여 부력이 무거워져 낭패를 보게 된다는 뜻이다. 예를 들어서 **처음에는 입질 빈도수도 좋고 찌올림도 예쁘게 표현되었는데 갑자기 입질이 끊기게 된다.** 조금 전까지만 해도 연신 입질이 들어왔는데 갑자기 입질이 끊기니 귀신이 곡할 노릇이 아닌가!

이런 이유를 까맣게 모르는 초보자들은 갑자기 수온이 변하여 부력이 무거워진 것으로 착각하고 애꿎은 봉돌만 니퍼로 싹둑 잘라내는 과오를 범하게 되는 것이다. 따라서 이런 문제를 원천적으로 방지(예방)

손상된 찌는 손상 부위를 완전히 제거하고 칠을 다시 해야 하며, 보관할 때는 투명 보관통에 넣어 외부 압력에 의하여 찌가 손상되지 않도록 한다.

하기 위해서는 **찌는 반드시 찌통에 보관하여 눌림에 의한 압력으로 찌가 손상되지 않게 하고 손상 부위가 있는지 평소 잘 점검해야 하며 이미 손상된 찌는 버리거나 수리하여 사용**하기를 바란다.

② 떡밥낚시용 찌의 선택

㉠ 우리의 정서에 맞는 올림찌와 찌올림 예찬

5감(단맛, 짠맛, 신맛, 쓴맛, 감칠맛)의 조화가 맛있는 음식을 만들어 내듯이 전통올림낚시에도 맛이 있으며, 그중에서 으뜸은 역시 고품질의 우아한 찌올림 맛이며, 찌올림(찌 모양)의 우아함은 우리 민족의 성품과 문화와 같다.

하나의 좋은 예로 한국(한복), 중국(치파오), 일본(기모노)의 전통 의상을 비교하여 볼 때 우리의 한복은 선이 아름답고 우아함을 보여 주듯 우리의 전통올림낚시와 묵직하면서도 투박한 올림찌(일본의 찌와 달리 우리의 올림찌는 얼핏 투박한 듯하나 한복과 같이 선이 아름답고 안정되면서 우아함을 보여 준다)의 모양새나 점잖고 안정된 찌올림이야말로 우리 민족의 자랑이며 그 모습이 우리 민족의 내면(우리 부모, 형제, 이웃의 성품)과 일치하기에 전통올림낚시야말로 건전한 정신 건강과 취미 생활의 대표라 말할 수 있다.

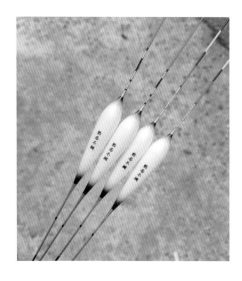

사진: 조이불망 수제찌
(조이피싱 https://cafe.naver.com/joyfishing1)

ⓛ 현장 상황에 맞는 찌의 선택

찌맛을 통해 일상의 즐거움과 통쾌함을 찾고자 한다면 낚시터의 환경조건(상황)에 맞게 찌를 선택할 줄 알아야 한다. 즉 수심, 계절(수온), 활성도, 장소, 잡어, 유속, 낚싯대의 길이 등 당일 상황에 맞게 찌의 전장 길이, 부력, 예민성(찌톱의 적절한 굵기, 칠의 마감, 적당한 순부력) 등을 서로 다르게 적용해야 한다.

※ 찌톱의 굵기, 칠의 두께에 따라서 찌의 예민성이 달라진다. 참고로 예민성은 그대로 유지되면서 칠이 견고하려면 찌 제작자의 정성과 솜씨가 중요하다.

다시 말해서 찌톱이나 칠의 소재들은 모두 무게(침력)로 작용되며 순부력치를 깎아 먹는 요인들이기 때문에, 연마하고 다시 칠하는 작업을 반복하여 칠이 얇고 견고하게 제작 되어야 하고, 찌톱과 찌다리의 굵기나 소재의 마감 처리도 중요하다.

위의 상황 등을 고려하여 찌 선택 기준이 달라지는 이유를 여러 가지 예문을 통해서 필자의 생각을 설명하기로 한다.

예 (1) 저활성도, 저수온기, 하우스, 양어장에서 가는 찌톱과 칠이 얇은 찌를 사용한다?
입질이 예민한 장소나 시기에는 기본적으로 찌맞춤, 떡밥 운용, 채비 운용이 선행되어야겠지만 찌의 성능에 따라서 찌올림 폭이나 입질 빈도수에 차이가 있기 마련이므로, 이때는 순부력이 좋게 제작된 아주 예민한 찌를 선택하고, 전장 길이도 짧아야 한다.
순부력을 높이기 위해서는 솔리드 소재의 찌톱, 찌다리는 사용하지 않으며, 몸통의 크기(부피)를 최소화한다. 그리고 칠의 두께를 최대한 얇게 하며, 견고하고 매끈해야 한다. 더불어 찌톱, 찌다리도 최대한 가늘게 제작한 찌를 선택한다. 참고로 필자는 1년 내내 솔리드 소재의 찌는 권장하지 않는다. 전장 길이 40~50㎝ 사이, 푼수는 2.5~3푼을 사용한다.

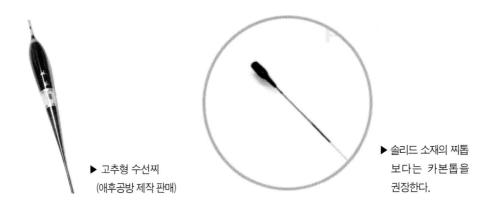

▶ 고추형 수선찌
(애후공방 제작 판매)

▶ 솔리드 소재의 찌톱
보다는 카본톱을
권장한다.

순부력이 굉장히 좋은 찌를 고활성도, 고수온기 일반노지에서 사용한다? (= ✗)

붕어의 활동성이 좋은 시기에 지나치게 순부력이 좋은 예민한 찌를 사용하거나 전장 길이나 부력이 상황에 맞지 않는다면 입질 빈도수는 굉장히 좋을지 몰라도 엄청난 헛챔질과 경망스러운 입질로 인하여 짜증스러운 낚시가 전개될 수 있다.

• 순부력이 너무 높은 찌의 문제점!

찌톱의 굵기, 칠, 표면적, 구조, 소재, 제작 방법 등 여러 요인에 따라서 찌의 순부력이 달라질 수 있다. 그렇다면 무조건 순부력이 좋은 찌와 현장 상황에 맞게 순부력을 유지하는 찌 중 어떤 찌가 좋은지 생각하지 않을 수 없다. 항간에는 무조건 순부력이 좋은 찌를 사용하면서 상황을 고려하지 않고, 찌의 전장 길이를 한정하는 사례가 있다. 이에 필자는 늘 반대 의견을 서술해 왔다. 그렇다고 필자의 생각을 불특정 다수에게 "합당한 이유 없이 그럴 것이다."라고 일방적으로 주장한다면 위험천만한 일이며, 교만일 것이다.

현장 상황(자연은)은 늘 변화무쌍한데, 이를 감안하지 않고 무조건 전장 길이를 제한하고 순부력을 최고치로 높인다면(예민하면) 과연 좋을까? **과거와 달리(필자가 무바늘 찌톱 기준 찌맞춤법을 발표한 이후부터) 현재는 찌맞춤도 굉장히 예민하게 한다. 이런 가운데 상황(활성도, 수온, 장소, 수심, 잡어(치어) 등)을 고려하지 않고, 무조건적으로 순부력이 좋은 예민한 찌(전장 길이가 짧은)를 사용한다면 어떻게 될 것인가?** 물론 순부력이 굉장히 좋기 때문에 붕어의 작은 입질(예신)에도 찌는 쉽게 반응하겠지만, 우리가 원하는 찌올림의 연출보다는 경망스럽고(빨리는 입질, 솟구치는 입질) 헛챔질로 인한 짜증스러움이 낚시를 포기하게 하고 말 것이다. 그렇기 때문에 상황을 고려하여 적절한 부력값(적절한 무게로 봉돌이 바닥에 안착), 적절한 전장 길이, 적절한 순부력치를 유지하여 겸손한 찌올림이 표현되도록 해야 한다.

예 (2) 붕어의 활성도가 약하거나 저수온기, 양어장(하우스) 등에서 찌톱의 시인성을 높이기 위하여 예민성을 저해시키는 행위는 (떡밥낚시이므로) 하지 말아야 한다. 예를 들어서 찌톱 테이핑 작업, 표면적이 넓은 케미꽂이나 굵은 튜브 형태의 유리섬유 찌톱, 왕방울 주간 케미컬라이트는 각별히 삼가야 한다.

예 (3) 고부력찌를 사용하고 전장 길이가 긴 찌를 사용할 경우

- 고수온기 수심이 깊고 투척해야 할 거리가 멀고 활성도가 좋을 때 사용한다.
- 잡어의 성화가 심하여 떡밥을 목적한 바닥까지 빠른 시간 내에 도달하게 할 때 사용한다.
- 찌톱 0.5~1㎜ 이하, 전장 길이 65~70㎝(최고 75㎝까지) 사이, 푼수는 8~10푼.

예 (4) 고부력찌를 사용하고 전장 길이가 짧은 찌를 사용할 경우
- 고수온기 수심이 얕거나(수초 포인트 포함) 투척거리가 멀고 활성도가 좋을 때 사용한다.
- 예를 들어서 수심 40㎝~1m권의 고수온기라면 찌톱 1㎜ 이상.
- 전장 길이 40~55(최고 60)㎝, 푼수는 8~10푼.

예 (5) 중·저부력찌를 사용하고 전장 길이가 짧은 찌를 사용할 경우
- 수온변동기, 저수온기에 수심이 얕을 때(1m권 이내) 사용한다.
- 투척 거리가 먼 경우 중부력찌, 가까우면 저부력찌를 사용한다.
- 찌의 전장 길이는 40~60㎝ 이내에서 선택적으로 운용한다.
- 저수온 저활성도에 가까울수록 짧고 매끈한 칠 마감과 찌톱이 가는 수준의 순부력이 좋은 찌를 사용한다.

예 (6) 원줄의 굵기에 따라서
- 고수온기 활성도가 좋은 시기에는 주로 고부력찌를 사용하기 마련이고, 이때는 초보자도 대상어를 쉽게 낚을 수 있을 정도로 찌올림 폭도 좋고, 붕어의 힘도 좋은 시기다.
- 원줄은 1.5~2호 권장한다(이때 1호 내외의 약한 줄을 써야 할 이유가 없다).
- 반대로 찌의 푼수는 2~5푼 사이의 저부력찌이며, 아주 예민하게 제작된 찌라 가정하자. 이토록 연약한 채비에 1.5~2호 이상의 굵은 줄을 사용한다면 (심지어 카본줄을 사용한다면) 찌와 채비는 굵은 원줄로부터 지배를 받게 될 것이고, 정상적인 작동이 어렵게 된다. 따라서 시기, 장소, 활성도, 수심, 계절 등을 감안하여 시기적절하게 균형을 맞춰야 한다.

· 고수온기 = 원줄 1.5호 이상: 최소 7~10푼 사이를 현장 상황을 고려하여 선택한다.

· 수온변동기 = 원줄 1~1.5호 이내: 4~7푼(최고 8푼 이내) 사이를 현장 상황을 고려하여 선택한다.

· 저수온기 = 원줄 0.8~1.2호 이내 : 2.5~5푼(최고 6푼 이내) 사이를 현장 상황을 고려하여 선택한다.

※ 위의 기준은 필자의 사견이므로 절대적이지 않다.

예 (7) 장르에 따라서

대물낚시와 떡밥낚시는 서로 성격이 다른 장르다. 찌의 성능에 따라 찌올림 폭이나 입질 빈도수에 차이가 날 수밖에 없는데 이를 고려하지 않고, 수초가 많고 수심이 얕다고 하여 장르가 완전히 다른 대물수초용 낚시찌를 떡밥낚시에(떡밥찌로써 전혀 기능을 발휘하지 못하는) 사용하는 것은 올바른 방법이 아니다. 다시 말해서 대물전용찌는 장애물이 많은 수초에서(견고성을 요구하는 특성상 수초전용찌) 알곡 형태의 고형미끼나(보리, 콩) 생미끼(새우, 지렁이, 참붕어) 낚시에 적합하도록 설계된 찌이므로 떡밥낚시에는 사용하지 않는다.

떡밥낚시도 수심이 얕고 장애물(수초)이 많으며 수초가 발달된 포인트라면 떡밥낚시용 수초전용찌를 선택하기 바란다. 예를 들어서 40㎝~1m 이내의 얕은 수심과 수초가 발달된 낚시터라면 전장 길이 40~55㎝, 6~10푼 이내의 찌로서 좋은 소재의 몸통과 견고하면서 두껍지 않은 매끈한 칠, 견고하면서도 잘 부러지지 않은 찌톱을 장착하여 예민성과 견고성, 시인성 등 두루 성능을 갖춘 대어낚시용 떡밥전용찌를 선택해야 한다. 만약 수초는 있어도 바닥 상태가 양호하다면 일반적인 떡밥찌를 사용하여도 무방하다. (전장 길이 45~55㎝, 5~10푼 사이를 상황을 고려하여 선택한다.)

참고로 떡밥낚시에 있어서 찌맞춤과 떡밥반죽술이 능숙하여도 제대로 제작된 찌를 선택하지 않을 경우 효과는 반감될 것이고, 떡밥전용찌도 성능의 차이가 있듯이 떡밥낚시를 하면서 대물낚시용 전용찌를 사용하는 것은 잘못된 선택임을 다시 한번 강조한다.

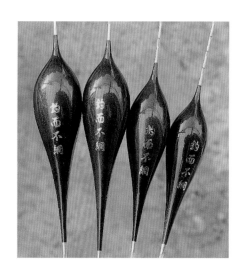

떡밥낚시용 수초전용 단찌(조이피싱 제작 판매)

예 (8) 3~5m권의 아주 깊은 수심에서

사람의 목까지 차오르는 물 한가운데 서 있다면 똑바로 서 있기조차 힘들 것이다. 이유는 속조류와 너울 때문이며, 수심이 깊어질수록 이런 현상은 더욱 심해질 것이다.

배를 한곳에 멈추어 있게 하려면 줄에 닻을 달아 물 밑바닥까지 가라앉혀야 한다. 이때 닻의 크기나 무게는 배의 크기에 비례한다. 낚시에서도 원줄은 줄이며, 봉돌은 닻이 되는 것이다. 봉돌이 안정적으로 흙바닥에 안착되어 있으므로 찌(배)는 움직이지 못하게 될 것이다. 닻, 줄, 배 모두가 적절한 균형을 이루어야 하듯이 낚시 채비도 균형이 맞아야 한다는 뜻이다. 이때 균형을 맞추기 위해서는 수심에 따른 물의 흐름을 이길 수 있을 정도의 적당한 부력과 전장 길이가 요구되는데, 이를 충족시키지 못할 경우 여러 부작용이 발생하고 말 것이다. 예를 들어서 부력이 작게 나가는 중·저푼수의 전장 길이가 짧은 찌를 깊은 수심에서 사용한다면, 저푼수의 찌는 수류, 너울, 원줄로부터 지배를 받게 되어 채비가 부자연스럽게 작동할 것이다. 대표적인 현상으로 입질 빈도수는 좋아지지만 빨리는 입질, 헛챔질, 경망스러운 입질, 솟구치는 입질, 거짓 입질이 들어온다. 따라서 수심이 깊으면 고부력찌를 사용하고 전장 길이가 65~75㎝ 정도는 되어야 채비가 안정될 것이다. 찌의 전장 길이나 푼수의 선택 기준은 활성도, 수온(계절), 잡어, 치어 등 현장 상황을 고려하여 선택한다. 예를 들어서 활성도가 좋고 수온이 높으며 치어나 잡어가 많은 편이면 푼수를 높이고 찌의 전장 길이도 길게 가는 것이 올바른 선택이고, 반대 현상이라면 호수를 낮추면 된다.

예 (9) 낚은 것과 낚인 것의 차이점

입질이 까칠한 저수온기, 수온변동기, 수면적이 작은 양어장, 하우스 등에서는 붕어의 먹이 활동성은 저조할 수밖에 없다. 활동성이 저조하면 붕어의 미끼 흡입력이 약해지고, 입질 각도도 작아지며, 미끼 흡입 후 상승폭도 작을 수밖에 없다. 심할 경우 미끼 흡입 후 전혀 움직이지 않을 때도 있다. 예를 들어 미끼를 교환하기 위하여 낚싯대를 들어 보면 붕어가 잡혀 있는 경험을 하게 된다. '자동빵'이다. 이때는 붕어를 낚은 것이 아니라 붕어가 낚여 준 것이다. 반대로 붕어의 활동성이 좋으면 1m 장찌도 벌러덩 넘어간다. 이 또한 붕어가 잡혀 준 사례라 하겠다.

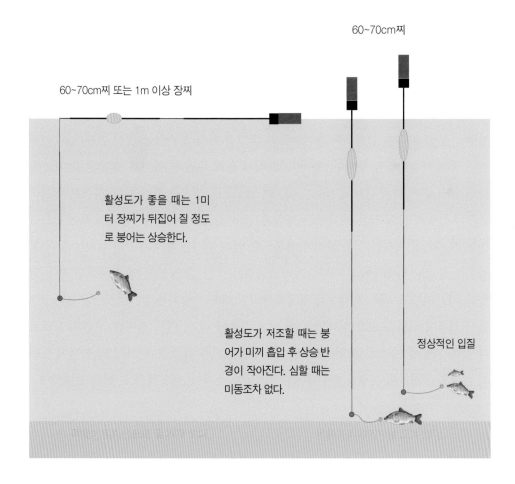

60~70cm찌

60~70cm찌 또는 1m 이상 장찌

활성도가 좋을 때는 1미터 장찌가 뒤집어 질 정도로 붕어는 상승한다.

활성도가 저조할 때는 붕어가 미끼 흡입 후 상승 반경이 작아진다. 심할 때는 미동조차 없다.

정상적인 입질

활성도가 좋은 시기나 시간에는 슬로프 내림낚시에서도 내려가야 할 찌가 상승하여 벌러덩 넘어갈 때가 종종 있다. 목줄은 최소 30cm가 넘고, 양바늘 채비이며, 봉돌은 바닥에서 20~30cm 떠 있는 상태에서, 목줄 길이 두 배 + 봉돌이 떠 있는 높이 이상을 붕어가 미끼를 먹고 상승했다는 증거다. **한마디로 말해서 잡혀 준 것이다.** 이를 보고 좋아하는 내림낚시꾼이 있다면 엉터리 조사라 하겠다.

정상적인 낚시 패턴(입질은)은 예신과 함께 본신이 들어오며 낚시꾼은 찌올림 폭을 관찰하여 적당한 타이밍에 챔질하여 붕어를 낚아내는 것이 원칙이자 규칙인데, 때로는 위와 같은 현상이 나타날 수밖에 없다는 것이다. 다시 말해서 전통낚시인은 찌맞춤, 떡밥 운용, 채비 운용, 찌

다루마형 수선찌(애후공방 제작 판매)

선택을 통해 최대한 입질폭이 좋아지도록 최선을 다해 노력하는 것이 기본이고, 나머지는 붕어 마음이라는 뜻이다. 붕어가 한 마디 올려 주면 한 마디가 정점인 것이고, 두 마디 올려 주면 두 마디가 정점이기 때문에 낚시꾼은 챔질을 해야 한다. 붕어는 힘들어하는데 상황에 맞지 않은(시기에 맞지 않은) 장찌를 들이대고 미끼를 흡입하여 몸통까지 올려 주기를 바라는 것은 붕어가 자동으로 낚여 주기를 바라는 것과 같다는 뜻이다. 심지어 동료나 타인들에게 비아냥거리면서 '나는 찌가 몸통까지 안 올라오면 챔질 안 한다.'라는 식으로 자신의 행동을 정당화하려고 애쓰는 행위를 삼가야 할 것이다. 장찌를 구입하여 찌맛을 보고 싶다면 그에 맞는 장소나 시기, 미끼(생미끼, 흔들이 도로로와 같은 기능성 미끼)를 선택하는 것이 올바른 낚시라 하겠다. 따라서 찌 선택에 있어서 상황을 고려하여 적절한 푼수와 순부력, 길이, 소재 등 용도에 맞는 찌를 선택하자.

(3) 전통올림낚시 채비의 종류

① 전통 원봉돌 채비(표준 채비)와 관통추 활용법

원봉돌 채비
(표준 채비)

관통추(구멍추)

스토퍼

관통추를 활용한 스위벨 채비
(좁쌀분할봉돌 채비)

㉠ 전통 원봉돌 채비(표준 채비)

　원봉돌 채비는 모든 환경에서 전천후로 사용할 수 있고, 우리의 정서에 가장 알맞은 **우리나라 전통붕어낚시의 가장 기본적인 채비 방법**이다. 따라서 입문자라면 우선 전통 원봉돌 채비부터 시작하기 바라며, 연중 장소에 관계없이 필자가 가장 즐겨 사용하는 채비 방법이다.

　항간에는 초보자가 입질 좋은 순진한 붕어를 낚는 데 주로 활용한다고 하지만, 필자의 경험상 꼭 그런 것 같지 않다. 평생 내로라하는 수많은 채비를 사용해 봤지만, 필자는 결국 원봉돌 채비를 가장 선호한다. 다시 말해서 채비를 탓하지 말고 떡밥운용술, 채비운용술 포인트 분석 등 테크닉이 뛰어나면 원봉돌 채비로도 얼마든지 예쁜 찌올림과 많은 어획량이 가능하다는 뜻이다. 물론 다양한 형태의 최첨단 채비법을 폄하하는 것은 아니니 오해가 없기 바란다.

전통올림낚시의 가장 중요한 요소 중의 하나는 바로 채비의 안착이며 가장 안정적으로 봉돌이 바닥에 안착되는 채비 중 하나가 '원봉돌' 채비이다. 편대 채비가 원봉돌 채비보다 좀 더 안정적일 수도 있겠으나 바닥 상태를 고려하지 않을 수 없다.

원봉돌 채비는 바닥 상태(수초, 돌무더기, 골자리)가 고르지 않고 약간의 유속 등 열악한 환경 속에서도 안정적으로 채비를 운용할 수 있는 장점이 있으나 분할 형태의 채비(분할편대 채비, 좁쌀분할봉돌 채비, 스위벨 채비)보다 입질 빈도수나 찌올림 폭이 부자연스럽거나 저조할 때가 많았다. 따라서 한 가지 채비를 맹신하지 말고, 다양한 환경 속에서 여러 가지 채비를 함께 사용하면서 답을 찾기 바란다.

㉡ 관통(구멍)추를 활용한 스위벨 채비(좁쌀분할봉돌 채비)

구멍추 채비는 경험이 많은 낚시인이라면 누구나 한 번쯤 생각해 보거나 직접 사용해 본 채비 방법일 것이다. 그렇지만 이런 채비응용법이 보편화되지 못하고, 이제야 관심을 갖게 된 이유는 무엇일까? 또 그 이후 수많은 응용채비가 개발되는 연유는 무엇일까? 필자는 이에 감히 말하기를 **아무리 첨단화된 획기적인 채비 방법이라도 찌맞춤이라는 공통 과제가 해결되기 전까지는 크게 의미가 없었을 것이라 생각한다.**

대한어르신낚시협회 장현호 운영자의 자료 인용

현재 조사한 바에 의하면 이정호 님의 찌맞춤 기법을 활용하고 있는 채비들은 스위벨 채비, 사슬 채비, 편대 채비 이렇게 3가지가 활용하고 있는 중이다. 따라서 가벼움 채비라고 이야기하는 대부분의 채비들은 채비 자체가 혁신적으로 바뀐 것이 아니라 찌맞춤이 혁신적으로 바뀌었기 때문에 좋은 조과로 이어지고 있는 것입니다. 이러한 사실을 정확하게 알고 사용하셨으면 합니다.

물론 낚시라는 것이 찌맞춤 하나로 모든 문제를 해결할 수 없겠으나 **전통적인 원봉돌 채비를 이분할 형태로 채비의 구조에 변화를 주게 되면 입질 빈도수, 찌올림의 폭과 함께 품질이 향상됨을 알 수 있듯이 올바른 찌맞춤법과 함께 각종 운용술이 뒷받침되어야 한다는 것은 필자를 비롯하여 누구나 공감하리라 생각한다.** 따라서 채비운용술(응용)도 마찬가지 범주로 생각해야 하기에, 특정된 채비 한 가지에 너무 집착하거나 맹신하지 않기를 바란다.

관통추(구멍추) 채비는 기존의 고정식 고리봉돌(주봉돌)과 달리 봉돌 가운데 구멍을 뚫어 원줄을 관통시켰으며, 상황(수심, 수류, 활성도, 찌의 부력 등)에 따라 '본'봉돌과 '보조'봉돌의 간격을 자유롭게 좁혔다 늘렸다 할 수 있는 장점이 있고, 보조봉돌을 자유롭게 교체 가능하도록 스냅과 스위벨(고리가 달린 좁쌀봉돌)로 구성되어 있다.

| 2007년 이전 | 변천단계(발표) | 현재 |

▶ 과거의 고정식 좁쌀분할봉돌 채비의 문제점

기존의 고정식 좁쌀분할봉돌 채비는 주 봉돌과 보조 봉돌 사이에 굵은 합사, 철사, 사슬, 카본사 등 기둥 목줄을 따로 연결하는 번거로움이 있었고, 주 봉돌의 위치가 항상 고정된 상태다 보니 수심, 찌의 부력, 유속, 활성도, 잡어의 성화 등(주봉돌과 보조봉돌 사이의 이격 거리를 자유롭게 조정할 수 없다) 여러 상황에 따라 대처하기 쉽지 않았다. 그렇지만 관통추를 사용함으로 인하여 별도의 기둥 목줄을 따로 연결할 필요가 없게 되었고, 고리가 달린 스위벨로 인하여 바늘 교체도 용이해졌다.

▶ 고리봉돌 형태의 스위벨 채비의 탄생 비화와 좁쌀봉돌의 변천 과정

기존의 좁쌀분할봉돌 채비는 바늘 교체가 매우 불편하여 필자는 2007년 이전부터 납으로 만든 좁쌀봉돌에 오링을 부착하였고, 바늘 교체 용이성을 2007년 단행본을 통해 발표한바 있다. 이후 조구업체에서는 스위벨 채비를 생산하기 시작하였다.

몇 가지 예문을 통해 관통추와 좁쌀봉돌분할 채비에 대하여 알아보자.

• 유속이 있거나 활성도가 좋을수록 본 봉돌과 보조봉돌의 간격이 긴 것보다는 짧아지는 것이 유리하다. 반대 현상이라면 반대 개념으로 접근한다. 정리하자면 유속(채비 정렬), 수온, 활성도 등에 따라서 찌올림 폭, 입질빈도수, 헛챔질과 연관성을 가지고 이격 거리를 조정하여 답을 찾아갈 수 있다.
• 중층에서 잡어의 성화가 심하면 본봉돌과 보조봉돌의 이격 거리를 좁혀 미끼가 목적 바닥층까지 빨리 내려가도록 할 것인지 아니면 간격을 넓혀 천천히 내려가게 할 것인지를 판단한다.
• 주봉돌 또는 보조봉돌(좁쌀봉돌)의 모양이 동그랗고 크면 목줄이 자주 엉키는 단점이 있다.

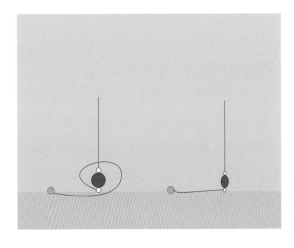

둥근 형태의 봉돌은 목줄이 자주 엉키는 문제가 있다. 봉돌은 타원 형태가 유리하며 보조봉돌도 마찬가지이다.

- 분할채비는 원봉돌 채비와 달리 가분수 형태의 채비 구조이다. 따라서 원줄 굵기에 감당이 될 만한 찌(부력)을 선택한다. 예를 들어서 굵은 원줄을 사용하고 2.5~5푼 정도의 저부력찌(저푼수)로 구성하는 것은 올바른 판단이 아니다. 만약 설상가상으로 카본 원줄을 사용한다면 정밀한 수조찌맞춤, 예민한 분할채비는 모든 의미가 상실된다.
- 과거에는 황동분할 구멍추, 납으로 만든 좁쌀봉돌을 여러 개 부착한 분봉 채비도 유행하였으나 채비가 자주 엉키는 문제가 있었고, 무엇보다도 다분할해야 할 의미가 없어 보인다.
- 분할채비는 2~3m 이상 되는 수심에서 주로 활용한다. 본격적인 시즌부터는 분할채비는 주로 고부력찌에 사용하기 마련이므로 원봉돌을 두 개로 쪼갠다고 생각하면 된다. 비율은 보통 7:3, 8:2가 적당하지 않을까 싶다. 요즘은 세분화된 획기적인 상품이 많이 출시하였고, 좁쌀분할봉돌 채비(스위벨 채비)에서 분할편대 채비로 또는 분할편대 채비에서 스위벨 채비로 변경도 가능하고, 찌의 부력(찌교체)에 따라서 보조봉돌의 크기를 자유롭게 변경 가능하다.

> 잠깐! 스위벨 채비 전용찌? 편대 채비 전용찌? 필요할까?
> 답: 채비의 종류에 따라 전용찌를 구입하지 않기를 바란다.

② 편대 채비 · 분할편대 채비 · 저수온기 분할외편대(외바늘) 채비 응용법

(왕)편대 채비가 한창 유행하던 시점에는 편대 중앙을 기점으로 양쪽 날개의 길이가 길었고, 호박바늘이라는 큰 바늘을 부착한 상태에서 케미꽂이 또는 케미꽂이의 굽어진 부분이 수면과 일치하게 찌맞춤 하는 것이 정석으로 여겨진 시절이었다. 이후 경기낚시 활성화로 유명 경기낚시인들과 관련 종사자분들에 의하여 분할편대 채비가 본격적으로 일반 낚시인들에게까지 보급되기 시작하였으며, 찌맞춤법은 동일한 방법이었다. 필자도 울산 모처의 1세대 유명 경기낚시인이 운영하던 낚시방에서 처음 접하였다. 이

후 낚시 방송, 인터넷 등을 통해 위와 같은 주장을 쉽게 접할 수 있었다. 솔직히 처음 편대 채비를 접하였을 때 굉장히 신기하였으나 과거 지렁이튜브 채비, 홍창환 선생의 벌림 채비와 흡사했다는 생각을 지울 수 없었다.

㉠ 편대 채비·분할편대 채비

분할편대 채비는 채비의 구조상 채비 상단의 스냅, 본봉돌, 기둥줄과 하단의 편대 중앙 중심축을 기준으로 편대양쪽날개까지를 봉돌로 보면 된다. 또한 바닥이 고르지 않을 경우 깨끗한 입질을 보장받기 힘들기 때문에, 주로 바닥이 평평한 유료낚시터에서 인기가 높은 채비 방법이다.

그림과 같이 바늘 양쪽에 미끼용 떡밥을 부착하게 되면 입질이 비교적 예쁘게 들어오지만, 문제는 다른 한쪽 바늘의 떡밥이 무게로 작용할 수 있으므로 떡밥운용술이 매우 중요한 채비 방법이다. 특히 한쪽 바늘에 집어용 떡밥을 달고, 다른 한쪽에는 미끼용 떡밥을 달아 불균형 상태가 되면 효과가 반감될 수 있다.

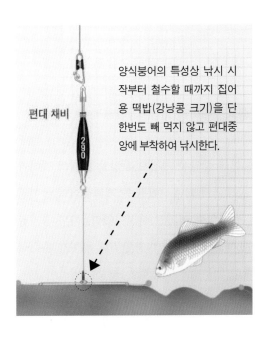

편대 채비

양식붕어의 특성상 낚시 시 작부터 철수할 때까지 집어용 떡밥(강낭콩 크기)을 단 한번도 빼 먹지 않고 편대중앙에 부착하여 낚시한다.

왕편대 채비도 마찬가지로 불균형 짝밥 상태가 되면 효과가 반감될 수 있다. 그래서 필자는 옛날전통채비 중 강화삼봉채비를 착안하여 왕편대 중간에 바늘을 1개 더 부착하게 되었고 (중간 바늘에 집어용떡밥, 양쪽 바늘에 미끼용떡밥) 이후 우리 동호인들이 분할편대 채비에도 적용하게 된 것인데, 이 채비(삼본편대)를 가지고 말들이 많아 지금은(삼본편대 채비를) 사용하지 않지만, 정도낚시를 추구하는 필자가 이런 방법을 사용하게 된 이유는 과연 무엇 때문일까? 비난에 앞서 최소한 필자의 의중을 들어 주었으면 한다.

※ 강화삼봉: 세 바늘에 찐 깻묵가루 성분의 떡밥을 합봉하여 뭉쳐서 사용하거나 짝밥 운영을 하였다.

※ 삼본편대: 고수온기 또는 활성도가 좋을 때 굉장한 위력을 발휘한다. 단점으로 엉킴이 심해 불편하고, 정서상 보기 좋지 않으나 강화삼봉의 원리를 적용하는 하나의 수단으로 활용하였을 뿐이지, 세 바늘로 붕어를 세 마리 잡기 위한 욕심은 아니다.

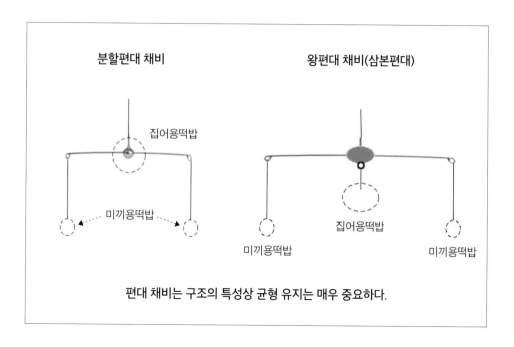

편대 채비는 구조의 특성상 균형 유지는 매우 중요하다.

삼본편대는 왕편대 중앙에 바늘(붕어 바늘 2~3호)을 달고 바늘에 집어용 떡밥을 달았으며 양쪽 날개의 바늘에 미끼용 떡밥을 달아 **채비의 균형을 유지하니 집어군이 꾸준히 형성되면서 예쁜 찌올림과 동시에 입질 빈도수가 굉장히 향상됨을 알 수 있었다. 적당한 크기의 집어용 떡밥과 미끼용 떡밥을 동시에 지속적으로 투척할 수밖에 없는 유료낚시터의 특성상 꾸준한 집어는 어쩔 수 없는 선택이며, 편대 채비의 구조상 균형**

을 맞추기 위함이었다. 다시 한번 강조하지만 꾸준한 집어와 함께 균형을 잡기 위한 하나의 수단이자 방법론일 뿐이다. 이를 두고 비난하는 분들이 있는데, 필자로서는 납득하기 어렵다.

분할편대 채비도 마찬가지로 위 그림과 같이 편대 중간에 집어용 떡밥을 부착하는 것에 대하여 이의제기 하는 분들이 있다. 반드시 바늘에 떡밥을 달아야 합법이라는 주장인데, **윙편대나 분할편대 모두 짝밥 운용 시 채비 불균형은 불 보듯 뻔한 일이 아니겠는가!** 두 바늘 채비(원봉돌 채비, 좁쌀분할봉돌 채비)에 집어용 떡밥을 달아 짝밥 운용을 하는 것은 정당하다는 말인가? **편대 구조의 특성상 균형을 잡기 위하여** 편대 중간에 부착하면 부정행위라면 필자는 끝까지 부정한 방법을 택할 것이다. 만약 이런 방법이 불륜이라면 외바늘채비 운용 시, 집어용 떡밥을 목줄에 부착하는 외바늘 보쌈낚시도 부정한 방법인가? 꼭 바늘에만 달아야 한다는 뜻일까?

잠깐! 편대 채비는 시소(지렛대)의 원리?
처음 편대 채비를 접하였을 때 편대 채비는 시소의 원리라 찌올림 폭이 좋아진다고 교육을 받았다. 그러나 필자는 차츰 의구심을 가지게 되었다. 결국 편대 전체가 봉돌이며, 편대 전체가 동시 상승해야만 비로소 찌도 상승이 시작되는데, 중심축이 시소처럼 떠 있지도 않고 과연 붕어가 미끼를 흡입 후 상승할 때 다른 한쪽의 날개가 지릿대 역할을 할 수 있을까? 필자의 상상으로는 아마도 개발자가 시소처럼 균형 잡힌 채비라는 설명을 하기 위함이 아니었나 싶다.

지렛대의 원리(시소원리)

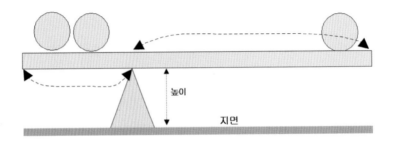

▶ 장점: 편대 채비는 시소의 구조로서 매우 안정적인 채비이다(채비의 안착).

실제 (왕)편대 채비가 시소 원리에 의한 채비 방법인지 필자의 지식으로는 정확히 설명하기 어렵지만, **편대 채비는 시소와 같이 편대 중앙의 봉돌을 중심으로 상당히 '균형 잡힌 채비'**라는 점을 인정하지 않을 수 없다. 어찌 되었든 채비의 안정감을 유지하면서 좀 더 **입질 빈도수를 높이고 고품질의 예쁜 찌올림이 향상되도록 한 단계 발전시킨 채비가 바로 '분할편대 채비'이다. 그렇지만 발전된 최첨단 분할편대 채비도 찌맞춤법이 엉터리거나 활성도가 저조할 때는 각종 운용술, 특히 떡밥운용술이 미흡하면 원하는 찌올림과 어획량을 보장받기 어렵다.**

편대 채비는 양 날개로 구성되어 있어서 입질이 까칠해지면 한쪽 날개의 존재로 인하여(다른 한쪽 바늘과 미끼의 무게) 붕어는 이물감을 빨리 느낄 수밖에 없다. 그래서 이 문제를 해결할 수 있는 방법이 없을까? 고민한 끝에 편대 한쪽의 바늘을 제거하고, 운용법도 약간의 변화를 주게 되었다. 그것은 바로 '분할외편대 채비' 응용법이다.

ⓒ 저수온기 분할외편대 채비 응용법(활성도가 미약할 때 분할편대 채비 응용법)

다시 한번 강조하지만 무엇이든 맹신은 금물이다. 마치 특정한 채비법, 찌맞춤법, 떡밥 등을 쓰면 붕어가 알아서 척척 살림망으로 들어오고, 찌는 알아서 벌러덩 넘어갈 것 같지만 실상은 그렇지 않다는 뜻이다.

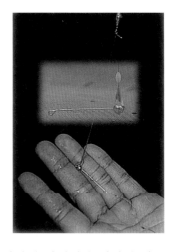

계절이 바뀌어 저수온기가 되면 물의 흐름이 정체된 작은 수면적(양어장, 하우스 등)의 붕어들은 용존산소량 부족(수질), 바닥 침전물 등 열악한 환경 변화로 인하여 생존 자체가 매우 힘겨울 수밖에 없다. 더욱이 반복적으로 학습된 손맛터 붕어들은 경계심이 최고조에 달하기 마련이다(입질이 매우 까칠해진다). 이렇게 되면 찌맞춤에 변화를 주고, 떡밥의 물성, 채비의 경량화 등 낚시

인들은 문제를 해결하려고 많은 노력을 한다. 그러나 생각만큼 해결은 쉽지 않다.

그렇다면 낚시꾼이 최소한의 노력을 기해야 할 점은 무엇인가?

첫째, 믿음을 가지고 무바늘 찌톱 수조 찌맞춤(전통올림낚시를)을 고수하라.

모든 문제를 찌맞춤 하나에 초점을 두고 고민하지 말라는 뜻이다. 물론 수조 찌맞춤보다 좀 더 가볍게 하거나 심지어 기법을 바꿔서 약간의 효과를 볼 수 있을지는 몰라도 근본적인 해결책이 아니다 보니 머리만 복잡해질 것이다. 다시 말해서 **문제의 원인이 찌맞춤이 아니라는 뜻**이다.

둘째, 떡밥운용술로 문제를 해결하려 노력하자.

떡밥운용술은 개인마다 실력 차이가 확연히 난다는 것은 누구나 아는 사실이다. 상황을 파악하여 시기적절한 떡밥 선택, 물성 변화, 부착 방법, 투척 방법 등 다양한 지식과 실무 경험을 통해 **어떻게든 붕어가 떡밥을 먹게 하는 실력**을 소유한 고수에게 반드시 전수받기 바란다.

셋째, 채비의 변화로 붕어가 이물감을 최대한 적게 느끼도록 하자.

위의 3대 요소 중 무엇 하나 중요하지 않은 것이 없으며 소홀히 해서는 안 된다. 아무리 훌륭한 채비를 사용하여도 찌맞춤, 떡밥 운영 등에 문제가 있다면 선택한 채비는 무용지물이라는 뜻이고, 부지런한 낚시인은 다양한 방법으로 문제에 접근하고 해결한다. 다시 말해서 떡밥낚시는 매우 부지런해야 한다.

환경이 열악해지고 수온 변화에 의하여 붕어의 활성도가 저조해지면, 입질 각도가 낮아지고 흡입력도 미약해지며 상승 반경이 작아지는 문제가 발생한다. 이럴 경우 편대 양날개의 구조로 인하여 두 바늘로 인한 이물감(다른 한쪽 바늘의 존재감으로)을 붕어가 쉽게 알아차릴 수 있다는 뜻이다. 즉 붕어가 떡밥을 물고 상승하는 과정에서 다른 한쪽의 무게로 인하여 붕어는 평소보다 더 빨리 이물감을 느낀다는 것이다. 이럴 경우 한쪽 바늘을 잘라내면 어떨까? 다시 말해서 두 바늘 채비를 외바늘 채비로 변경한다면 어떻게 될 것인가? 당연히 한쪽 바늘의 거북스러운 존재가 제거됨으로써 붕어는 한 결 가벼운 느낌으로 상승할 것이다.

활성도에 문제가 없을 때   **활성도가 저조해 질 때**

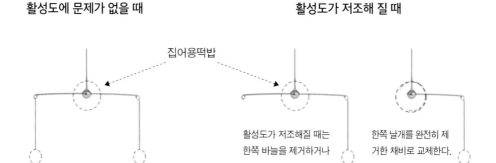

집어용떡밥

활성도가 저조해질 때는
한쪽 바늘을 제거하거나

한쪽 날개를 완전히 제
거한 채비로 교체한다.

(4) 떡밥운용법

떡밥운용법은 찌맞춤법 다음으로 매우 중요한 요소로서 입질 빈도수와 찌올림에 직접적인 영향을 끼친다. 다시 말해서 최첨단 찌맞춤과 채비구조라도 떡밥 운용 능력에 따라 효과가 반감될 수 있다. 따라서 기술적인 부분은 주변에 실력이 좋은 스승을 만나 달인의 경지까지 기량을 키우기 바란다. 본서에서는 필자가 꼭 전달하고 싶은 내용만을 간추려서 최소한의 분량을 다루기로 한다.

① 미끼용 떡밥운용법(콩알떡밥반죽 요령)

찌맞춤을 아무리 정교하게 하여도 콩알떡밥의 반죽 농도가(반죽 기술) 찌올림폭과 품질에 직접적인 영향을 끼치므로 기술연마에 최선의 노력을 경주해줄 것을 당부한다.

콩알떡밥은 섬유질이 강한 글루텐떡밥과 어분, 곡물가루와 같은 일반적인 성분의 떡밥으로 구분된다. 글루텐 떡밥은 배합 비율, 물성, 부착 방법 등 숙련도가 기본적으로 필요하지만 특유의 섬유질 성분이 바늘 결착력을 향상시키므로 대단히 편리한 떡밥이라 하겠다. 반면에 일반적인 떡밥은 섬유질이 부족하기 때문에 수제비, 칼국수를 반죽하듯 반죽 기술과 정성을 통해 **콩알떡밥 달인의 경지에 올랐다는 평가를 받아야 실질적인 효과**를 체험할 수 있을 것이다. 그 외에 추가적인 정보는 〈Ⅲ.3. 글루텐떡밥 배합법, 챔질법. 채비운용법〉 단원을 참고하기 바란다.

② 유료낚시터 쌍포 운용 요령

양식붕어를 방류한 유료낚시터의 특성상 쌍포 운용을 통해 집어를 하면서 입질을 유도하는 것은 어쩔 수 없는 필수 선택이다. 결국 밥싸움이라는 말이 나돌 정도로, 집어는 굉장히 중요한 행위이다. 다만 지나친 집어보다는 초기 집중 집어 후, 낚시를 하면서 꾸준히 떡밥을 넣어 주는 것이 올바른 방법이며, 집어 요령 정도에 따라서 어획량의 차이가 있음을 간과해서는 안 된다.

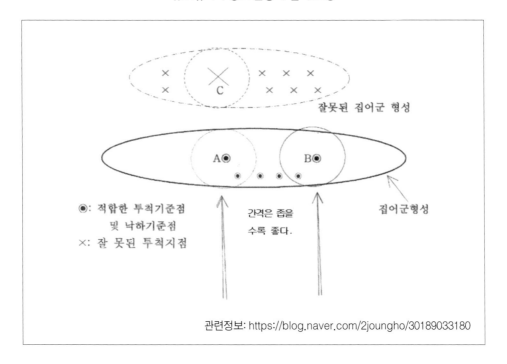

유료낚시터 쌍포 운용과 집어 요령

잘못된 집어군 형성

A◉   B◉

◉: 적합한 부착기준점 및 낙하기준점
×: 잘 못된 투척지점

간격은 좁을 수록 좋다.

집어군형성

관련정보: https://blog.naver.com/2joungho/30189033180

어획량을 탐내기보다는 그저 물만 봐도 행복한 낚시꾼은 동료들과 삼삼오오 모여서 자장면과 자연을 벗 삼아 사색하기 바란다. 반면에 잡는 재미와 찌맛을 마음껏 즐기고 싶다면 동료들과 멀리 떨어져 앉기 바란다.

낚시터에서 동료들과 함께하는 자장면 파티는 낚시인들만 느낄 수 있는 또 다른 즐거움이라 하겠다.

가장 먼저 낚싯대 한 대로 수심을 정확히 잡고 미끼용 떡밥을 달아 기준점을 잡는다. 이때 미끼용 떡밥을 부착한 채비부터 투척하는 이유는 떡밥(채비)이 무거울 경우 원심에 의하여 '사선 입수' 될 가능성이 높기 때문에 위 그림의 C와 같이 엉뚱한 포인트에 집어군이 형성되는 것을 방지하기 위함이다(자연산 붕어 낚시터도 집어가 유리한 낚시터라면 마찬가지다).

위 그림의 A를 기준점으로 하고 B지점에 집어용 떡밥이 낙하되도록 한다. 낚싯대의 간격은 좁으면 좁을수록 좋다. 이때 주의할 점은 집어용 떡밥의 낙하지점이 A, B 부분을 넘겨서는 안 된다. 다시 말해서 스윙법을 훈련하여 집어군이 엉뚱한 곳에 형성되지 않도록 해야 한다.

다만 미끼 전체의 크기가 작은 편이고 단단히 뭉쳐진 상태에서, 바닥까지 떡밥의 형상이 그대로 유지된 상태로 도달한다면(폭탄떡밥이 아니라면) 풀스윙도 가능하다. 이때 손동작을 통해 사선(이) 입수되지 않도록 최대한 노력한다.

③ 짝밥 운용과 집어의 연속성

과거에는 낚시가 하나의 취미이자 풍성한 먹거리를 장만하고 나누고자 욕심을 탐하였던 것도 사실이다. 또한 인간의 내면 한구석에는 특별히 많이 잡고 싶고, 자랑하고 싶은 본능(성취감)이 깔려 있음을 애써 부인하고 싶지 않다. 이유는 욕망도 인간의 자연스러운 본성이자 자연이기 때문이다. 따라서 모처럼 맞이한 휴식 시간에

이정호의 수조찌맞춤법 절친동호회장 박영동
낚시의 장점은 혼자서도 신나는 낚시 여행이 가능하다.

대자연의 향기와 물트림 소리를 벗 삼아 잡고 싶은 욕망을 자연이라 생각하고 마음껏

누리기 바란다.

　필자는 지위, 나이, 성별에 관계없이 이런 자연적인 사람들을 수 없이 만날 수 있었으며, 무슨 큰 죄를 지은 것처럼 주변을 의식하기도 하였다. 반면에 그저 물만 봐도 좋다고 생각하는 감성이 풍부한 낚시인이라면 물 좋고 경치 좋은 낚시터를 선택하여 하루 힐링하고 돌아오기 바란다. 그저 물만 봐도 좋은데 조황 정보를 검색하는 본능이 가득한 사람들 틈바구니 속에서 짜증스러운 낚시를 해서야 되겠는가? 이는 각자의 몫이며 자유이기 때문에 상호 간에 이를 비난하거나 고깝게 여길 필요가 없다.

　유료낚시터의 특성상 짝밥 운용(미끼+집어떡밥)은 낚시를 시작하는 시점부터 끝날 때까지 단 한 번도 쉬지 않는 것이 좋다. **이때 주의할 점은 지속적인 집어를 통해 천신만고 끝에 집어군이 형성되었고, 끊임없이 붕어가 나와 준다고 하여 집어를 게을리하거나 짝밥 운용을 중단해서는 안 될 것이다.** 다시 말해서 붕어가 나와도 지속적으로(일정한 템포, 박자로) 짝밥 운용을 통해 집어된 붕어가 포인트에서 빠져나가지 않도록 경쟁심을 더욱 부추겨야 한다.

　노지에서도 마찬가지로 처음부터 단품 운용보다는 다양한 형태의 짝밥 운용을 통해 대상어로부터 선택의 폭을 넓혀 낚시터의 특성을 빨리 파악한 후 단품으로 공략할 것인지, 짝밥으로 운용할 것인지, 집어를 병행해야 할 것인지를 판단하기 바란다. 더 확실한 판단은 사전 정보, 현지인의 정보, 계절, 포인트, 낚시터 환경 등을 고려하여 사전에 미리 정보를 파악하는 것도 좋은 방법이다.

④ 떡밥의 크기(무게)와 찌올림의 관계

　떡밥의 크기(무게)와 찌올림은 깊은 관계가 있고, 헛챔질 예방에도 많은 도움이 된다. 〈Ⅰ.2.(6) 헛챔질의 원인과 처방전〉 단원을 참고하기 바란다.

⑤ 스위벨 채비를 이용한 외바늘 흔들이보쌈 운용법과 양바늘교차 떡밥운용법
- 스위벨 채비를 이용한 외바늘 보쌈운용법 시범(사진, 설명, 시범: 안영섭, 이정호)

외바늘 보쌈낚시는 개발자들에 의하여 운용법이 이미 널리 알려진 방법이며, 이정호의 수조찌맞춤 동호인들도 자주 사용한다. 문제는 보쌈의 완성도가 개인마다 차이가 많고 완성도에 따라 효과가 달라진다는 것이다. 관련 시범 동영상은 유튜브를 참고하기 바란다. (시범 안영섭 교관: https://www.youtube.com/watch?v=6atElbBwm8w)

안영섭 수석 교관

보쌈 낚시를 처음 접하는 낚시인은 매우 어렵고 불편할 것이다. 그렇지만 반복된 연습을 통해 능숙한 손놀림으로 완성도를 높일 수만 있다면 만족스러운 성취감에 즐거워할 것이고 이로 인하여 낚시가 더욱 재밌게 느껴질 것이다.

▶ 보쌈낚시의 큰 장점과 활용 목적
평소와 달리 활성도가 떨어지고 입질이 까칠하여 찌의 표현이 미약하거나 찌를 올려주지 못한다고 판단된다면 외바늘 낚시로 전환하기 마련이고, 이때 보쌈낚시는 외바늘로 미끼와 밑밥을 동시에 운영할 수 있어, 꾸준한 집어군 형성과 함께 확실한 입질과 멋진 찌올림을 보장받을 수 있다.
활성도가 저조하거나 입질이 까칠한 장소나 시기에 외바늘 운용은 필수이나 집어에 소홀할 수 있었다. 그렇지만 보쌈운영법은 깔끔한 입질을 보장받으면서 집어도 함께 할 수 있기 때문에 유료낚시터, 손맛터, 하우스를 중심으로 활용 가치가 높다고 하겠다.

  출조 당일 활성도 저하로 인하여 찌의 표현이(입질) 만족스럽지 않거나 입질 빈도수
가 저조하다면 위의 사진과 같이 미끼에(흔들이 또는 글루텐을 주 미끼로 사용하고)
어분을 보쌈하는 방법을 시도해 보기 바란다. 사전 작업으로 충분한 초기 집어가 전제
된다면 좀 더 나은 결과를 얻을 수 있을 것이다. 이때 편대 채비라면 편대 한쪽의 바늘
을 제거하고, 외편대 보쌈, 전통 원봉돌 채비라면 두 바늘을 합봉하거나 한쪽 바늘을
제거하고 보쌈하면 된다.

  ▶ 그림 ①과 같이 미끼 부착 시, 글루텐을 사용한다면 물방울 모양으로 작게 달수록
집어제를 보쌈하기에 용이할 것이고, 입질 빈도수나 찌올림 폭이 좋아진다. 만약 흔들
이를 사용한다면 2회 정도로 슬림하게 흡착시켜 운용하기를 권유하고 싶다.

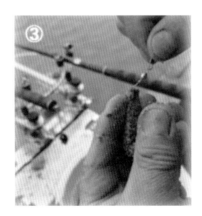 

▶ 외바늘 보쌈낚시는 터치감, 눌러주는 힘과 크기도 중요하다. 예를 들어서 얕은 수심(1.5~2m)이라면 가볍게 눌러서(가벼운 터치로) 돌돌 말아 주는 방법으로 부착한다. 반면 수심이 깊고(2.5~4m), 고수온기라면 중간 크기로 좀 더 많은 양의 어분 '쌈'을 필요로 하기 때문에, 바늘귀 부분과 목줄 부위를 한 번 더 눌러 주어 수심 바닥층까지 보쌈이 변형되거나 이탈되지 않도록 한다. 미끼를 부착하는 과정에서도 마찬가지로 흔들이, 글루텐 등이 이탈되거나 변형되지 않도록 주의해야 한다.

▶ 바늘의 경우는 기존에 사용하던 바늘보다는 한 호수 정도 작게 운영하는 것이 좋으며, 동절기 하우스 낚시에서는 두 호수 정도 작게 운영하기를 권장한다. 목줄 길이는 5~6㎝ 정도.

▶ 집어제는 어분 계열과 보리 계열의 비율을 5:5, 6:4, 7:3……, 장소와 시기에 따라서 90~100%의 어분만 사용할 때도 있으며 물성은 평소보다 10~15% 정도 더 주기 바란다. 주의할 점은 많은 양을 한꺼번에 준비하지 말고, 소량을 자주 배합하여 사용하는 것이 좋다. 이유는 어분 계열의 밑밥이기 때문에, 질어지고 기능이 저하되기 때문이다.

▶ 스위벨 채비 양바늘교차 떡밥운용법
양바늘교차 운용법은 두 바늘로 외바늘의 효과를 볼 수 있는 획기적인 방법이다. 출조 시 채비 운영은 작은 바늘(집어용 떡밥)+큰 바늘(미끼용 떡밥), 짝밥 형태로 각각의 떡밥을 따로 달아 사용하는 것이 일반적인 방법이지만, 저수온기, 수온변동기에는 유료낚시터, 손맛터, 하우스와 같은 낚시터의 상황이 자주 바뀔 수 있다. 다시 말해서 저조해진 입질(활성도 저하)로 인하여 찌를 올리지 못하는 상황이 발생한다면 찌맞춤(부력 변화)만으로는 좀처럼 문제 해결이 쉽지 않다. 이때 양바늘교차 운용법을 활용하거나 두 바늘을 합봉하여 보쌈낚시로 전환해 보기 바란다.

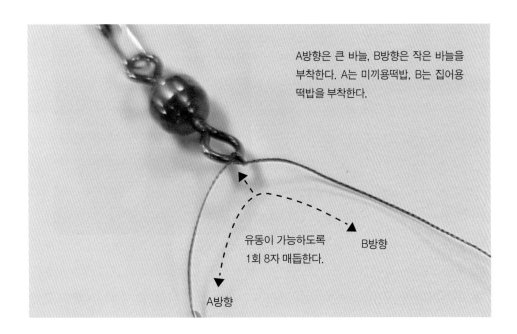

A방향은 큰 바늘, B방향은 작은 바늘을 부착한다. A는 미끼용떡밥, B는 집어용 떡밥을 부착한다.

유동이 가능하도록
1회 8자 매듭한다.

B방향

A방향

　　설명에 앞서 최초 연구자가 누구인지 모르겠으나 참신한 아이디어를 높이 평가하며 수조찌맞춤 낚시에 활용하고 함께 공유할 수 있어 기쁘다.

　　그림과 같이 8자 매듭 상태에서 바늘이나 목줄을 반대쪽 방향으로 당기게 되면 한쪽은 길고, 다른 한쪽은 짧아진다. 이때 짧은 쪽은 작은 바늘을(집어용 떡밥 부착), 다른 한쪽은 큰 바늘을(미끼용 떡밥 부착) 부착한다.

　　바늘의 크기는 활성도, 계절(수온), 장소 등을 감안하여 적절히 선택하여 부착한다. 예를 들어서 극저수온기라면 전체적으로 바늘의 크기를 최대한 작게 하고 활성도가 다시 좋아지고 수온도 높아지는 시기라면 바늘의 크기를 키우면 된다. 주의할 점은 목줄의 텐션이 어느 정도 있어야 하고, 질기며, 마찰 현상이 적은 제품을 선택하기 바란다.

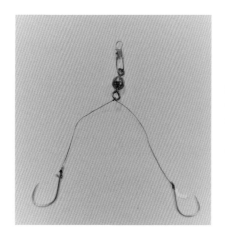 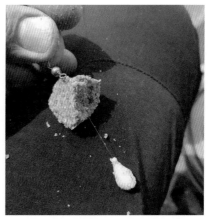

▶ 미끼 부착법

8자 매듭을 하게 되면 사진과 같이 양방향의 목줄 길이를 자유롭게 변경이 가능하다. 출조 당일 활성도가 좋다면 사진과 같이 목줄의 길이를 같게 하고, 한쪽 바늘에 집어용 떡밥을 부착하고 다른 한쪽 바늘에 미끼용 떡밥을 부착한다. 만약 활성도가 저조해졌을 때는 작은 바늘을 잡고 천천히 잡아당기면 다른 한쪽의 큰 바늘의 목줄이 스위벨과 최대한 가까워지게 된다. 이렇게 하면 작은 바늘 쪽의 목줄 길이는 길어지고 큰 바늘 쪽은 짧아진다.

목줄이 길어진 작은 바늘에 집어용 떡밥을 부착하고, 다시 큰 바늘을 천천히 잡아당기면 큰 바늘 쪽의 목줄은 다시 길어지게 된다. 길어진 큰 바늘에 미끼용 떡밥을 부착하면 된다. 정리하자면 양식 붕어는 꾸준한 집어가 필수이다. 그렇지만 입질이 까칠해지면 아무래도 다른 한쪽 바늘의 존재가 부담으로 작용할 수밖에 없으므로 붕어가 미끼용 떡밥을 흡입하는 과정에서 간섭이 최소화되도록 채비에 변화를 주는 것이다.

2

전통올림낚시 수조 찌맞춤 이론

(1) 표준 찌맞춤법과 이정호의 수조 찌맞춤법의 연관성

① 표준 찌맞춤법과 이정호의 수조 찌맞춤법의 연관성

우리식 전통붕어낚시 찌맞춤법을 '표준 찌맞춤법' 또는 '수평 찌맞춤법'이라 하며 필자도 표준 찌맞춤법(수평 찌맞춤법)을 기초로 하여 현재의 '무바늘 찌톱 기준 수조 찌맞춤법'을 연구하여 계승·발전시켰다. 필자가 발표하기 이전에 전통올림 찌맞춤법이라는 이름 아래 이미 수많은 바닥낚시 찌맞춤법들이 개발되었지만 필자를 비롯하여 당시의 전통낚시인들은 그 실효성에 대하여 신뢰할 수 없었다.

필자는 2007년 단행본과 개인 카페, 블로그를 통해 스냅과 오링을 활용하는 '무바늘 찌톱 한 마디 기준 수조 정밀 찌맞춤'을 정식으로 발표하였고, 이후부터 현재까지 변천 과정을 통해 '무거운 찌맞춤 = 전통 표준 찌맞춤, 가벼운 찌맞춤 = 수조 찌맞춤, 아주 가벼운 찌맞춤 = 현장 찌맞춤'(〈Ⅰ.2.(2)④ 찌맞춤의 변천 과정과 종류〉 단원 참고)으로 세분화되었다. 이때 이견 없이 낚시계에서 받아드린 필자의 주장은 현장이든 수조든 무바늘 상태에서 찌톱을 기준으로 찌맞춤 해야 한다는 이론이었고, 이런 이론은 이미 선배 낚시인들께서 오래전부터 주장하고 전수하였던 강론이었다. 따라서 현재의 **'무바늘 찌톱 기준 찌맞춤법'은 우리의 전통표준 찌맞춤법이 모체**임을 알 수 있다. 즉 위의 세 가지 형태의 **공통점은 봉돌을 바닥에 닿게 하는 전통적인 무바늘 찌맞춤이며, 우리의 전통표준 찌맞춤법을 뿌리로 하여 필자가 계승·발전시켰다는 뜻이다.**

Ⅰ. 전통올림낚시(떡밥낚시용) 기초 이론   129

② 무거운 찌맞춤에서 가벼운 찌맞춤의 종류

〈그림 1〉과 함께 세부적으로 설명하기로 하며, 모든 낚시기법은 각각의 장단점이 있기 때문에 어떤 방법이 올바른 방법이라고 결론 내리기에 앞서 **활용 범위**가 다르다는 점을 기억하기 바란다. 다시 말해서 **떡밥낚시에 가장 적합한 낚시를 기준**으로 필자의 주관적 판단을 기본으로 설명함을 이해하기 바란다.

▶ 무거운 찌맞춤 = 표준 찌맞춤 〈그림 1〉의 ⓐ: 표준 찌맞춤법은 필자가 처음 배운 우리식 전통 찌맞춤법이다. 현재에 와서는 생미끼(새우, 지렁이, 참붕어), 알곡 형태의 곡물미끼(고형미끼 = 콩, 겉보리, 옥수수 등)를 사용하는 대물낚시에 주로 활용된다. 우리 전통의 '표준 찌맞춤법'은 무바늘 '수평 찌맞춤법'으로 불리기도 한다. 이러한 **기법이 양어장(일본 떡붕어, 중국붕어, 향어) 낚시가 성행하면서 전문 낚시인들에 의하여 찌맞춤법이 변질되었고(무바늘 케미 기준 찌맞춤법, 봉돌에 바늘을 다는 케미 기준 찌맞춤법, 마이너스 찌맞춤 낚시 = 얼레벌레 등으로 변질됨), 동시에 케미컬라이트가 보편화되면서 일대 혼란**이 빚어졌으며, 기존의 전통붕어낚시 기법은 노지의 어린 붕어나 잡는 '주낙'으로 전락하고 말았다(〈그림 1〉의 ⓑ 잘못된 찌맞춤법 참고).

▶ 가벼운 찌맞춤 = 수조 찌맞춤 〈그림 1〉의 ⓒ: 표준 찌맞춤법을 모체로 하여 필자가 개발하고 발표한 '무바늘 찌톱 기준 수조 찌맞춤법'
장소, 시기(계절, 시간) 불문하여 떡밥낚시에 '가장 최적화된 기본이 되는 부상력 기준값', '1년 평균 가장 적절한 부상력값'이다. 상황 변화에 따라 **찌맞춤 전에 봉돌에 미리 스냅을 달고 오링을 탈·부착**하여 부력을 무겁게 또는 가볍게 변경할 수 있다.
만약 수조가 아닌 현장에서 무바늘 찌톱 기준 찌맞춤을 한다면 수조에서 찌맞춤을 한 부상력값보다 찌톱 2~5마디 이상 더 가볍게 (아주 가벼운) 찌맞춤이 된다. 이렇게 하면 부력이 너무 가벼워 채비는 '불안정 안착'이 될 것이며, 이로 인하여 유속에 취약하고, 빨리는 입질, 헛챔질, 솟구치는 입질 등 정서적으로 혼란스러운 낚시가 될 가능성이 있다. 이때 미리 부착한 스냅에 오링을 추가하여 부착해야 이러한 부작용을 해소시킬 수 있다. 결국 오링을 **추가 가감**하면 수조 찌맞춤과 동일한 부력이 되는 셈이다.

- 부상력: 부양체가 물 위로 떠오르려는 힘을 본서에서는 '부상력'이라 표현하기로 한다.
- 기준값: 찌맞춤 과정을 통해 얻은 최초의 측정값(기준이 되는 값)을 말하며 본서에서는 편의상 기준점, 기본값, 기준값으로 표현하기로 한다. 기본값을 기준으로 하여 오링가감법을 활용하는 것이 본서의 핵심 내용이다.

- 부상(浮上): 1. 물 위로 떠오름.
- 참값: 〈수학〉 일정한 측정에 의하여 얻은, 길이 · 무게 · 부피 따위의 정확한 값.
- 측정값(測定-): 측정하여 얻은 수치.
- 근삿값(近似-): 어떤 것을 재었을 때 얻은 값이 참값에 아주 가까운 값.

- 오차(誤差): 참값에 대해 재어서 얻은 값을 측정값이라 하고, 측정값과 참값과의 차(差)를 오차라고 한다.
  1. 〈수학〉 실지로 셈하거나 측정한 값과 이론적으로 정확한 값과의 차이.
  2. 〈수학〉 참값과 근삿값과의 차이.
  3. 〈물리〉 물리량의 측정값과 참값의 차이.

- 부양체(浮揚體): 어떤 것에도 의지하지 아니하고 유체 속에 떠 있는 물체.
- 침력: 내려가려는 힘

- 출처: 네이버 국어사전, 지식백과

네이버 국어사전을 찾아보니 침력이라는 단어나 용어는 없었다. 낚시계에서 유형무형으로 사용되는 낚시용어로서, 내려가려는 힘을 편의상 침력으로 표기함을 이해해 주기 바란다.

- 참고 자료: 네이버 두산백과 낚싯봉

  (https://terms.naver.com/entry.nhn?docId=1184908&cid=40942&categoryId=31940)

▶ 아주 가벼운 찌맞춤 = 현장 찌맞춤 〈그림 1〉의 ⓓ: 필자가 발표한 '무바늘 찌톱 기준 수조 찌맞춤법'을 계기로 다시 유행하기 시작한 찌맞춤법으로, 수조가 아닌 **현장에서 찌맞춤 하는 것을 원칙**으로 한다. 이 기법은 부력이 너무 가벼워 봉돌이 바닥에 안착되지 않고 떠 있기 때문에, 유속에 취약하고 입질이 지저분하며(빨리는 입질, 미사일처럼 솟구치는 입질) 헛챔질이 굉장히 심하다. 다시 말해서 〈그림 1〉의 ⓓ처럼 봉돌에 바늘을 부착한 상태에서 반드시 현장에서 찌맞춤(유바늘 찌톱 기준 현장 찌맞춤)을 해야 하고, 바늘 무게까지 부력에 포함되므로 자칫 마이너스낚시로 변질될 우려가 있다.

〈그림1〉 무거운 찌맞춤에서 가벼운 찌맞춤의 순서와 종류

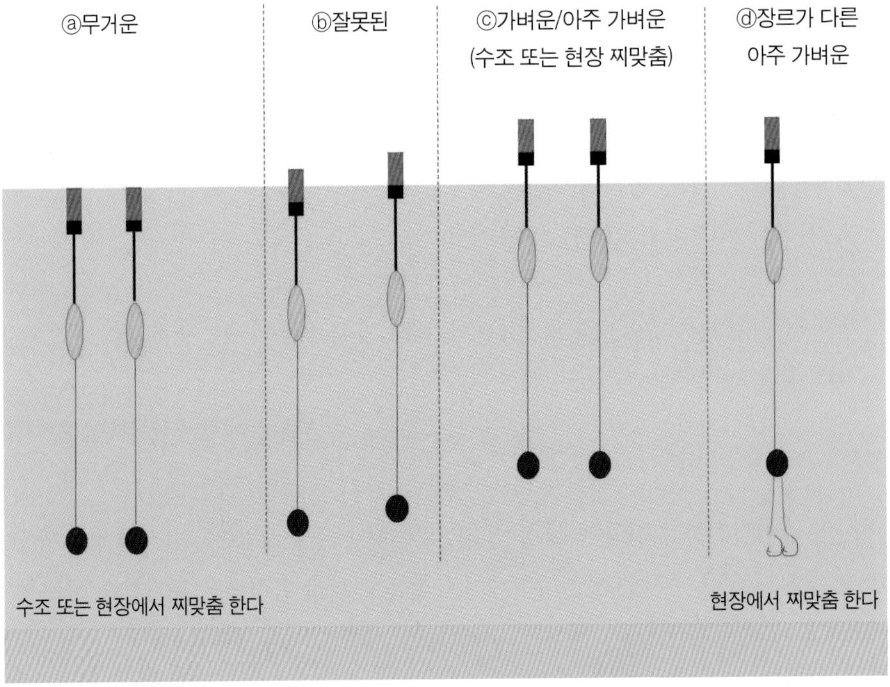

ⓐ무거운   ⓑ잘못된   ⓒ가벼운/아주 가벼운   ⓓ장르가 다른
                                            (수조 또는 현장 찌맞춤)   아주 가벼운

수조 또는 현장에서 찌맞춤 한다   현장에서 찌맞춤 한다

공통적으로 수조 찌맞춤보다 현장 찌맞춤이 더 가볍게 찌맞춤 된다.

ⓐ무거운 : 수평 찌맞춤법, 표준 찌맞춤법   ⓒ가벼운 : 1년 평균 가장 이상적인 부력값
ⓑ잘못된 : 캐미컬라이트 표면적의 문제점   ⓓ아주 가벼운 : 영점올림낚시기법(장르가 다르다)

(2) 전통올림바닥낚시의 기초 지식

① 전통올림낚시와 영점올림낚시

㉠ 유바늘 케미 기준 찌맞춤 이론(적절하지 않은 부상력값)

케미 1/2 2/3노출 또는 전부노출

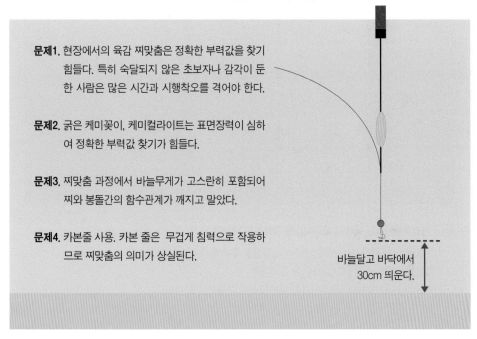

문제1. 현장에서의 육감 찌맞춤은 정확한 부력값을 찾기 힘들다. 특히 숙달되지 않은 초보자나 감각이 둔한 사람은 많은 시간과 시행착오를 격어야 한다.

문제2. 굵은 케미꽂이, 케미컬라이트는 표면장력이 심하여 정확한 부력값 찾기가 힘들다.

문제3. 찌맞춤 과정에서 바늘무게가 고스란히 포함되어 찌와 봉돌간의 함수관계가 깨지고 말았다.

문제4. 카본줄 사용. 카본 줄은 무겁게 침력으로 작용하므로 찌맞춤의 의미가 상실된다.

바늘달고 바닥에서 30cm 띄운다.

2007년 필자가 찌맞춤 이론을 발표할 당시 대유행하였던 '유바늘 케미 기준 현장 찌맞춤법'은 케미컬라이트(케미꽂이 포함)의 **굵은 표면적**으로 인하여 발생하는 표면장력 때문에 정확한 부상력값을 찾아 적용시키기 힘들었고, 더군다나 **바늘 무게를 포함**한 대단히 잘못된 찌맞춤 이론이었다. 대표적인 방법으로 원봉돌에 바늘을 부착한 상태에서 바로 발 앞의 수면에 채비를 투척하여 케미컬라이트의 노출 정도를 보고 찌맞춤 하는 방법과 좁쌀분할봉돌 채비, 편대 채비 등을 활용한 유바늘 케미 기준 찌맞춤법 등이다.

㉃ 전통올림낚시와 영점올림낚시는 같은 원리

〈그림 2〉'전통'올림낚시와 '영점'올림낚시의 수심 맞춤과 이해도 1
- 채비를 투척한 포인트의 물 속 상황을 눈으로 볼 수 없는 영점올림낚시와 전통올림낚시의 이해도

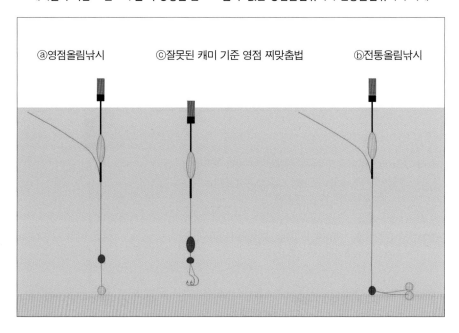

ⓐ영점올림낚시   ⓒ잘못된 캐미 기준 영점 찌맞춤법   ⓑ전통올림낚시

> **TIP** 영점올림낚시는 목줄의 사각지대를 극복하기 위하여
> - 영점올림낚시는 반드시 외바늘 낚시 or 분할봉돌 형태의 채비를 사용해야 한다.
> - 영점올림낚시는 바늘에 영점(기준)을 잡았다면
> - 전통올림낚시는 봉돌에 영점(기준)을 잡는 낚시라 이해하면 될 것이다.

가장 예민한 올림낚시의 대명사인 영점올림낚시는 〈그림 2〉의 ⓐ와 같이 바늘과 떡밥은 (최대한 가볍게) 바닥에 살짝 닿아 있고, 목줄은 팽팽하게 긴장을 유지하면서 봉돌은 떠 있게 하는 낚시 기법이다. 일부에서는 이런 방식을 가지고 전통올림낚시라 오해하는 낚시인도 있는데, 실제로 낚시터에서 자주 목격한다.

찌맞춤은 봉돌에 바늘을 달고 채비가 모두 떠 있는 상태에서 1차 수조에서 가영점을 잡는데, 이때 찌톱의 한 마디 부분이 수조 수면과 일치되도록 한다. 참고로 과거에는 케미꽂이의 굽어진 부분과 일치하게 찌맞춤을 하라고 주장한 사람들도 있었다.

수조에서 찌톱 한 마디 부분에 가영점 잡은 채비(찌맞춤 한 채비)를 그대로 현장에 가져가서 채비 전체를 바닥에서 약 15~30㎝ 띄어서 1차 수조에서 가영점을 잡은 부분이 현장 수면과 일치되도록 찌맞춤을 하면 된다. 이때 수조에서 1차 가영점을 잡는 이유는 시간 단축하기 위함이고, 현장에서 찌맞춤 해야 하는 이유는 영점 기준을 봉돌이 아닌 바늘에 두고 **목줄의 긴장감을 최고조로 올려야 하기 때문에 현장에서 찌맞춤 하는 것을 원칙**으로 한다.

전통올림낚시는 〈그림 2〉의 ⓑ와 같이 봉돌은 바닥에 닿고, 목줄과 미끼는 누워 있는 형태로, 누워 있는 목줄만큼의 사각지대가 문제가 되었다. 그로 인해 상대적으로 둔한 낚시(순진한 토종붕어를 낚는 낚시)로 인식되어 온 것이 사실이며, **굉장히 어려운 낚시로 인식**되었다. 어찌 되었든 ⓐ, ⓑ 두 방법을 비교하여 볼 때 **이론상 영점올림낚시가 훨씬 예민한 낚시**임에 틀림없다. 그렇지만 '영점올림낚시'는 많은 문제점을 내포하고 있다. 대표적인 문제점으로 유속에 매우 취약하고, 잡어 및 치어의 성화로 인한 찌의 반응, 찌올림의 거짓 표현(가짜 입질), 헛챔질, 채비의 불안정으로 인한 빨리는 입질, 솟구치는 입질, 두 바늘 사용 시(좁쌀분할봉돌 채비가 아닐 경우) 사각지대 발생 등이 대표적이다.

※ 영점올림낚시와 전통올림낚시의 두 바늘 사용 시 '사각지대'란?

극도로 예민한 영점올림낚시도 두 개 이상의 목줄(바늘)을 달게 되면, 다른 한쪽 바늘의 존재로 인한 목줄 길이 두 배 이상의 사각지대(부동 영역)가 발생한다. 반면에 전통올림낚시는 누워 있는 목줄 길이만큼의 1/3, 1/2 정도만 사각지대(부동 영역)가 발생한다. 이유는 다행스럽게도 붕어의 입질 각도는 90도가 아니라는 점을 기억하자.

어찌 되었든 붕어가 45도의 각도에서 입질하였다고 가정하였을 때, 영점올림낚시는 목줄 길이 두 배 이상 붕어가 상승해야만 비로소 찌에 반응이 오기 시작하지만, 전통올림낚시는 붕어가 목줄 길이의 1/3, 1/2 정도만 상승하여도 찌에 반응이 온다. 그렇기 때문에 상대적으로 둔하다는 전통올림낚시도 올바른 찌맞춤법과 각종 운용술이 능란하다면 영점올림낚시보다 유리하다는 게 필자의 주장이다. 다만 영점올림낚시의 이런 문제점(사각지대)을 해결하기 위해서는 분할봉돌 형태의 채비를 선택하면 일정 부분 해소될 수 있다.

그래서 필자가 이 두 가지 기법을 오랜 기간 비교하고, 연구하면서 **'영점올림낚시의 장점은 그대로 살리고 단점을 개선시킨다면 어떤 결과를 얻을 수 있을까?'**라는 질문의 답을 도출할 수 있었다. 다시 말해서 영점올림낚시는 바늘에서 목줄, 봉돌, 찌까지의 팽팽한 긴장감을 유지시켜야 한다. 그렇다면 전통올림낚시는 봉돌과 찌와의 긴장감을 최대한 만들어 줄 수 있다면 채비(봉돌)의 안착은 그대로 유지하면서 동시에 찌와 봉돌 간의 예민성을 실현시킬 수 있었다는 것이다. 결국 봉돌이 바닥에 닿은 **규칙을 엄수하였기에 전정한 올림낚시**라 하겠으며 동시에 정직한 찌의 표현과 잦은 입질 빈도수 (어획량)라는 두 마리의 토끼를 잡게 된 것이다.

정리하자면 낚시인들은 부력 = 찌맞춤(낚시의 원리는)을 가지고 수십 년 동안 수없이 연구하고 교육받았다. 그런데 왜 이런 문제를 가지고 아직도 이견이 있을까? 낚시의 찌맞춤(부력)은 부양체의 부양력과 봉돌, 바늘과 같이 내려가려는 힘으로 작용하는 물체의 끝과 끝을 상황에 맞게 가장 이상적으로 유지하면 된다.

전통올림낚시 찌맞춤의 끝과 끝은 **찌와 봉돌**의 함수관계이며, 영점올림낚시의 끝과 끝은 **찌와 바늘**까지의 관계를 의미한다. 이에 대한 이해를 바탕으로 **채비의 안정성**(안착)을 보장받으면서 **부력(상황에 맞는 부상력값을 적용)**을 정확히 맞춘다면 이물감을 최소화시킬 수 있고, 그로 인하여 찌에 표현되는 찌올림폭이나 품질이 정직해진다는 것이 필자의 주장이다.

결론적으로 '찌와 봉돌 사이의 찌맞춤이 낚시에 더 유리할 것인가? 찌와 바늘까지의 찌맞춤이 낚시에 더 유리할까?'를 두고 고민한다면 두 기법 모두 붕어를 잡는 행위(어획량, 입질 빈도수)나 원리에서는 크게 차이가 없으나 우리가 추구하는 찌올림이 정직하고 여유로운 낚시를 원한다면 **영점의 기준을 바늘이 아닌 봉돌**에 두기 바란다. 낚시기법의 선택(취향)은 각자의 몫이다.

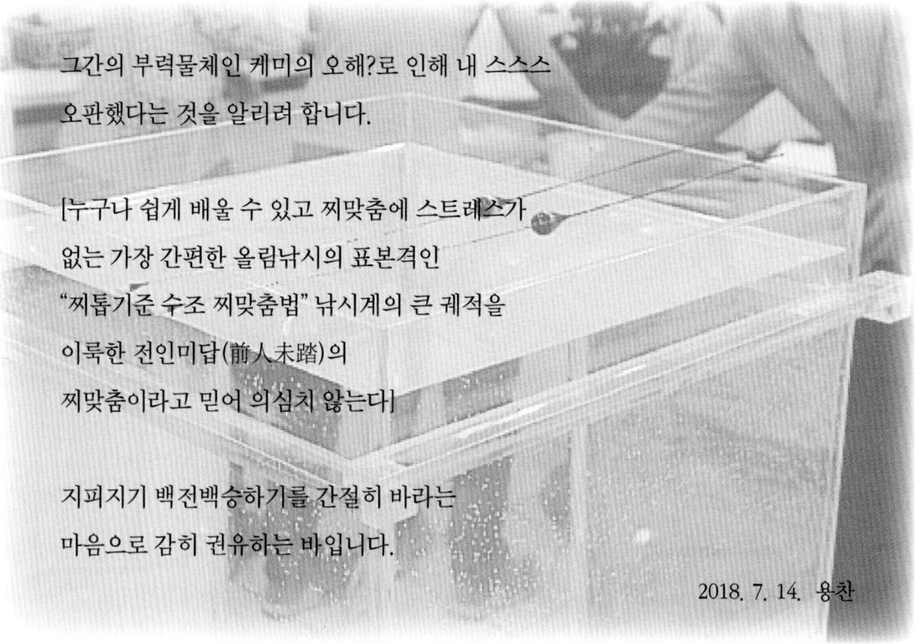

그간의 부력물체인 케미의 오해?로 인해 내 스스스
오판했다는 것을 알리려 합니다.

[누구나 쉽게 배울 수 있고 찌맞춤에 스트레스가
없는 가장 간편한 올림낚시의 표본격인
"찌톱기준 수조 찌맞춤법" 낚시계의 큰 궤적을
이룩한 전인미답(前人未踏)의
찌맞춤이라고 믿어 의심치 않는다]

지피지기 백전백승하기를 간절히 바라는
마음으로 감히 권유하는 바입니다.

2018. 7. 14. 용찬

ⓒ 영점올림낚시의 문제점과 장점

▶ 영점올림낚시의 문제점

영점올림낚시는 목줄의 텐션(바늘과 봉돌의 사이의 목줄이 팽팽한 긴장감)이 유지
되도록 찌맞춤 해야 붕어가 미끼를 흡입하고 상승하였을 때 목줄이 휘어지지 않고 붕
어가 1㎜ 상승하면 찌도 1㎜ 동반 상승하며 즉각 반응하는 이론상 상당히 그럴듯한 획
기적인 낚시 방법임에 틀림없다.

그렇지만 극도로 예민한 영점올림낚시도 이론은 현실과 달라 여러 가지 문제가 발생
한다. 대표적인 현상으로 가짜 입질 표현이 심하여 찌오름이 부자연스럽고, 빨리는 입
질이 발생하거나 미사일처럼 빠른 속도로 솟구치는 입질이 많아 챔질 찬스를 잡기 매
우 힘들다는 것이다. 장애물(수초, 이물질)이 많은 낚시터에서도 취약하고 무엇보다도
가장 큰 문제점은 헛챔질이 매우 심한 낚시 기법이다. 이때 헛챔질을 방지하기 위하여
큰 바늘로 교체하면 되겠지만, 기법의 특성상 바늘의 크기가 제한적이고 찌맞춤을 다

시 해야 하는 번거로움을 감수해야 한다.

영점올림낚시에서 전통적인 원봉돌 채비를 선택할 경우, 외바늘 낚시만 구사해야 한다. 이유는 두 바늘을 사용할 경우 반대쪽 바늘의 침력으로 인한 목줄 길이 두 배 이상의 사각지대 때문이다. 또한 봉돌이 떠 있는 관계로 목줄의 탄성은 필수이며 케미꽂이와 찌톱, 케미컬라이트와 굽어진 케미꽂이의 표면적으로 인하여 표면장력이 발생하면 입질을 전혀 읽어 내지 못할 수도 있다. 또한, 유속(수류, 와류, 양어장의 기포기의 영향, 강·수로의 유속, 바람)이나 수심 변화에 효과적으로 대처하기 어렵고 떡밥 무게나 크기 종류에 민감하게 작용하기 때문에 생각만큼(봉돌이 떠 있어 예민한 만큼) 극복해야 할 부분이 굉장히 많은 불안정한 낚시 기법이다.

전통올림낚시와 영점올림낚시의 수심 맞춤과 이해도 2(표면장력)
- 채비를 투척한 포인트의 물 속 상황을 눈으로 볼 수 없는 영점올림낚시와 전통올림낚시의 이해도

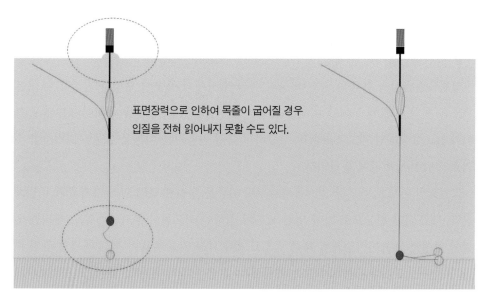

ⓐ영점올림낚시
표면장력이 발생할 확률이 높다.

ⓑ전통올림낚시

표면장력으로 인하여 목줄이 굽어질 경우
입질을 전혀 읽어내지 못할 수도 있다.

ⓐ영점올림낚시: 케미꽂이, 케미컬라이트의 굵은 표면적으로 인하여 표면장력이 발생한다.
ⓑ전통올림낚시: 봉돌이 바닥에 닿아 있기 때문에 표면장력은 크게 문제가 되지 않는다.

▶ 영점올림낚시의 장점

장점으로는 굉장히 예민한 낚시기법이므로 유속이 안정된 낚시터에서 저수온기 또는 활성도가 저조할 때 붕어가 입질은 하지만 붕어의 입질을 읽어 내기 힘들다고 판단된다면(입질이 까칠할 때) 일시적으로 활용 가치가 있다. 또한 단순히 많은 어획량만을 추구한다면 때로는 영점올림낚시도 경망스럽고 동적인 입질 속에서 예쁜 찌올림과 함께 많은 어획량을 보장받을 수 있다. 전제 조건으로 원줄의 굵기를 비롯하여 모든 채비를 경량화하는 것을 주문하고 싶다. 특히 찌의 경우 찌톱의 굵기가 가늘며 몸통의 표면적이 슬림하고 작아야 하며 칠이 매끈하여 저항이 최소화된 예민한 찌를 권장한다. 주의할 점은 조급한 마음에 섣부른 챔질은 엄청난 헛챔질을 경험하게 만들 것이다.

㉣ 질문과 답변을 통해서 영점낚시의 활용 범위와 쓰임새에 대한 설명

질문을 드립니다.

전 무바늘 찌톱 한 마디 노출로 부력을 맞추고 낚시할 때는 찌톱 2마디 노출로 낚시합니다. 보통 이렇게 낚시를 하면 손맛터에서 그나마 깨끗한 입질을 받을 수 있었습니다.

며칠 전 모 낚시터에서 제 낚시채비로는 고기를 낚기 어려웠습니다(봉돌을 올리지 못함). 근데 다른 회원분들 찌는 빠르긴 해도 쑥쑥 올리더라고요. 궁금해서 채비를 물어보니 바늘 달고 찌톱 한 마디 노출로, 낚시할 때는 2~3마디 노출로 낚시를 한다는 겁니다. 그렇게 하면 봉돌이 뜨는 게 아니냐고 하니까 "아니다. 봉돌은 바닥에 닿는다(분납좁쌀)." 하는 겁니다.

그래서 제가 확인해 보니 제 낚시 상식으로(손맛터 15년 경력)는 바닥에 닿는 것을 확인했습니다. 이정호 님 생각에도 바늘 달고 한 목 노출 찌맞춤이 바닥에 닿는다고 생각하시는지 고견을 듣고 싶습니다.

답변: 반갑습니다. 이정호입니다. 질문 감사드리며 답변 드리겠습니다.

'1년 평균 가장 적절한 부상력값'은 무바늘 수조 1목 맞춤이 정확합니다. 그러나 때로는 위와 같이 어려움을 겪을 수도 있습니다. 이때를 대비해서 오링을 제거하는 방식으로 찌맞춤 하는 방법을 발표하였습니다(〈Ⅱ. 찌맞춤법〉 단원 참고).

제가 발표한 찌맞춤법은 스냅 또는 봉돌에 쇠오링을 미리 부착합니다. 이때 찌톱 2~5마디에 해당되는 무게의 오링을 여러 개 부착하며, 자세한 내용을 사진과 함께 상세히 설명하기로 합니다.

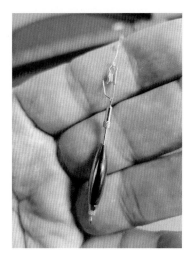

일반적인 봉돌이라면 스냅에 오링을 부착하시거나, 사진의 나노추처럼 쇠오링 부착이 용이한 제품을 구입하시기 바랍니다.

스냅 또는 봉돌에 찌톱1마디 무게에 해당되는 쇠오링 5개를 미리 부착하여, '무바늘 찌톱 1마디 정밀 수조 찌맞춤'을 완성하시면 됩니다.

현장에 가시면 왼쪽의 사진과 같이 봉돌에 미리 부착한 쇠오링을 상황(활성도)에 따라서 최소 1개에서 최대 5개를 점차적으로 제거합니다. 만약 1개를 제거하시면 찌톱 1마디 무게만큼 부력이 가벼워지는 것이고, 5개 모두를 제거하시면 찌톱 5마디에 해당되는 무게만큼 부력이 가벼워지는 것입니다. 다시 말씀드려서 **갑자기 활성도가 저조하여 찌를 올리지 못하는 상황이 발생하면 오링을 제거하는 방식으로 부력이 가벼워지도록 하는 것입니다.**

이렇게 하시면 봉돌에 바늘 달고 찌맞춤 하는 영점올림낚시와 동일한 효과를 볼 수 있으며, 봉돌도 바닥에 닿게 되므로 전통올림낚시의 **규칙을 준수**하게 되는 것입니다. 그러나 부력을 변동하기에 앞서 외바늘 보쌈운용법을 통해 어느 정도 문제 해결이 가능합니다.

결국 바늘 교체, 떡밥운용술, 부력 조정(오링가감법), 채비운용술 등 4가지 처방을 통해 기법 전환(영점올림낚시로) 없이 충분히 문제를 해결할 수 있다는 뜻입니다. 이것은 찌맞춤법으로 문제를 해결하려 하는 것은 매우 초보적인 자세이므로 **우선 운용법(기술, 실력, 촉, 기량)을 통해**

문제를 해결해 나가는 자세가 필요하고, 오링가감을 통해 부력도 조정도 해 보고, 여러 가지 처방으로도 해결이 불가하다는 판단이라면 그때 가서 영점올림낚시로 기법을 전환하여도 늦지 않습니다.

흔들이, 글루텐, 도로로 외바늘어분 보쌈운용법은 〈Ⅰ.1.(4)⑤ 스위벨 채비를 이용한 외바늘 흔들이보쌈 운용법과 양바늘교차 떡밥운용법〉 단원을 참고하시기 바랍니다.

다음으로,

"궁금해서 채비를 물어보니 바늘 달고 찌톱 한 마디 노출로 현장 찌맞춤하고 낚시할 때는 2~3마디 노출로 낚시한다."라는 말씀이시죠.

답변: 바늘 달고 마이너스 한 목 현장 찌맞춤법은 굉장히 가벼운 찌맞춤법입니다.

찌톱을 세 마디씩이나 내놓고 낚시한다니 뭐라 드릴 말씀이 없군요. 세 마디씩이나 찌톱을 내놓고 낚시한다!!! 저의 정서로는 좀 이해하기 어렵습니다. 결국 **봉돌을 억지로 바닥에 안착**시키려고 찌톱 세 마디를 올려놓는 것이군요.

만약 바늘이 상당히 작고 수조에서 찌맞춤 했다면 찌톱을 세 마디씩이나 노출시켰으니 봉들이 바닥에 닿을 수도 있습니다. 그러나 현장에서 찌맞춤 하였기 때문에 찌톱을 세 마디씩이나 노출시켰다고 하더라도 봉돌은 떠 있을 확률이 매우 높습니다.

다음으로,

그렇게 하면 봉돌이 뜨는 거 아니냐니까 "아니다. 봉돌은 바닥에 닿는다(분납좁쌀)." 하는 겁니다. 그래서 제가 확인해 보니 제 낚시 상식으로(손맛터 15년 경력)는 바닥에 닿는 것을 확인했습니다. 이정호 님 생각에도 바늘 달고 한 목 노출 찌맞춤이 바닥에 닿는다고 생각하시는지 고견을 듣고 싶습니다.

답변: 영점올림낚시는 기법의 특성상(마이너스) 좁쌀 분할봉돌 채비와 같은 분할 형태의 채비를

사용해야만 효과를 볼 수 있습니다. 이유는 엄청난 사각지대 때문입니다. 자세한 내용은 관련 단원을 참고하시기 바랍니다(사각지대, 부동 영역, 영점올림낚시의 문제점 등).

바늘 달고 현장에서 찌톱 한 마디에 맞춤하였다면 찌톱을 세 마디 노출시켜도 봉돌은 바닥에 닿지 않는 것이나 마찬가지입니다. 그러나 찌톱을 세 마디씩이나 올려놓았고, 분할 형태의 채비를 활용하였으니 **봉돌이 억지로라도 닿은 것처럼 보이는 것은 사실**입니다. 이렇게 해서 입질이 들어온다면 1마디만 올려도 찌톱은 벌써 4마디씩이나 올라온 상태니 찌올림이 엄청 좋다는 표현을 인정할 수밖에 없겠군요? ^^

어찌 되었든 영점올림낚시는(현장에서 바늘 달고 찌톱 한 마디 찌맞춤 하면) 현장에 가서 찌톱을 1마디만 내놓고(수심을 맞추고) 낚시한다면 봉돌은 틀림없이 바닥에서 뜨게 되며 상당히 예민하게 작동하기 때문에 상황이 좋지 않을 때 **일시적으로 활용 가치**가 있는 것은 사실입니다. 그러나 영점올림낚시는 **좁쌀분할봉돌 채비와 같이 분할 채비**가 아니면 효과를 보기 어렵고 찌톱을 3마디씩이나 내놓고 낚시해야만 채비가 바닥에 안정적으로 안착된다는 사실을 그분들 스스로 인정하는 셈입니다. 3마디를 내놓지 않을 경우 빨리는 입질, 솟구치는 입질, 헛챔질 등 수많은 문제점을 해결해 나갈 방도가 없으므로 궁한 끝에 나온 하나의 꾀(궁여지책)라 보시면 되겠습니다.

그렇지만 선비 낚시꾼이 몇 마리 더 못 잡는다고 하여 규칙에 어긋나는(봉돌이 바닥에서 뜨는) 낚시를 하지는 않습니다. 전통올림 낚시인은 어려운 상황에서 각종 운용술과 오링가감법을 통해 극복해 나가는 기량(실력)을 키우기를 주문하고 싶습니다. 영점올림낚시, 마이너스낚시 등을 할 줄 몰라서 안 하는 것이 아니라 나름 **낚시에 대한 기준** 때문이라는 뜻입니다. 단순히 고기를 많이 잡고 싶다면 영점올림낚시든, 마이너스낚시든 수단과 방법을 가리지 않고 여러 기법을 두루 사용하지 이토록 어려운 전통올림낚시를 고수하는 이유가 무엇이겠습니까! 답변이 되었는지 모르겠습니다.

이정호 님 역시 전통낚시 ○○이십니다.
찌톱 3마디에 제 얼굴이 화끈거립니다.
어쭙잖은 질문에 성실한 답변 감사드립니다.
올여름 덥다 하니 건강 잘 챙기시기 바랍니다.

결론적으로 상황(계절, 수온, 장소, 시간, 기후, 배수, 유입수, 오름수위, 기타 등등 자연발생적 요인)에 따라 활성도에 변화가 오고, 활성도의 좋고, 나쁨에 따라 입질폭, 입질 빈도수가 달라지며 오링 가감을 통해 부력에 변화를 주거나 기법(전통올림낚시 ↔ 영점올림낚시)을 넘나드는 방법으로 활력이 넘치는 붕어의 입질을 감쇄시키거나 반대로 올리지 못하는 붕어의 입질을 조금이나마 해소시킬 수 있다.

NAVER   이정호의 전통올림낚시 수조찌맞춤법 카페   Q

저자 개인홈페이지: http://cafe.naver.com/2joungho

② 시간, 수온(계절)에 따른 붕어의 활성도 변화를 이해하자

▶ 붕어의 활성도에 맞춰서 부상력 기준값에 변화를 주는 것이 올바른 해석!

시간 흐름, 계절, 온도, 기상(바람, 구름, 비) 유입물 등에 따라서 수온이 시시각각 변하고, 수질에도 영향을 미치는 것은 누구나 아는 상식이다. 그로 인하여 물속에 녹아있는 용존산소량이 달라지고, 붕어의 활성도에 변화가 생기며 이런 붕어의 활성도는 찌올림 폭이 달라지는 직접접인 원인이 된다. 그래서 채비(채비 구조, 바늘 크기와 무게, 목줄과 원줄의 굵기, 찌 교체 등), 떡밥의 물성에 변화를 주고 부력을 조정하기도 한다. 그렇다면 수온 변화에 따라서 왜! 찌올림의 폭이 달라지는 것일까?

▶ 활성도의 변화 요인?
· 용존산소량: 수질의 오염 지표에 따라서 산소량이 달라진다.
  산소량이 좋고 나쁨에 따라 회유, 유영층이 달라지고 먹이 활동성이 좋아지거나 나빠질 수 있다.
· 시간의 흐름에 따라, 계절에 따라, 기후에 따라 수온이 달라진다.
  올라가는 수온, 내려가는 수온에 따라 붕어의 활동성이 달라진다. 시간의 흐름에 따라 활성도가 좋아지거나 나빠진다. 자연발생적 원인에 따라 24시간 붕어의 회유 시간, 유영 층, 먹이 활동 시간이 달라질 수 있다.

해가 뜨거나 질 무렵, 새벽시간, 그 외의 시간 등에 따라서 활동성(활성도)이 달라진다.

▶ 활성도의 차이점은?

붕어가 미끼를 흡입하는 흡입력의 정도와 붕어의 입질 각도, 붕어가 미끼를 흡입한 후 상승 반경 등의 차이에 따라 활성도의 차이를 알 수 있는데, 그 차이점은 찌에 표현되는 모습을 보고 판단하거나 입질 빈도수를 보고 알 수 있다.

몇 가지 예를 들어 보자. 만약 붕어의 미끼 흡입력이 좋고, 입질 각도도 45도 이상이며, 이동 반경이 넓다면 찌올림 폭이 매우 좋을 것이다. 심지어 찌가 몸통까지 올라와 동동거릴 정도라면 활성도가 매우 좋다고 판단하면 된다.

활성도가 저조하면 붕어의 미끼 흡입력이 저조하고 입질 각도도 수평에 가까워, 미끼 흡입 후 상승폭이 저조해지거나 전혀 움직이지 않을 수 있다. 이럴 경우 찌는 미동도 하지 않을 것이고, 낚시인이 미끼를 교체하기 위하여 낚싯대를 들어 올리는 순간, 묵직함이 느껴지고 그제야 붕어가 자동으로 잡혀 있음을 알아차리게 될 것이다. 즉 붕어가 미끼를 흡입하고 전혀 움직이지 않은 것이다.

우리 인간들도 마찬가지다. 기온이 떨어지면 움츠리듯이 변온동물인 붕어는 사람보다 수온에 더욱 민감하게 반응할 것이라 사료된다. 따라서 시간 변화에 따라 수온이 변하고, 시간의 흐름에 따라 시시각각 변하는 기후(기온, 비, 눈, 바람 따위의 대기(大氣) 상태)의 정도에 따라서 같은 계절이라도 그날그날 수온은 차이가 날 것이다. 예를 들어서 **한겨울에도 며칠간 지속적으로 수온이 오르면** 움츠렸던 붕어들이 봄날처럼 입질이 왕성한 경우를 쉽게 경험할 수 있듯이 수온 변화에 따라 붕어의 활동성이 달라져서 입질에도 변화가 있음을 이해하자. 이와 같이 **'수온 변화에 따라 붕어의 활성도'가 달라지고 '활성도에 따라 찌올림의 폭이 달라진다.'라는 것은 필자가 지난 세월 줄기차게 주장**

해 온 내용이다.

정리하자면 수온, 밀도, 탁도, 기압 등 자연발생적 현상에 따라 **부력이 변동하는 것은 사실**이나(낚시에 지장을 줄 정도는 아니다) 봉돌이 바닥에 닿는 전통올림낚시에서는 이보다 **붕어의 활성도**에 맞춰서 부상력 기본값에 변화를 주는 것(오링가감법 또는 기법 전환)이 올바른 해석이고, 우선이 된다.

이때 자연발생적 현상에 따른 부력의 변동폭은 그리 **크지 않기 때문**에 이로 인하여 부력이 무거워지거나 가벼워져서 입질에 변화가 왔다기보다는 자연발생적 요인이 원인이 되어(붕어의 활성도에 변화가 와서) 입질폭, 입질 빈도수에 변화가 온 것이다.

▶ 수온과 입질 활성도[1]

수온에 따라 부력이 변하는 것은 맞으나 이때의 부력의 변동폭보다는 붕어의 활성도가 우선한다는 게 필자의 주장이다. 이 말은 수온이 변해서 부력이 가벼워지고 무거워지는 것에 문제 해결의 초점을 두지 말고, 활성도가 달라져서 입질에 변화(입질 빈도수, 찌올림의 폭과 품질)가 옴을 이해하자는 것이다. 인용하는 원문에는 붕어는 수온에 민감하며 그로 인하여 활성도가 달라짐을 설명하고 있다.

수온은 낚시에 절대적 변수가 된다.

수많은 조건들이 모두 합쳐져서 만들어 내는 게 수온이다.

그 안에 기압도 있고, 바람도 있고, 배수도, 새물도 있다. 다른 쪽으로는 계절이라는 커다란 배경도 있지만 바람에 상관없이 기압에 상관없이 수온은 항상 오르고 내린다. 이건 지구가 살아 있기 때문에 보이는 증상이다.

그런데 문제는 여기에 있다. 조건(기상, 계절)에 따라 조금씩의 차이를 보이고는 있지만 매번 다르게 나타나는 수온의 변화를 체크해 보면, 큰 틀의 시간적인 리듬(지구의 활동)은 결코 바뀌지 않지만 조건(기상, 계절)에 따라 리듬의 세기(수온)는 다르게 나타난다는 것을······.

---

1 〈붕어낚시 사계〉 박재호 선생의 글 인용(https://blog.naver.com/pjh0858/220038902223).

몸에 이상이 오면 제일 먼저 체크하는 게 체온이다. 지구도 마찬가지다. 지구의 건강을 체크하는 데는 수온을 체크하는 것이 최고다. 수온이 지구의 건강 상태를 그대로 보여주고 있기 때문이다. 사람의 그림자가 몸을 따라 자연스레 움직이듯이 수온도 지구의 변화를 따라 자연스레 움직이고 있기 때문이다.

그 일례로 모 저수지를 예로 들어본다. 모든 조건이 정상적인 날. 그 저수지의 오름수온이 머물러 있는 시간은 다른 저수지들과 마찬가지로 약 한 시간 정도의 시간을 가진다. 그런데 조건(기상)이 나쁜 날은 불과 30여 분 만에 본래의 내림수온으로 돌아서고 만다.
이 30분의 시간은 낚시에 엄청난 영향을 미치게 되는데, 바로 입질의 빈도수로 이어진다. 오름수온을 따라 넓게 이동해 가던 붕어들도 오름수온이 순식간에 본래의 평균수온으로 떨어져 버리게 되면 하던 동작을 멈추고 곧장 돌아서게 된다.』

위와 같이 결국 수온 변화에 따라 붕어의 활성도에 변화가 생겨 입질 빈도수나 찌올림 폭이 달라지는 것인데, 이를 이해하지 못하니 수온에 따라 부력이 크게 변동하여 입질에 변화가 온 것이 전부라는 해석이 일부 낚시인들의 마음을 지배해 왔던 것이 사실이다.

③ 전통올림낚시의 '가장 적절한 부상력 기준값'이란?

▶ 전통올림낚시(떡밥낚시에 한하여)의 가장 적절한 부상력 기준값이란?
필자가 발표한 '무바늘 찌톱 한 마디 기준 정밀수조 찌맞춤법' 이론은 무조건 찌맞춤을 가볍게 하기 위함(무조건 가볍게 찌맞춤 할 목적이라면 현장에서 찌맞춤 하면 된다)이 아니라 **가장 기본이 되는 '기준값'을 찾기 위함**이다. 다시 말해서 수조에서 찌톱 1마디 부분에 찌맞춤 한 부력이 **최초의 기준값**이 되며, **'1년 평균 부작용이 가장 적은 기본값'**이다. 입문자의 이해를 돕고자 좀 더 자세히 설명하자면 장소, 계절에 관계없이 입질 빈도수, 헛챔질 빈도수, 찌올림의 품질 등이 가장 이상적으로 작용하는 부상력값이라는 뜻이고, 찌톱 한 마디 부분을 기준(기본값)으로 상황(자연발생적 요인에 의한 활성도, 외적 요인)에 따라 **오링가감법을 통해 적절히 대응, 처방**할 수 있다는 게 필자의 주장이다.

▶ 최초 기준값(기본값)은 '불변'이다.

수조, 현장에 관계없이 최초 찌톱 1마디 부분에 찌맞춤 한 '기본 부상력값'의 '기준'은 변하지 않는다는 것을 우선 기억하자. 그렇지만 최초 찌맞춤 한 기본값(기본 부상력값, 기준값)은 자연발생적 요인, 외적(가변적)인 요인에 의하여 **부력이 변동**한다. 이때 부력이 변동한 것은 사실이지만, 한 번 맞춰진 **기본값(기준은 그대로)은 변한 것이 아니라는 뜻**이다.

예를 들어 보자. 자연발생적 원인 중의 하나는 수온이고, 수온 변화로 찌톱 반 마디에서 한 마디 정도의 부력이 변동하였다. (오르락내리락) **가정**하자. 이때의 무게는 케미컬라이트에 붙어 있는 **물방울의 무게(외적 요인) + 표면장력의 값과 동일한 수준**이다. 결국 자연발생적 요인에 의하여 부력이 가벼워지거나 무거워졌다고 하더

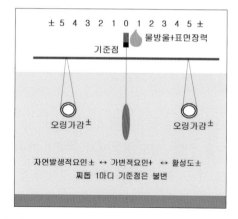

라도 외적 요인(무조건 무거워지려는 성질)이 작용하여 **충돌**하는 상황이 벌어지는 것이다. 예를 들어서 수온 변화에 따른 부력 변동폭+물방울의 무게, 표면장력의 값 간섭 = ○ 또는 +값일 것이다. 만약 다른 가변적 요소 중 찌의 하강속도, 원줄의 무게 작용이 합쳐지면 더욱 무거워질 것이다.

문제는 또 있다. 두 가지 요인이 충돌하는 가운데 ±활성도[2]라는 굉장히 **미묘하고 복**

---

2   활성도: 붕어의 활성도는 수시로 변하는 자연환경의 조건에 따라 좋고 나쁨이 극명한 차이를 보인다. 이때 낚시인은 찌올림의 폭이나 입질 빈도수를 통해 알아차릴 수 있다.

잡한 **관계가 서로 얽혀 작용**하고 있다는 것을 간과해서는 안 된다. 이때 **무엇이 우선이**고, 어떤 현상에 기준을 두고 '오링가감법이라는 처방(대응)전을 발부해야 할 것인가?'가 본서의 핵심 이론이다.

결론적으로 실전 경험과 연구를 통해 문제를 해결하기 위한 실마리가 되는 점은 활성도 ↔ 외적인(가변적) 요인 ↔ 자연발생적 요인순으로 처방전을 발부해야지, 작은 수준의 부력 변동폭이 발생하는 자연발생적 요인을 최우선시해서는 안 된다는 것이다.

예 (1) 수온이 좋고 나쁨에 따라 활성도가 달라질 것이고, 수온 변화에 따라 팽창계수가 달라져 부력이 무거워지거나 가벼워질 것이다. 하지만 찌와 봉돌의 부피가 작고, 칠과 함께 여러 부속물이 장착된 상태라(부속물로 인하여 가변적 요인이 발생한다) 실제로 낚시에 지장을 줄 만큼 부력에 변화를 줄 것인지는 미지수다. 설령 1마디 정도 부력에 변화가 발생한다고 하더라도 활성도가 우선시되며, 가변적 요인에 의하여 소멸되기 때문에 환경적 요인 때문에 부력(미미한 수준의)이 변동하는 요소는 크게 의미가 없어 보인다.

예 (2) 고수온기에 찌맞춤을 지나치게 가볍게 하지 않는 이유는 무엇일까? 반대로 저수온기에는 밀도가 높아져 부력이 가벼워져야겠지만, 실제로 가벼워지는지 과학적으로 접근하여 좀 더 상세히 설명하지 못함은 (필자의 무지로) 하나의 핑계거리가 되겠지만, 이때 가벼워지든 무거워지든 간에 붕어의 활성도는 저조해진다. 결국 찌맞춤을 가볍게 하는 이유가 여기에 있는 것이다.

▶ 실전 운용을 통해 이해를 돕고자 한다.
현장, 수조에 관계없이 찌톱 1마디를 기준으로(정확한 방법으로) 찌맞춤 하였다면 일단 찌맞춤은 잘 된 기본값이다. 이때 수조에서 찌맞춤을 한 기본 부상력값이 최적화된 부력인가 또는 현장에서 찌맞춤 한 기본 부상력값이 최적화된 부력인가를 한마디로 단정 짓는 것은 합리적인 판단이 아니다. 어떤 장소에서 기준값을 찾았든 간에 **상황에**

따라 적절히 대응(오링 가감)하라고 주문하고 싶고, 그 이유와 방법, 기준을 본서에서 설명하기로 한다.

선행 과제로 본인이 자주 사용하는 채비(찌부터 봉돌까지)로 현장 찌맞춤과 수조 찌맞춤 사이의 **부력 편차의 데이터를 알면** 더욱 정교하고 편리한 낚시가 될 것이다. 참고로 필자가 주로 사용하는 채비의 현장과 수조의 데이터 차이는 평균 2~3마디 이내 이며 최고 4~5마디까지이다. 이때 채비는? 봉돌부터 필자가 주로 사용하는 찌(케미 포함)까지를 말한다.

※ 채비(봉돌): 원봉돌 채비, 좁쌀분할봉돌 채비(스위벨 채비), 편대 채비 등

데이터 값을 이해하였다면 비교 운용을 통해 답을 찾기 바란다.

낚싯대 1대는 '무바늘 찌톱 한 마디 현장정밀 찌맞춤'하고, 또 다른 1대는 '무바늘 찌톱 한 마디 수조정밀 찌맞춤'을 한 채비 등 총 2대를 가지고(선입관을 버리고), 1년 내내 비교 운용을 해 보기 바란다. 운용 중, 때로는 외적(가변적) 요인을 감안하여 오링 가감을 병행 또는 병행하지 않는 방법으로 비교 운용을 하면 '1년 중 가장 적절한 부상력값'과 함께 실효성, 편리성, 정확성 등의 차이를 이해하게 될 것이다.

④ 찌맞춤의 변천 과정과 종류

필자가 '무바늘 찌톱 기준 찌맞춤법'과 함께 '오링을 활용한 좁쌀분할봉돌 채비법', '바늘 교체의 용이성', '좁쌀봉돌 무게선별법' 등을 정식으로 발표하면서 스위벨 사용이 일반화되었다(본격적으로 사용하게 된 동기가 되었다).

〈케미 1/2 2/3 노출 또는 전부노출〉

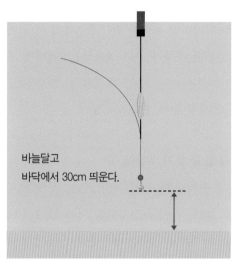

바늘달고
바닥에서 30cm 띄운다.

ⓐ 대단히 잘못된 찌맞춤법이 유행하던 시기

2007년 2월 이전. 필자가 찌맞춤 이론을 발표할 당시 대 유행하였던 봉돌에 바늘 달고 '케미기준 찌맞춤법' 또는 '좁쌀분할 봉돌 채비 찌맞춤법' 등이다.(편대 채비 포함)

〈찌톱 1마디 노출〉

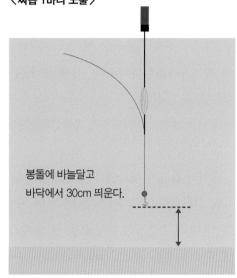

봉돌에 바늘달고
바닥에서 30cm 띄운다.

ⓑ 2007년 하반기를 기점으로

필자가 '무 바늘 찌톱기준 찌맞춤법'을 발표한 이후 '케미기준 유바늘 찌맞춤법'에서 '유有 바늘 찌톱 기준 현장찌맞춤법'이 다시 유행하기 시작한다. 대표적으로 '유 바늘 찌톱 기준 좁쌀분할 봉돌 채비 찌맞춤법'이다.

〈찌톱 1마디 노출〉

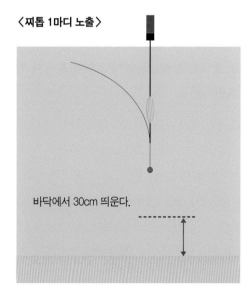

바닥에서 30cm 띄운다.

ⓒ 이후 2009년에는 편대 채비, 원봉돌 채비, 좁쌀분할 봉돌 채비 모두 '무無 바늘 찌톱 기준 현장 찌맞춤법'으로 완전히 바뀌게 된다.(유사한 찌맞춤법도 대 유행)

이때를 계기로 잠시 우리의 물가를 점령하였던 외래낚시기법이 쇠퇴하고 전통올림낚시가 부활하게 되었으며 스위벨을 비롯하여 관련 상품이 개발 되어 지금에 이르게 되었다.

현재는 수조에서 찌톱 한마디 부분에 가영점을 잡고 현장에서 찌맞춤을 다시 확인하고 상황에 따라 오링을 가감하여 미세 조정하는 단계까지 발전하였다. 하지만 아직도 많은 시간을 현장에서 찌맞춤에 허비하고 있다.

ⓐ 100% 육감찌맞춤법으로서 정확한 부력값을 찾아 적용시키기 힘든 대단히 잘못된 이론이다.
케미컬라이트의 굵은 표면적 문제점, 바늘 무게 등.

ⓑ 바늘무게 포함한 현장찌맞춤법이므로 봉돌이 바닥에 닿지 않는다. 따라서 부력이 대단히 가볍게 찌맞춤 된다. 당시 필자가 "영점올림낚시 기법이다(장르가 완전히 다른 기법이다)."라는 반론을 제기하므로 이후 바늘을 제거하고 찌맞춤하게 된다.

ⓒ 바늘 무게를 포함하지 않으며 표면장력에서 비교적 자유로운 상당히 예민한(찌톱을 기준으로 찌맞춤 하였으므로) 전통올림낚시 찌맞춤법이다. 문제는 개인 숙련도를 요하며(환경적 요인과 숙련도 차이에 따른 시간허비), 낚시 준비하기도 바쁜 시간에 찌맞춤 하는데 시간을 허비해야 한다.
또 한 가지 문제는 부력이 너무 가벼워 오링을 추가 가감해야 한다.
수조에서 찌맞춤한 '무 바늘 찌톱 기준 수조 정밀 찌맞춤값' 보다 찌톱기준 약 3~5마디 이상 가볍게 찌맞춤 되기 때문에 많은 부작용이 발생한다. 다시 말해서 지나치게 부력이 가벼워지므로 득보다 실이 많다. 이를 해결하려면 최소한 찌톱 3마디 이상의 무게에 해당 되는 오링을 추가 가감해야 한다. 결국 '무 바늘 찌톱 기준 수조정밀 찌맞춤'과 근접한 '부력'이 되므로 불필요하게 아까운 시간을 찌맞춤 한다고 현장에서 소비해야 할 이유가 없어진다.

위의 변천 과정은 필자의 발표 내용을 수박 겉핥기식으로 검토하다 보니 답습하듯 급하게 바뀐 느낌을 애써 지울 수 없다. 어찌 되었든 이론적 원천 지식을 의심하게 하는 찌맞춤법 변천 과정을 쭉 지켜본 필자로서 참으로 답답하기 짝이 없었던 기간이다.

결론적으로 '1년 평균 가장 적절한 부상력값'은 장소, 계절, 수심, 어종에 관계없이 잦은 입질 빈도수를 보장받을 수 있어야 하며, 동시에 고품질의 찌올림을 실현시켜야 하고, 헛챔질, 지저분한 입질 등이 최소화되는 '부상력값'이 되어야 한다. 간혹 붕어의 활성도가 미약해지면 오링을 가감하여 부력에 변화를 주거나 각종 운용술을 병행하면 된다.

▶ 대한어르신체육협회 장현호 선생의 글 인용

초보자들에게 있어 찌맞춤은 가장 어려운 난제(難題)라고 할 수 있습니다. 특히 떡밥낚시 찌맞춤은 여러 가지 상황에 따라 달라지고 선택되기 때문에 초보자들 입장에서는 골치 아픈 일이 아닐 수 없습니다.
예를 들어 수평 찌맞춤, 표준 찌맞춤, 마이너스 찌맞춤, 영점 찌맞춤이 어떻게 시작되었고, **어느**

정도의 무게감을 의미하는 찌맞춤인지 알게 되면 좀 더 쉽게 이해할 수 있을 것입니다. 그리고 낚시환경과 조건에 따라 어떤 찌맞춤을 사용할 것인지 선택하기도 좋을 것입니다. 더불어 찌맞춤에 따른 문제점과 주의사항을 교육하기 위한 참고 자료로 찌맞춤 도표와 이론은 반드시 필요합니다.

특히 전문가들의 경우 언론사에 기고를 하거나 연구 자료를 발표할 때 정확한 명칭을 사용함으로써 일반낚시인과 소통을 원활히 할 수 있어야 합니다. 이를 위해서 상호 표준이 될 수 있는 찌맞춤 도표가 필요한 것입니다. 또한 우리나라 낚시 기법은 세계적으로 찾아볼 수 없는 찌올림의 미학을 추구하고 있기 때문에 체계적인 접근을 통해서 다른 국가에 보급할 수 있는 길이 열릴 수 있기를 바랍니다.

⑤ 모든 문제를 찌맞춤 하나에 국한하지 말자

▶ 찌맞춤도 원인 중의 하나일 뿐, 각종 운용술이 뒷받침되어야 한다.

출조 당일, 입질 빈도수나 찌올림 폭이 저조하고 헛챔질이 발생하면 경험이 적은 초보자는 문제를 해결하기 위해 찌맞춤을 최우선 순위로 둘 것이고, 이에 대해 강한 집착을 보일 것이다.

물론 찌맞춤도 여러 원인 중의 하나이기 때문에 처음부터 배제하는 것은 올바른 처방은 아닐 수 있지만, 장소에 관계없이**(수조든 현장이든) 최초 찌맞춤 한 부상력값의 기준점을 정확히 실현시켰다면**(찌맞춤에 문제가 없다면) 우선 다른 원인이 무엇인지 생각해 보고, 문제 해결을 위한 실마리를 찾아보기 바란다.

그렇다면 문제 해결의 실마리를 어떻게 찾아야 할까?

출조 전 우선 찌맞춤 이상의 관심을 가져야 할 요점은 무엇일까? 첫째 낚시터 선정 (최근 조황, 자원 확인)에 신중을 기하기 바란다. 둘째 포인트 선정, 입질 시간대 파악, 붕어를 모아 경쟁시키고, 입질을 받아 낼 수 있는 떡밥운용술과 채비운용술(원줄, 바늘, 목줄, 찌의 선택) 능력 보유 등의 순서로서 정확한 정보와 기술은 확연한 조과와 찌올림 품질에 차이가 날 수밖에 없음을 이해하자. 그래도 문제를 찾지 못한다면 마지막 단계로 오링 가감을 통해 부력에 변화를 주기 바란다(〈Ⅱ. 찌맞춤법〉 단원 참고).

몇 가지 예를 들어서 이해를 돕고자 한다.

예 (1) 똑같은 찌맞춤법으로 옆 사람은 어획량이 좋은데 본인은 재미를 못 본다면?

결국 기술이 부족한 것이지, 찌맞춤과는 아무런 관련이 없다는 뜻이다. 최첨단 찌맞춤법과 가장 비싼 떡밥, 채비, 소품 등 각종 고급 장비를 갖추었어도 운용 능력이나 판단 능력 등 각종 운용술이 미흡하다면 그만큼 실효를 거둘 수 없다는 뜻이다.

우선순위?

→ 낚시터 선정과 포인트 분석 능력: 출조 전 낚시터 선정에 있어서 계절을 감안하여 전년도 통계 자료를 검토한다(정보 수집이 우선이다). 정보 수집을 통해 개체수가 확인된 낚시터를 선택하였다면, 반드시 좋은 자리에 앉아야 한다. 다시 말해서 사전 정보를 기초로 현장을 두루 살펴보거나 현지인이나 출조객의 도움을 받아 현장에서 또다시 정보를 수집하여 **포인트 선정에 가장 많은 시간을 투자**하라는 뜻이다. 이와 같은 활동을 하는 이유는 선택한 낚시터나 포인트에 붕어가 없다면 속된 말로 맨땅에 헤딩하는 꼴이 되기 때문이다.

→ 자신의 실력을 너무 과신하지 마라: 과거와 달리 각종 미디어 환경이 변화하여 너나 할 것 없이 모두가 전문가인 시대가 되었다. 필자가 비록 남들보다 먼저 무바늘 찌톱 기준 찌맞춤의 원리를 발표하였다고 하여 최고의 실력자가 아니라는 뜻이다. 재야에는 숨은 고수들이 차고 넘친다. 찌맞춤법, 떡밥운용술, 채비운용술, 감각(촉, 기량), 포인트 무엇 하나 중요하지 않은 것이 없다. 모르면 배워라! 자존심을 버리고 실력이 좋은 낚시인에게 질문하라!

→ 떡밥운용술, 채비운용능력: 개인 운용 능력에 따라 찌올림 품질폭과 어획량은 당연히 차이가 날 수밖에 없다. 당일 낚시터의 기온, 바람, 수온, 활성도, 장소, 수심, 잡어의 유무 등의 현장 상황을 잘 파악하였다면, 이에 따른 떡밥운용술(붕어가 미

끼를 먹게 하는 기술)이 가장 중요하다.

다음 단계로 원줄의 굵기나 바늘의 종류와 크기, 개수, 채비의 구조(종류), 찌의 선택 등 채비운용술을 통해 문제를 해결해 나가야 한다.

예 (2) 같은 조건의 장소(포인트)와 시간에 동행인과 똑같은 수조 찌맞춤법, 똑같은 제원(회사)의 찌를 사용하였는데, 동행인은 찌올림 폭이 좋고 예쁘게 올라오지만 본인은 그렇지 않다면?

→ 동행인으로부터 자리를 양보받아 똑같은 포인트에 앉아 낚시를 하지만 본인은 찌올림 폭도 좁고, 찌가 버벅거리거나 빨리는 입질, 헛챔질이 많이 발생하여 애를 먹는다면? 결국 떡밥운용술, 채비운용력이 부족하다는 뜻이다.

→ 초보자의 공통점은?

모든 문제의 원인을 찌맞춤 하나에 결부시킨다.

→ 개인 기량이란?

동호인끼리도 어획량, 입질 빈도수의 차이는 개인 기량에 따라 달라진다. 찌의 선택, 떡밥운용술(집어 능력, 부착법, 점성, 배합 비율, 떡밥의 선택 등), 채비운용력, 포인트 잡기(낚싯대 배치 포함) 등 솜씨에 따라 결과는 달라지기 마련이다.

정리하자면 찌맞춤이 낚시 원리의 기본이긴 하나 모든 문제를 애꿎은 찌맞춤 하나에 연연하지 말고, 현장 운용(채비, 떡밥) 능력을 우선 키우라는 뜻이다.

동행인과 같은 수조 찌맞춤법, 같은 채비·떡밥, 같은 포인트인데 왜! 어획량, 찌올림에서 차이가 날까?

(3) 수심 맞추기

① 수심 맞추기의 목적은 채비의 안착

전통올림낚시의 가장 중요한 요소 중의 하나는 '봉돌의 안착'이다. 그림과 같이 찌톱을 수면 위로 최소 반 마디에서 한 마디 이상 올려놓고 낚시하는 이유는 **채비(봉돌)의 안착'이 가장 큰 목적**이기 때문이다.

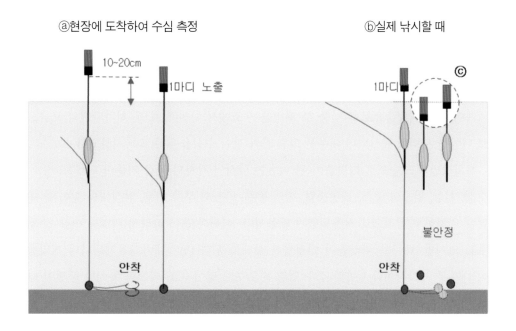

현장에 도착하면 위 그림 ⓐ와 같이 찌톱 2~3마디가 수면에 노출되도록 1차 수심 맞춤을 한다. 미세 조정을 통해 최종적으로는 그림 ⓑ와 같이 **찌톱 1마디 부분이 수면과 일치되도록 하면 1년 평균 가장 적절한 수심 맞춤 상태**가 된다. 주간에는 찌톱 1마디(약2~3m 수심), 야간에는 반 마디가 노출되도록 수심 맞춤을 하고 수심이 깊어지거나 조류가 발생하면 반 마디에서 1마디 정도 더 노출시켜도 무방하다(최고 2마디 이내).

▶ 그림 ⓒ의 설명

• 부력이 무거울 경우의 수심 맞추기(표준·수평 케미 기준 찌맞춤법의 수심 맞추기)

당시(표준 찌맞춤법이 정석이던 시절)에는 부력이 무거웠기에 올바른 방법이라 할 수 있으며, 표면장력에도 비교적 자유로웠다. 좋은 예로 표준·수평 찌맞춤낚시 채비의 부력을 측정해 보기 위하여 채비를 수조에 넣어 보거나 현장에 투척해 보면 봉돌이 바닥에 '쿵' 하고 떨어질 정도로 매우 무겁다. 따라서 부력이 무거운 표준·수평 찌맞춤 낚시는 그림 ⓒ와 같이 수심 맞춤하는 것이 더 유리하다. 특히 무거운 찌맞춤이 유리한 대물낚시에서 야간낚시를 할 때 케미컬라이트로 인한 빛 그림자의 불편함이 최소화된다.

• 부력이 어정쩡한 케미 기준 찌맞춤 낚시의 수심 맞추기

케미 기준 찌맞춤으로 찌맞춤 한 채비를 수조에서 확인해 보면, 천차만별의 모습으로 다양한 부력이 표시되며 대부분 그림 ⓒ와 같이 수심을 맞추고 낚시하였다.

천차만별의 모습으로 찌맞춤이 된 이유는 낚시인 각자의 **육감 기준**이 다르고, 장소, 수심, 기상, 원줄의 종류, 표면장력, 찌의 종류, 바늘의 부착 여부, 낚싯대의 길이 등 수많은 원인이 복합적으로 작용되었기 때문이다. 어쩌다 운이 따라서 찌맞춤이 잘 된 경우도 있지만, 대부분 찌맞춤이 어정쩡한 상태가 된다.(낚싯대마다 = 채비마다 찌맞춤이 대부분 제각각이다.) 이럴 경우 입질 빈도수도 떨어지고, 찌올림 폭이나 품질이 만족스럽지 못하다 보니 엉뚱하게도 채비, 떡밥, 찌, 표면장력 등 찌맞춤 외의 요인을 탓하기 마련이었다. 다시 말해서 표면장력을 비롯하여 다른 원인으로 인하여 붕어가 찌를 못 올린 것이 아니라 찌맞춤 자체에 문제가 있었던 것이다. 본 단원은 기법 자체에 문제가 많기 때문에 더 이상 다루지 않기로 한다.

• 부력이 가벼울 경우(무바늘 찌톱 기준 정밀 찌맞춤법 수심 맞추기)

지금도 자주 목격하지만 10년 전만 하여도 낚시터에 가면 누구나 할 것 없이 그림 속의 ⓒ와 같이 수심을 맞추고 낚시하였다. 과거에는 찌맞춤이 무거웠기 때문에 그림 ⓒ

처럼 수심 맞춤하는 편이 유리하게 작용하였기 때문이다.

현재는 현장이나 수조에 관계없이 '무바늘 찌톱 한 마디 기준 정밀 찌맞춤'을 한 채비는 부력이 굉장히 가볍기 때문에, 봉돌(채비)의 **안정적인 바닥 안착**을 위하여 찌톱을 1마디 이상 내놓고 낚시하는 1차 목적이 된다. 1차 목적이 된 이유는 수조, 현장에 관계없이 현재의 '무바늘 찌톱 한 마디 찌맞춤'은 과거에 비하여 굉장히 **가벼운 찌맞춤법**이기 때문이다. 다시 말해서 봉돌이 최적화된 부상력값으로 **바닥에 아슬아슬하게 닿아 있다**는 뜻이다. 그렇기 때문에 그림 ⓒ처럼 수심을 맞추게 된다면, 봉돌이 바닥에 **불안정하게 안착**되거나 초보자의 경우 자칫 봉돌을 바닥에서 **띄우게** 된다. 이렇게 될 경우 빨리거나 솟구치는 입질, 지저분한 입질 등이 들어올 확률이 매우 높아지며, 심할 경우 사각지대로 인하여 입질을 전혀 읽어 내지 못할 수도 있다.

그렇지만 이론과 달리 현실은 늘 변수(가변적 요인과 활성도)가 있기 마련이다. 낚시 진행 중 찌톱의 노출 정도에 따라 틀림없이 입질 패턴이 다르게 표현되는 것을 알 수 있는데, 그 이유는 가변적 요인과 활성도에 따라 입질 패턴이 달라지기 때문이다. 예를 들어서 수류가 심하면 채비의 불안정이 문제가 될 수 있기 때문에 찌톱을 1마디 정도 더 내놓고 낚시해야 한다. 만약 활성도가 왕성하다면 찌톱을 많이 내놓고 낚시하는 것보다는 사각지대를 활용하는 것이 좋다. 쉽게 말해서 찌톱을 그림 속의 ⓒ와 같이 수심을 맞추면 봉돌이 바닥에 불안정하게 닿거나 심할 경우 간격이 발생하는데, 약간의 사각지대(5㎜~1㎝ 이내로 봉돌이 바닥에서 떠 있는 간격)가 붕어의 입질을 감쇄해 주는 역할을 한다. 참고로 붕어의 활성도가 왕성하면 헛챔질이 많이 발생하고, 이때 그림의 ⓒ와 같이 수심을 맞추면 헛챔질이 획기적으로 개선될 때도 많았다.

반대로 활성도가 미약할 때 ⓒ와 같이 수심을 맞추면 표면장력의 영향이 발생하겠지만, 그것보다 채비의 불안정한 바닥 안착이 더 문제가 되어(사각지대 발생) 입질을 전혀 읽어 내지 못할 수 있음을 반드시 이해해야 한다. 다시 말해서 이때는 표면장력 때문에 붕어가 찌를 못 올리는 것이 아니라 사각지대로 인하여 붕어가 이물감을 빨리 느끼게 되어 미끼를 조기에 뱉어 버리기 때문이다.

그 외로 수심이 깊을수록 찌톱을 많이 내놓고, 얕을수록 적게 노출시킨다. 찌톱이 가늘면 많이 내놓고, 두꺼우면 조금만 내놓는다. 입질 패턴을 파악하여 가장 잘 작동하는 노출 부위를 찾아간다.

정리하자면 필자가 찌톱 1마디 내놓고 낚시를 하라고 하였다. 하여 무조건 그렇게 하라는 뜻이 아니니 찌톱 1마디 부분을 기준으로 그날 상황을 면밀히 분석하여 가장 잘 작동하는 찌톱 노출 정도를 판단하기 바란다. 이외에 부력이 아주 가벼울 경우(마이너스 찌맞춤 낚시의 수심 맞추기)가 있는데, 본서에서는 다루지 않기로 한다.

② 찌톱을 노출시켜 부력을 무겁게 한다?

일부에서는 찌톱을 노출시켜 부력을 무겁게 한다는 주장이 있는데, 이것은 매우 잘못된 상식이다. 찌톱을 수면 위로 많이 올려놓으면 놓을수록 채비는 **안정적으로 바닥에 닿게 되는 것**은 사실이지만, 한번 맞춰진 부상력 기준값이 변한(불변不變) 것은 아니기 때문이다. 다시 말해서 현장 찌맞춤은 수조 찌맞춤보다 최소한 찌톱 2~5마디 정도 더 가벼운 부상력값이다. 이를 해결하기 위하여 찌톱을 3마디 이상 내놓고 낚시하는 것은 매우 잘못된 행위라는 것이다. **결국 현장 찌맞춤의 가벼움을 조금이나마 상쇄시키려는 의도인 듯하다.** 하지만 찌톱을 많이 노출시켰으므로, 봉돌이 바닥에 안정적으로 안착된 것은 사실이나 부력이 변한 것은 아니다.

예를 들어서 찌톱 1마디 기준이 아닌 찌톱 2마디를 기준으로 찌맞춤 하였다고 가정하자 이렇게 되면 당연히 부력은 2마디 기준에 맞게 찌맞춤 되었을 것이다. 이때 찌톱 2~3마디 또는 더 이상 노출되도록 수심을 맞춘다고 하여도 부력이 무거워지는 것은 아니라는 뜻이다.

　결론적으로 **봉돌을 제거하거나 추가하는 것은 부력이 변하는 것이 맞지만 찌톱의 노출 정도에 따라 부력이 변한다는 말은 잘못된 주장**이라 하겠다.

③ 사선 입수

　수심 맞춤할 때 바늘에 미끼나 고무지우개를 달지 않기를 바란다. 순수 채비 무게로 수심 맞춤을 완성하고, 낚시를 진행하면서 정확한 수심을 찾기 바란다. 그 외의 사선 입수에 대한 정보와 지식은 이미 차고 넘치기 때문에, 필자는 다루지 않기로 한다. 다만 사선 입수의 중요성을 잘 이해하여 채비가 최대한 사선 입수가 되지 않도록 하자.

(4) 수조통 구입하기

① 수조 찌맞춤의 장점과 수조통 구입

수조 찌맞춤의 장점은 **편리성과 정밀성(정확도)**, 직접 보고 확인할 수 있는 **신뢰성**에 있다. 즉 초보자나 경력자나 실수를 최소화하자는 의미다. 다시 말해서 낚시인이 육안으로 직접 물속 상황을 관찰하며 정밀하게 찌맞춤 할 수 있기 때문에 신뢰할 수 있다는 뜻이며, 미심쩍은 현장 맞춤과 수조와의 오차 범위를 육안으로 확인할 수 있다. 이토록 편리하고 정확한 수조 맞춤을 통해 집에서도 낚시의 즐거움을 느껴 보기 바란다.

고가의 투명 대형 수조통을 구입하기 곤란하다면 공업용 플라스틱 중고 드럼통(2~3만 원)이나 생수통을 연결하여 제작하면 비용을 절감할 수 있다. 물통의 높이는 최소한 1미터 이상 폭은 최소 30㎝ 이상으로 넓으면 넓을수록 좋다.

수조통이 깊으면 80㎝~1m 이상의 장찌도 찌맞춤이 가능하고, 폭이 넓으면 세팅된 낚싯대를 통 위에 올려놓고 찌맞춤(부력) 상태를 다시 확인(낚시 후 찌맞춤이 의심스러운 채비가 있다면)하거나 새롭게 찌맞춤을 할 수 있어 편리하며 원줄도 최대한 자유롭게 입수시켜 정밀한 찌맞춤이 가능하다.

② 수조 구입과 관련하여 낚시인들이 가장 많이 하는 질문

낚시인 질문 (1): 현장에서도 수조 맞춤과 동일한 부력 기준점을 실현시킬 수 있을까요?
답변: 과거와 달리 이제는 가능합니다!

첫째 필자가 찌맞춤 이론을 정식으로 발표한 덕분에, 현재는 낚시 전문가들에 의하여 현장 찌맞춤법도 과거와 달리 매우 정교해졌습니다. 다시 말해서 가는 길은 달라도 (찌맞춤 방식은 달라도) **목적지는 같아졌다**는 뜻입니다. 오른쪽으로 가든 왼쪽으로 가든 최종 목적지(정확한 부력값)를 찾을 수 있다는 뜻이기도 합니다. 다만 전제 조건으로 현장 찌맞춤 과정이 정확해야 합니다. 이런 정확도의 차이는 개개인의 숙련도나 이해력, 환경조건이 변수로 작용하겠습니다.

둘째, 수조와 동일한 환경조건이라면 현장에서도 수조와 동일한 방법으로 찌맞춤 하면 됩니다. 이때의 환경조건이 수상 좌대와 같이 수면과 직접 맞닿을 수 있는 거리라면 채비를 포인트에 직접 투척하는 방법보다 효과가 훨씬 뛰어나며 '1년 평균 가장 적절한 부상력값'에 근접합니다(아래 사진 참고).

※ 필자가 현장 찌맞춤을 권장하지 않은 이유를 본서에 충분히 설명하였지만 간략하게 그 당위성 중 하나만 이야기하고자 한다.

유료 낚시터든 자연 낚시터든 낚시터에 도착하여 찌맞춤 하는 데 시간을 허비하지 말자는 뜻이다. 집에서 소일거리로 찌맞춤 하고 장비를 점검하는 것도 또 다른 낚시의 행위이자 재미이며, 무엇보다도 3불(불편한, 불확실성, 불필요)한 현장 찌맞춤 행위로 아까운 시간을 허비하지 말자는 뜻이다.

시연: 전통올림낚시 동호회 카페 전용찬 운영자

질문 (2): 수조통을 반드시 폭 30㎝ 이상 깊이 1m 이상의 대형 수조를 구입해야 하나요?

답변: 반드시 그런 것은 아니나(필자는 반드시 폭 40㎝, 깊이 1m의 수조를 사용한다) 수조통의 깊이가 최소한 1미터 이상은 되어야 하는 이유는 찌의 길이 때문입니다. 최소한 30㎝ 이상 되는 폭이 넓은 제품을 구입하라는 이유는 편리성과 정확성 때문입니다. 여러 여건상 고가의 대형 수조통를 구입하기 어렵거나 공간이 협소하다면 최소한 폭 25㎝ 이상의 합성수지 수조통을 구입하셔도 됩니다. 수조가 작아도 (초보자나 감각이 둔한 사람도) 현장에서 찌맞춤 하는 것보다 훨씬 정확도가 높기 때문입니다. 그렇지만 넓으면 넓을수록 정확하게 찌맞춤 될 것입니다.

▶ 내리사랑, 사진은 필자를 극진히 아껴 주신 선배 낚시인으로부터 선물 받은 대형 수조통이다.

(5) 집중분석, 현장 찌맞춤과 수조 찌맞춤(현장 찌맞춤 vs 수조 찌맞춤)

본 단원은 지난 10년간 필자와 일부 낚시인들 사이에서 극명한 견해 차이가 있었던 내용이며, 현재도 진행형이다.

▶ 일부낚시인의 주장은?

일부 낚시인들의 반대 주장은? 수조물과 현장의 물은 서로 다른 성질의 차이가 있다. 성질의 차이란? 낚시터의 물은 실내 수조에 저장된 물과 달리 수온, 밀도, 탁도, 수압, 염도, 아파트의 저층과 고층의 차이에 따른 기압, 지하와 지상의 기압 차이, 염소 성분(수돗물과 자연수의 차이) 등이 원인이 되어 수조에서 아무리 정교하게 찌맞춤 하여도 현장에 가면 시간 변화에 따라 부력이 수시로 변동한다. 즉 찌가 스스로 가벼워지거나 무거워져서 오르락내리락한다는 것이 일부 낚시인의 추론이자 필자가 오랜 세월 온·오프라인 매체를 통해 귀가 따갑게 보고 들은 오래된 낚시 이론이다.

▶ 필자의 주장은?

필자도 수온이 변하면 밀도가 변하고 이런 변화(부력이 변동할 만한 자연발생적 요인)에 따라 수축·팽창 작용이 발생하므로 부력이 변동하는 것은 **당연한 이치**다. 인정하면서도 필자는 늘 걱정할 필요가 없음을 강조해 왔다.

2007년 발간한 단행본과 블로그, 카페, 낚시 포털사이트를 통해 그것은 상황, 즉 시간, 수온 등 자연현상에 따라 붕어의 활성도(생체리듬)에 변화가 생겨서 찌올림의 폭에 문제가 생기거나 입질 빈도수가 달라지는 것이 우선이지, 이런 자연발생적 요인 때문에 부력이 가벼워지거나 무거워져서 찌올림 폭에 문제가 발생하는 것은 미미한 변동폭이기 때문에 **전통올림낚시에서는 무시해도 된다**는 주장을 해 왔다. 다시 말해서 수조와 현장 간의 부력 변동 요인은? 가변적 요인(외적 요인), 환경적 요인이 고루 작용한 것이지 적어도 봉돌이 바닥에 닿는 전통올림낚시에서는 자연현상 때문이 아니라는 것이다(〈Ⅰ.2.(2)② 시간, 수온(계절)에 따른 붕어의 활성도 변화를 이해하자〉 단원 참고).

▶ 현재에 와서 양측의 입장 차이와 필자의 입장은?

현재도 서로 간에 이견을 좁히지 못하는 차이는 있지만, 약 십여 년간의 찌맞춤 변천사를 통해서 일반인들 사이에서도 현재는 매우 유능한 수조 찌맞춤 전문낚시인들이 양성된 상태이고, 전문낚시업 종사자분들의 인식에서도 많은 발전이 있었다. 그렇다 보니 이분들에 의하여 현재는 현장 찌맞춤과 수조 찌맞춤의 부력값 차이는 '0'에 가깝게 서로의 입장이 많이 좁혀진 상태다.

필자의 경우도 반드시 꼭 수조에서만 정확한 찌맞춤을 완성시킬 수 있다는 주장은 아니다. 결국 현장 찌맞춤법도 방법만 올바르다면 수조와 마찬가지로 정확한 부상력 기준값을 찾을 수 있다는 뜻이고, 괄목할 만한 찌맞춤법 발전에 기여한 필자로서는 뿌듯한 마음뿐이다. 어찌 되었든 수조에서 찌맞춤하든 현장에서 찌맞춤하든 선택은 **각자의 몫**이다.

자! 이제 서로 간의 주장은 방법론과 인식의 차이일 뿐이므로, 일부 낚시를 업으로 하는 전문 낚시인들도 여전히 버리지 못하는 배타적이고 자존심만을 내세우는 마음에서 벗어나, 이제 세월이 많이 흘렀으므로 낚시인들을 섬기는 마음으로(그분들의 낚시 인생을 위하여) 인정할 것은 인정하고 협력하여 우리식 전통붕어낚시를 발전시켜 나가야 할 시기라 본다.

① 수조 실험 Ⓐ

만약 가상으로 수조 실험 Ⓐ처럼 순수 부력 물체(부양체)를 수조 중앙에 띄울 수만 있다면 띄었다고 가정하자. 이때 부양체의 몸통에 칠을 입히지 않은 상태에서 방수가 가능하다고 **가정**하자. 이 상태에서 인위적으로 수조에 얼음물과 뜨거운 물을 교차하여 부어 수온에 변화를 주고, 수돗물보다 탁도가 높은 현장의 물로 교체하여 물의 탁도도 높이는 실험을 해 보자. 실험 결과는 어떻게 되었을까?

잠깐! 실험을 통한 중점 연구 과제

첫째, 수온은 수시로 변하지만 수조에서 한 번 맞춰진 **기준점(기본값)은 변하지 않는다. 그렇지만** 자연발생적 요인(온도, 밀도, 수압, 팽창, 수축)에 따라 부력 변동이 발생한다고 가정하였을 때 **그 변동폭이 어느 정도의 크기인지** 알 수 있다면 문제는 간단히 해결되지 않을까?

둘째, **붕어의 생존 가능한 수온은?** 4~30℃라 가정하자. 만약 0℃ 이하가 되어 물이 얼어 버린다거나 30℃ 이상이 되면 용존산소량 부족으로 붕어는 생존이 어려울 것이다. 결국 4~30℃ 사이의 부력 변동폭의 수치와 실제로 변동하는 폭을 알게 되면 문제 해결이 가능하지 않을까?

수조에서 가상실험(수온에 따라서 부력이 변동할까?)

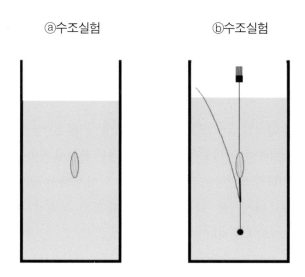

ⓐ수조실험 　　　　　　　ⓑ수조실험

증명: 수조 실험 ⓐ는 순수 부력체(부양체)를 수조 중앙에 띄울 방법이 없기에 현실적으로 불가능한 실험이므로 **상상으로 가상 실험을 진행**해 보자.

순수 부력 물체인 몸통(부양체)에는 침력으로 작용하는 칠(방수막, 보호막)이나 기타 부속물인 찌다리, 찌고무, 원줄, 봉돌, 케미꽂이, 케미컬라이트, 목줄, 바늘 등 침력(내려가려는 힘)으로 작용하는 소품이 부착되어 있지 않으므로 언뜻 수온이 변하면 부력이 변할 것 같은 생각이 든다. 문제는 부력 변동 여부에 관계없이 순수 부양체만으로는 낚시 자체가 불가능하다는 것을 우선 기억하자. 다시 말해서 순수 부양체만으로 수온이나 탁도 등 여러 자연현상에 따라 **부력이 변동한다는 이론을 인정**한다고 하더라도 현장의 낚시터에서는 몸통(부양체)에 침력으로 작용하는 보호막과 여러 장치물을 부착해야 낚시가 가능할 것이다. 결국 수조 실험 Ⓐ는 현실적으로는 불가능한 낚시이기에 실험실에서나 가능한 비현실적인 상상에 불과할 뿐이므로 현장에 적용시킬 수 없다고 본다. 즉, 수조 실험에서 순수 부양체는 가벼워지거나 무거워졌다고 하여도 현실과 다른 실험이다.

정리하자면 수조 실험 Ⓐ의 실험으로 만약 부력이 변동하였다고 가정하더라도 순수 몸통에 칠을 도포하고, 바늘, 목줄, 봉돌, 원줄, 찌 등을 장착한다면 과연 상상 속 실험 Ⓐ처럼 현장에서도 부력이 변동할까?

② 수조 실험 Ⓑ

그림의 수조 실험 Ⓑ처럼 순수 부양체에 찌톱, 몸통 칠(보호막 = 방수막), 찌다리, 찌고무, 원줄, 봉돌, 케미꽂이, 케미컬라이트 등을 부착한 완성된 채비를 찌톱 1마디 부분이 수조 수면과 일치하게 찌맞춤이 완성된 상태다. 다시 말해서 필자가 발표한 방법으로 찌맞춤을 완성하여 낚시터에 가서 바늘과 미끼만 달면 즉시 낚시가 가능한 채비 구성이자 찌맞춤(수조상의 무중력) 상태이다.

㉠ 탁도에 대한 증명(탁도 변화에 따라 부력이 변한다?)

저수지(계곡형, 평지형, 댐), 강, 늪지, 수로, 웅덩이 등 서로 다른 낚시터마다 계절, 수온, 여러 외적 환경요인 등이 원인이 되어 물의 탁도가 서로 다르고, 이로 인하여 부력에 영향을 미친다는 것에는 필자도 원칙적으로 인정한다. 그렇지만 부력에 미치는 탁도의 영향은 상징적 수준으로서 무시할 정도이거나 다른 측면으로 접근해야 한다는 것이 필자의 주장이다.

　다시 한번 부탁하고자 한다. 본 주제를 접근함에 있어서(모든 주제 포함) 필자의 경험을 토대로 정당한 이유를 설명할 것이므로, 일부의 낚시인들도 고정관념이나 배타적인 마음에서 벗어나 서로 의견을 청취하고 **추론보다는 증명을 통해 동의 또는 반론을 내세우자는 것**이다. 어찌 되었든 판단은 각자의 몫이다.

　설명에 앞서 한 가지 실험을 제안하고자 한다.

　실험 방법은 우선 수조에 수돗물을 가득 채운 후, 필자의 방법으로 수조에서 정밀 찌맞춤을 완성한다. 다시 수조의 물을 현장의 물로 완전히 교체하여 부력에 변동이 있는지 확인해 보자. 이때 여건이 된다면 1년간 다양한 낚시터의 실험 데이터를 수집해 보기 바란다. 과연 실험 결과는 어떻게 되었을까?

탁도의 구분을 편의상 크게 1, 2, 3, 4도로 나누자.

1 탁도: 1 탁도는 바닥이 보일 정도로 아주 깨끗하고 투명도가 맑은 개울의 보, 강 상류의 웅덩이, 맑은 자연 저수지(계곡지, 댐), 수로, 강 등을 1도라 가정하자. 마찬가지로 실내 수조의 물도 1도라 가정하자.

2 탁도: 2 탁도는 오염원이 전혀 없거나 오염되지 않아 물은 맑아 보이지만 바닥이 보이지 않는 자연 저수지(계곡지, 댐), 평지형 저수지, 웅덩이, 수로, 강 등의 맑은 물을 2도라 가정하자.

3 탁도: 혼탁도가 높은 낚시터는 물의 유입수가 적고, 축사, 민가 등 외부적 요인과 상대적으로 수온이 높아 녹조가 심한 낚시터, 평지형 저수지, 늪지형 저수지, 상류 오염원이 많은 저수지, 떡밥 사용량이 많은 유료낚시터 등 물색이 초콜릿 수준의 낚시터를 3도라 가정하자.

4 탁도: 변수로는 장마철 황토의 유입으로 인하여 물의 탁도가 굉장히 심하여 작은
　　　황토 입자가 찌의 몸통을 비롯하여 모든 부속물에 흡착된다. 입자의 무게가
　　　일반적인 탁도와는 비교할 수 없을 정도로 무겁기 때문에 틀림없이 필자도
　　　부력에 지장을 줄 것이라 생각한다. 이런 탁도를 4도라 가정하자.

　이렇듯 탁도로 인하여 미립자 등이 찌의 몸통이나 부속물 등에 흡착되어 혹시나 부
력이 무거워지는 것이 아닌가를 염려하는 것이다. 낚시인들은 이런 염려 때문에(온도,
탁도, 염도 등 여러 자연발생적이 요인을 극복해야 한다는 이유로) 현장에서 찌맞춤 하
는 것을 원칙이자 정설로 여겨 왔으며 언뜻 그럴싸한 주장임에 틀림없어 보여서 필자
도 한때는 그렇게 생각하였다.

　여기서 필자가 질문하고자 한다.
　1 탁도~2 탁도 사이의 부력 차이는?
　1 탁도~3 탁도 사이의 부력 차이는?
　1 탁도~4 탁도 사이의 부력 차이는?
　2 탁도~3 탁도 사이의 부력 차이는?
　3 탁도~4 탁도 사이의 부력 차이는?
　과연 어느 정도의 차이가 발생한다는 것일까?

　찌톱의 굵기가 가늘 경우 약 0.4파이~0.5파이가 된다. 찌톱 1마디 길이를 2.5㎝라 하
였을 때 과연 그렇다면 1, 2, 3, 4 각각의 탁도에 따라서 부력이 어느 정도 차이가 난다
는 것인지? 현장에 가서 육안으로 1, 2, 3, 4 각각의 탁도 차이를 어떻게 가늠한다는 것
인가?
　예를 들어서 1 탁도의 물에서 찌톱 3마디를 기준으로 찌맞춤을 완성한 후 3 탁도의
물에 넣어 보면(확인하면) 혼탁도로 인하여 찌가 1~3마디 무거워진다는 뜻인가? 반대
로 3 탁도의 물에서 찌톱 1마디 부분과 물 수면이 일치하게 찌맞춤을 완성하여 1 탁도
의 물에 넣으면 찌톱이 1~3마디 정도 상승한다는(가벼워진다는) 뜻인가?

아래의 도표는 0~29℃까지의 수온(밀도) 차이값이다.

온도(℃) < ?	밀도(g/mL)	온도(℃)	밀도(g/mL)
0	0.99984	16	0.999895
1	0.99990	17	0.999878
2	0.99994	18	0.99860
3	0.99994	19	0.99841
4	0.99998	20	0.99821
5	0.99997	21	0.99800
6	0.99994	22	0.99777
7	0.99990	23	0.99754
8	0.99985	24	0.99730
9	0.99978	25	0.99705
10	0.99970	26	0.99679
11	0.99961	27	0.99652
12	0.99950	28	0.99624
13	0.99938	29	0.99599

위 도표는 인터넷에서 수집한 자료이다. 혹시라도 위 도표의 수온에 따른 밀도의 차이 값이 정확하지 않다고 하더라도 소수점 단위로서 **인간의 육안으로는 도저히 측정이 불가한 수치라는 정도만 이해하자. 이렇듯 수온, 탁도 등 두 가지만 보고 이야기를 전개해 나간다고 하더라도 수온 변화에 따른 부력 변동폭과 탁도 변화에 따른 부력 변동폭은 인간의 육안으로는 사실상 식별이 불가능하다는 것이다.**

한 가지 난센스는 수온, 탁도에 의하여 변동된 부력폭을(오차 범위를) 오링 가감을 통해 교정하겠다는 발상이다. **오링 가감은 붕어의 활성도에 따라서 부력을 무겁게 할 것인가? 가볍게 할 것인가? 등 그날 상황에 맞는 적절한 부력을 고민할 때 활용하는 것임을 기억**하고 내가 스스로 파놓은 함정에 빠지는 딜레마에서 벗어나자는 것이다. 내가 스스로 파놓은 함정이란? 수온, 밀도, 탁도, 염도, 수돗물과 현장물의 차이, 수압, 기타 등등 이런 것들 때문에 봉돌이 바닥에서 3~9㎝ 이상 오르락내리락한다는 주장에 대해 필자는 도저히 납득이 가지 않는다. **이런 함정은 인간의 지나친 염려와 지식이 지나쳐서**(너무 깊숙이 파고들어) '과유불급'이라 하겠다. 다행히도 현재는 필자가 지난 십여 년간 열심히 활동한 결과인지 모르겠으나 이런 주장이 서서히 없어지고 있는 추세이다. 참고로 현장에서 부력이 변동한 것처럼 보이는 원인은 외적인 간섭(수심, 원줄, 중력가속도, 물방울의 무게, 수류 등) 때문이라는 게 필자의 주장이다. 좋은 예로 수조 찌맞춤 한 채비를 현장의 낚시터에 투척해 보면 수조에서와 달리(찌톱 1마디 부분이 아닌) 수면에 케미꽂이나 케미컬라이트가 잠기게 되는데, 몇 시간이 지나도록 더 이상 떠오르지 않는다는 것이다.

몇 가지 예를 들어서 증명(마무리)하기로 한다.

예 (1) 1 탁도와 2 탁도는 물속에 녹아 있는 미립자가 많지 않아 부력의 차이가 거의 없을 것이다. 그렇지만 평시와 달리 우수기가 되어(저수지가 범람 수준이 되어) 저수지 전체가 온통 황토 물이 되었다고 가정하자. 그런데 **4의 탁도는 물이 황토 물임에도 불구하고 물이 맑은 시기보다 찌올림 폭도 훨씬 좋고 마릿수도 굉장히 좋다는 것은 누구나 아는 사실**이며, 이는 중앙에 있던 붕어들이 상류나 수초 등 연안으로 몰렸기 때문이다. 즉 **탁도보다는 활성도가 우선**이고, 활성도(활성도 = 먹이 활동이 일시적으로 상당히 좋아지는 시기)는 수온 등 계절, 환경적 요인과 시간 변화에 따라서 시시각각 변한다. 특히 우수기에 황토가 유입될 정도로 물색이 혼탁할 경우, 일시적으로 물이 굉장히 혼탁하여 부력도 1~2마디 무거워졌다고 하여도 붕어의 먹이 활동이 굉장히 왕성해지기 때문에 탁도로 인한 부력 감소는 전혀 문제가 되지 않는다. 정리하자면 **무거워진 부력보다 왕성한 활성도가 우선시된다는 뜻**이다.

또한 1년 12개월 중 저수지의 물이 **황토로 변하는 날은 단 며칠뿐이며**, 찌올림이나 마릿수도 좋아졌는데, **황토의 미립자로 인하여 찌의 부력이 무거워졌다고 하여 찌맞춤을 가볍게 한다면 찌올림 폭이나 마릿수가 좋아질까?** 오히려 안정감을 잃어 불안정 안착(봉돌의 안착이 불안정함)될 것이고, 그로 인하여 헛챔질이 심해지고 빨리는 입질이 발생할 것이다. 정리하자면 황토 물로 변한 낚시터의 붕어는 경계심이 약해지고 활성도가 좋아진 상태이므로, 너무 가벼운 찌맞춤은 오히려 독이 되며 평상시 하던 그대로의 채비가(수조 정밀 찌톱 한 마디 상태에서 부력이 좀 더 무거워지는 것이) 더 유리하다는 것이다.

예 (2) 1의 탁도는 주로 계곡지라 수질이 맑은 편이고, 강 상류라면 맑은 물에 서식하는 어종(잡어 = 중태기, 새우, 갈겨니)의 성화도 심할 것이다. 물이 너무 맑다 보니 상대적으로 대상어의 경계심도 강하고, 평균 수온도 낮은 편이며, 평균 씨알도 작은 편이다. 당연히 터가 센 편이다.

반면에 3의 탁도라면 수온이 높은 평지형 저수지나 늪지, 웅덩이, 강, 수로 등일 것이다. 이런 낚시터는 평균 수온이 높아 붕어의 성장 속도도 빠르고, 계곡지에 비하여 먹이 활동도 더 왕성한 편이다. 즉 대상 어종의 먹이 활동(활성도)이 왕성하여 회유 반경이나 회유 빈도수, 포인트에 머무르는 시간도 훨씬 많거나 길 것이다. 따라서 탁도는 높지만, 여러 환경조건이 오히려 붕어의 성장에 도움이 된다.

떡밥을 많이 쓰는 유료 낚시터의 경우는 약간의 변수가 있는데, 떡밥의 과다 사용으로 인하여 고수온기에 접어들면 녹조현상으로 수질 악화와 함께 탁도도 더욱 심해질 것이다. 이렇게 될 경우 우리가 알고 있는 일반 상식은 황토의 미립자와 같은 부유물이 많이 생겨 미립자가 채비에 흡착될 것이고, 이로 인하여 부력이 무거워져 부력을 가볍게 조정해야 할 것으로 생각할 것이다. 다시 말해서 수질이 좋지 않으면 부력이 무거워져서 찌올림 폭에 문제가 생긴다는 이론이 성립되는 것이다. 과연 그럴까? 그렇다면 부력의 변동폭(무거워진 폭)은 과연 어느 정도라는 것인가? 찌톱 1마디 또는 2마디 이상일까?

결국 유료터의 혼탁도는 용존산소량의 감소를 뜻하며, 이런 현상은 붕어의 활성도에 영향을 끼친 것이지 탁도로 인하여 부력이 무거워져서 입질이 까칠해진 것이 아니라는 뜻이다.

결론적으로 탁도 변화에 의한 부력 변동폭보다는 수온 상승에 따른 용존산소량 감소로 인하여 붕어의 활성도(먹이 활동, 회유 반경, 회유 횟수, 유영층, 포인트에 머무르는 시간)에 문제가 발생할 확률이 훨씬 많은 것이지, 탁도로 인하여 부력이 무거워져서 찌올림이 저조해지는 것은 크게 염려할 수준이 아니라는 것이다.

※ 예외 사항으로는 심한 녹조의 미립자나 부유물, 청태 등은 찌올림의 지장을 주는 요인(부력이 무거워지는 요인)이 될 수 있기 때문에 상황에 따라서 포인트를 이동하거나 제거해 줄 필요가 있다.

ⓛ 수온에 대한 증명(수온 변화에 따라 부력이 변한다?)

독자의 이해를 돕고자 인용한 글은 글쓴이의 주관적 판단과 지식이다.

수온과 찌부력의 변화 그리고 대처법[3]

수온은 지구가 만들어내는 자연적인 순환리듬의 하나로 순수자연과학이라 말할 수 있다. 그리고 찌의 부력은 인간의 지혜가 만들어낸 하나의 도구로 순수기초과학이라고 말할 수 있다. 낚시는 **대자연의 변화와 인간의 지혜**가 만나 어우러지는 순수기초과학의 시작점이다.

낚시가 점차 고급 생활 레저의 하나로 부상하면서 많은 낚시인들이 낚시 기술을 연구하고 있고 깊이 심취해 있다. 그렇다 보니 현대 낚시는 기술 습득의 단계를 뛰어넘어 자연과학을 응용하고 있다. 작금에는 많은 낚시인들이 대자연의 변화를 응용하거나 따르면서 **자연낚시**를 즐기고 있지만, 그래도 대다수의 낚시인들은 대자연의 변화를 낚시에 적용해 한층 발전된 기술낚시 자체만을 즐기고 있는 편이다. 기술낚시를 심층 분석해 보자면, 그중의 하나가 바로 **수온의 변화에 따른 찌부력의 변화**다. 그렇지만 '**수온은 수시로 변할 수 있지만 찌부력은 절대 불변한다.**'라는 점을 눈여겨볼 필요가 있다.

수온에 따라 부피와 질량이 쉽게 변하는 물에 비해 찌는 부피가 절대 변할 수 없기 때문에 팽창계수를 따로 가지지 못한다는 뜻이다. 부피가 변하지 않기 때문에 찌의 부력은 결코 변하지는 않는다는 뜻이 된다. 그렇지만 물은 다르다. 수온에 의해 물의 분자구조는 수시로 변할 수 있으며, 그 이외의 여러 요인에 의해서도 물은 수시로 팽창하기도 하고 수축하기도 한다. 그중의 가장 큰 원인이 수온이 되고 있을 뿐이다. 이런 수온의 변화가 물의 밀도를 바꾸면서 일정한 부피를 가지고 있는 찌를 물속으로 잠기게도 하고 떠오르게도 하는 것이다.

이것을 보고 찌의 부력이 갑자기 바뀌었다고 말하는데, 이것은 찌의 부력이 바뀐 것이 아니라 물의 밀도가 바뀌면서 변해 버린 수압의 차이가 찌를 밀어올리기도 하고 끌어내리기도 하는 것이다. 이런 현상은 착시현상이거나 부력을 잘못 맞춘 게 아니라 수온이 만들어 내는 심술궂은 장난이다.

---

3   붕어낚시 사계 박재호 선생 글 인용(https://blog.naver.com/pjh0858/220021336180)

찌의 부력이 바뀌어 보이는 이런 현상은, 손을 물에 담갔을 때 물이 따뜻하게 느껴질 정도로 수온이 크게 올라 있다면 수압은 느슨해지게 풀어지는데, 이때 찌는 수압이 풀어진 만큼 찌가 힘겹게 봉돌을 이끌고 느린 속도로 솟아오르게 된다.

반면 물이 차갑다고 느껴질 만큼 수온이 뚝 떨어지게 되면, 물의 밀도가 다시 높아지면서 수압의 힘이 강해지게 된다. 이때는 **봉돌의 무게를 이기지 못한** 찌가 봉돌에 이끌려 반대로 침하하게 되는 것이다.

수온이 오르내리면서 물의 밀도가 수시로 변하는 이런 현상을 자연발생적인 현상으로만 주시해서는 안 된다. 수온의 변화와 물의 밀도는 자연이 만들어 내는 수중 생명체들의 활성도를 예측할 수 있게 하는 바로미터(잣대)가 되고 있다. 찌는 자연생태계의 변화에 인간이 꽂아 놓은 하나의 감지기 역할을 할 뿐이다. 그렇다면 이쯤에서 먼저 확인하고 넘어가야 할 게 있다. 바로 **부력의 크기와 봉돌의 크기**에 대해서다. 이 두 가지를 먼저 살펴봐야 하는 이유는 모든 찌가 수온의 변화에 똑같이 반응을 하지 않기 때문이다.

모든 장르의 낚시에서 찌부력의 변화가 똑같이 나타나지 않기 때문에 이 부분을 정확하게 이해하고 자신의 낚시에 적용이 되는지 안 되는지를 먼저 알아봐야 한다. 그러기 위해선 먼저 찌부력의 변화가 **나타날 수 있는 낚시와 나타나지 않는 낚시**를 구분해야 한다.

1. 부력의 변화가 확실하게 나타나는 낚시로는 저부력찌를 사용하는 내림낚시(슬로프낚시)와 주로 마이너스 찌맞춤을 하는 바닥낚시, 부력의 힘을 미세하게 나눈 떡밥낚시용 분납 채비에서 많이 나타난다. 이때 보이는 찌의 오르내림 현상은 확실한 변화를 보이는데, 봄가을철의 저수온기 낚시에서는 심하면 5㎝ 이상의 오르내림을 보인다.

낚시 도중 입질이 뜸해지면서 찌가 자꾸 낮아지거나 물속으로 잠기면 수온이 급하게 떨어지고 있다고 보면 된다. 상황이 이렇게 돌변하게 되면 편납을 사용하는 대부분의 낚시인들은 부력을 다시 맞추기 위해 편납을 조금씩 오려 내면서 낚시를 하게 되는데 그러다가 어느 순간에는 다시 찌가 너무 많이 올라와 있어 다시 편납을 감으면서 화를 내기도 한다.

그런데 그럴 필요가 없다. 만약 대를 펴던 시점에서 수온이 아주 좋았다면 수온이 떨어져 찌가 내려앉더라도 찌맞춤을 그대로 두는 것이 좋다.

수온의 오름은 수중 생물의 활성도가 살아나는 시점이지만 반대로 수온이 떨어지면서 찌가 잠긴다면 수중 생태계의 활성도가 떨어지면서 붕어의 입질도 떨어지기 때문에 찌맞춤을 새로 할 게 아니라 쉬거나 품질낚시를 하면서 여유롭게 다음 수온이 오를 때를 기다리면 된다.

반대로 대를 펼 때 수온이 아주 나빴다면 품질낚시를 하면서 오름수온이 돌아오길 기다렸다가 돌아오는 오름수온에 찌맞춤을 새로 해 줘야 한다.

2. 찌부력의 변화가 전혀 나타나지 않는 낚시로는 봉돌이 바닥에 닿는 모든 올림낚시가 여기에 해당이 된다. 무겁게 찌맞춤이 된 올림낚시에서는 찌의 변화가 전혀 일어나지 않는다. 찌의 변화가 없기 때문에 수시로 수온을 체크하면서 오름수온을 기다리는 낚시를 하면 된다.

3. 그럼에도 불구하고 봉돌이 바닥에 닿아 있는 올림낚시에서 찌의 변화가 나타나는 것을 경험했다면, 그건 수온의 변화가 만들어 내는 물의 팽창이나 수축과는 전혀 무관한 다른 이유 때문이다. 이때 보이는 찌의 변화는 대부분 1㎝ 미만으로 아주 미약하게 움직이면서 변화하는데, 바다가 먼 내륙에서는 보름달이 만들어 내는 인력의 힘이 그 이유가 되고, 바다가 인접한 곳에서는 만월의 경우와 만수위를 이루는 바닷물이 만들어 내는 수압의 영향으로 수위가 2~3㎝까지 밀려 오르는 경우가 있다.

2018년 8월 대보름 우금낚시터(새벽4~6시 사이)

밤낚시에서 달의 인력에 의해 변화할 수 있는 수위의 오름은 약 6~7㎜ 정도의 팽창계수를 가진다. 이런 현상은 수압에 의한 찌의 변동과는 전혀 무관하다. 만월의 영향이 가장 큰 달은 정월대보름과 팔월대보름 달이 되는데, 이때는 달이 지구와 가장 가까워지면서 인력의 힘이 그만큼 강해지기 때문이다.

수온에 의해 변화하는 찌의 오름과 내림 현상은 마이너스 영점을 맞추는 아주 예민한 낚시를 할 때만 해당이 되므로 다른 장르의 낚시에서는 크게 신경 쓸 필요가 없다. 그러나 수압의 변화가 붕어의 입질을 좌우할 수 있어 오름수온임에도 불구하고 전혀 입질을 받지 못하는 경우도 있다.

그만큼 붕어는 자연의 변화를 민감하게 따라가기 때문이다. 대자연의 변화 앞에는 아무리 맛있는 미끼를 사용해도 붕어를 한 자리에 머물게 하지는 못한다.

밤낚시에서 보름달이 지길 기다리는 가장 큰 이유는 밝은 달빛의 영향을 피하기 위해서라 알고 있지만, 사실은 그게 아니다. 인력으로 인한 수압의 변화 때문이다. 수압의 변화는 수위의 변화만큼 붕어가 민감하게 반응하는 부분이다.

수온 변화에 따라 부력이 변한다?

실험을 통해 부력 변동이 발생하는지 알아보자.

실험 방법은 차가운 물과 뜨거운 물의 교차하는 방법과 낚시터에서 직접 시연하였다. 실험 표본은 이미 오래전 낚시계 최초로 필자가 실험한 내용을 토대로 설명하기로 한다.

여러 요인 중 찌의 부력 변화에 가장 많은 영향을 주는 것은 수온이라는 주장이 지배적이기 때문에 수온 변화에 따라서 찌가 수시로 오르락내리락하는지 실험을 통해 알아보기로 하였다.

• 실험 방법 1: 차가운 물과 뜨거운 물의 교차

아래의 그림과 같이 수조 실험 Ⓐ의 순수 부력 물체와 수조 실험 Ⓑ와 같이 실제로 낚시가 가능하도록 채비를 모두 구성한 부력 물체를 가지고 가상 실험을 해 보자. 한 가지 양해를 구하자면 필자는 과학적 지식이 부족하여 전문 용어나 과학 지식을 매끄러운 글 솜씨로 전달하지 못함을 이해해 주기 바라며, 핑계라 하여도 어쩔 수 없다.

물은 4℃에서 부피가 제일 작고 밀도가 가장 높다고 한다. 그렇다면 4℃ 밀도의 크기는 어느 정도인가? 붕어가 생존할 수 있는 최저 수온과 최고 수온은 몇 도인가? 그 온도 차이의 밀도 차이는 어느 정도인지? 이런 온도 차이로 인하여 자연발생적 부력 변동 요인이 되는 것인지? 그 요인이라는 것이 도대체 무엇인지? 고민해 보지 않을 수 없다.

물의 밀도는 1.0g/cm(4℃)

@수조실험   ⓑ수조실험

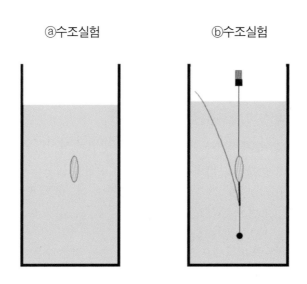

4℃ 물의 밀도가 1g이다. 그렇다면 밀도가 제일 높은 4℃에서 붕어가 생존 가능하고 상대적으로 밀도가 낮을 수밖에 없는 30℃ 이내 즉 4~30℃ 사이에서 붕어의 생존이 가능하다고 가정한다면 그 사이의 밀도 차이는 어느 정도일까? 다시 말해서 차가운 물과 뜨거운 물과의 밀도 차이는 어느 정도일까?

수온이 변한다면 하루 24시간 중 4~8시간 간격으로 변동폭은 얼마나 될 것인가? 한겨울 수온이 4~10℃ 사이인데, 갑자기 수온이 20~30℃ 이상 큰 폭으로 상승할까? 반대로 한여름 수온이 20~30℃인데, 과연 4~10℃로(큰 폭으로) 내려갈까? 현실적으로 불가능하지만, 대류가 빠른 속도로 진행되어 대략 1~10℃도 이내의 온도 차이가 발생한다

고 가정하더라도 과연 부력 변동이 발생할 것인가? 급격한 온도 변화는 어디까지나 가정이지 현실에서는 불가능하다.

어찌 되었든 단시간 내에 수온이 심하게 변동하였다고 가정하자. 이때 부력이 변동할 만한 자연발생적 요인(밀도, 대류, 수압, 팽창, 수축 작용의 발생)이 발생하겠지만 결론적으로 필자는 크게 염려할 필요가 없다는 것이다.

같은 무게를 갖는 금속으로 된 낚시추와 나무 소재의 순수 부력 물체(부양체)를 동시에 물 위에 던지면 같은 무게를 갖고 있음에도 금속으로 된 낚시추는 바로 가라앉는 반면에 나무 소재의 부력 물체는 쉽게 물 위에 뜨게 된다. 그런데 두 물체가 무게는 같은데 왜 나무 소재의 부력 물체만 물 위에 뜨는 것일까? 결국 순수 부양체는 나무이며 찌의 몸통(순수부양체에)에 칠을 하고 찌톱, 찌다리, 찌고무(금속오링 포함), 원줄, 봉돌, 목줄, 바늘, 케미꽂이, 케미컬라이트 등이 침력으로 작용할 수밖에 없다는 것이다. 더군다나 몸통을 비롯하여 여러 부착물들은 현장(낚시터)의 물 흐름(유속 = 수류)에 즉각적으로 영향을 받을 수밖에 없다.

이와 같이 순수 부양체만을 가지고 낚시를 한다면 수온, 탁도, 밀도, 염도, 기타 여러 자연현상 때문에 찌의 부력이 수시로 변동한다고 인정하더라도(이 실험은 현실적으로 불가능하다) **중력의 영향을 받는(침력으로 작용하는) 여러 장치물들이 순수 부양체(몸통)에 부착됨으로써 미세한 상징적 수준의 부력 변동 요인들은 실험실에서나 변동이 가능할지 몰라도 현장에서는 전혀 부력 변동에 영향을 끼치지 못한다는 것이 필자의 주장이다.**

몇 가지 예를 들어 보자.

예 (1) 수온 변화에 따라서 자연발생적 요인이 발생하여 부력이 변동한다고 하더라도 **찌몸통의 표면적이 작고, 칠이라는 방수보호막(침력으로 작용함)이 있으며 침력으로**

작용하는 여러 소재(카본 찌톱과 찌다리, 찌고무와 금속 부속물, 원줄, 금속으로 만들어진 봉돌, 목줄, 금속으로 만들어진 바늘, 케미꽂이, 케미컬라이트 등)와 순수 부력체(부양체)가 합쳐지기 때문에 수온 변화에 따른 밀도, 수압, 팽창, 수축 작용이 부력 변동의 발생 요인이라고 하더라도 실제로는 크게 영향을 끼치지 못하는 것이다.

예 (2) 만약 수온, 밀도, 탁도 등의 자연현상으로 인하여 찌톱 1마디(2.5㎝) 수준의 변동폭이 발생한다고 가정하여도 이 정도의 수치는 오링 가감을 통해 바로바로 대처할 수 있는 크기의 변동폭이다(찌톱 1마디로 인하여 입질을 받을 수 없을까?).
반드시 현장에서 찌맞춤을 다시 해야 한다면 오히려 인간의 눈대중(육감)으로 인한 오차 범위가 훨씬 더 문제가 될 수 있다. 각각의 낚시인들(경험이 풍부한 사람, 초보자, 감각이 뛰어난 사람, 무딘 사람)마다 판단이나 기준점이 모호하기 때문에 전혀 설득력이 없다고 하겠다.

예 (3) 99% 인정하면서 나머지 1% 때문에 현장에서 찌맞춤 다시 하랴?(99% 순금은 인정하면서 1% 부족하다고 하여 순금이 아니라고 이야기하는 사람은 없다!)
어떤 사람들은 수조에서 99% 찌맞춤을 완성하고(가영점을 잡고), 부족한 1%를 현장에 가서 육감으로 찌맞춤을 다시 하라고 주장한다. 다시 말해서 수온, 밀도, 탁도 등 자연발생적 요인으로 인하여 찌톱 1마디 수준의 부력 변동폭이 발생하니(1%라 가정할 때) 수조에서 1차 가영점을 잡고, 찌톱 1마디 크기(1%)의 오차를 잡기 위하여 현장에 가서 2차 현장 찌맞춤을 다시 하라는 주장이다. 설령 1%의 크기가 찌톱 1마디의 크기이며, 부력 변동이 발생한다고 하더라도 이 정도의 부력값이라면 전통 올림붕어낚시에서는 그 영향이 극히 미미하다는 것이 필자의 주장이다.
필자의 생각은 이렇다. 수조에서 찌톱 1마디 정밀 찌맞춤을 완성하여 현장에 도착하여 투척하면 부력이 무거워진 것처럼 보일 것이다. 이미 맞춰진 부상력 기준값(기본값)은 변함이 없는 것이고(부력은 不變이다), 원줄의 무게, 물방의 무게, 원줄에 가해지는 수류의 저항, 표면장력, 수심, 찌의 하강속도(중력가속도) 등 여러 환경적 요인 때문에 부상력값이 수조에서보다 약 2~3마디 이상 무거워지는 것이 사실이다. **중요한 것은**

무거워진 이때의 부상력값이 오히려 1년 평균 '가장 적절한 부상력값'이라는 게 필자의 주장이다. 다시 한번 강조하지만 '무바늘 찌톱 한 마디 기준 수조 정밀 찌맞춤값'은 현장의 여러 가변적 요인(원줄의 무게, 물방의 무게, 원줄에 가해지는 수류의 저항, 표면장력, 수심, 찌의 하강속도의 값(중력가속도)) 때문에 부력이 최초 수조 1마디 찌맞춤 상태보다 약 2~3마디 정도 더 무거워졌다는 뜻이고, 반대로 '현장에서 무바늘 찌톱 한 마디 찌맞춤' 하면 이러한 외적인 요인(가변적 요인)이 자동으로 적용되기 때문에 수조보다 2~3마디 이상 더 가볍게 찌맞춤 된다는 뜻이기도 하다. 결국 물의 성질(자연발생적 요인)이라는 또 다른 자연현상 때문에 부력에 변화가 온 것이 아닌데, 이런 원인을 모르는 일부 유/무명 낚시인들의 오해로부터 빚어진 해프닝이거나 지나친 염려 또는 과학적 지식에서 온 인간의 영특함이 지나쳐서 이런 이론들이 난무한 게 아닐까 싶다.

필자의 주장을 이해하였다면 이런 반문(질문)이 들어올 것으로 예상된다.

질문: 그렇다면 수조에서 찌맞춤 한 찌톱 1마디 기준 부상력값보다 현장에서 찌톱 1마디 기준 찌맞춤 한(부상력값) 채비가 더욱 예민해서 어획량(입질 빈도수), 찌올림 폭이나 품질이 향상되지 않을까 싶은데?

답변: 본서에서 가장 많이 사용하는 필자의 주장은 '1년 평균 가장 적절한 부상력값'이다. 이론적으로는 현장 찌맞춤 상태가 훨씬 예민하기 때문에, 상식적으로 효과가 좋을 것이라는 주장에 필자도 동의하여 현장에서 비교 운용을 해 봤다. 결과적으로 (문제는) 찌맞춤이 너무 가볍기 때문에 여러 부작용이 발생하였다는 것이고, 이때 수조와 현장과의 오차 범위가 보통은 찌톱 2~3마디였으며 특별한 경우 4~5마디 그 이상도 되었다. 이때의 오차는 오링 가감으로 얼마든지 교정이 가능하였고, **무엇보다도 수조 찌맞춤 상태보다 더 가볍게 운용할 만한 상황이 그리 많지 않았다는 것이다.**

필자는 현장 찌맞춤이 꼭 틀린 방법만은 아니라고 늘 강조해 왔다. 문제는 낚시터의 자연 환경이 그리 녹록하지 않기 때문에 특히 초보자, 어르신, 감각이 둔한 사람일수록 생각만큼 찌맞춤이 쉽지 않아 적응하는 데 많은 훈련을 필요하며, 우여곡절 끝에 현장 맞춤이 완성되었다고 하더라도 만약 수조에서 찌맞춤 한 부상력값보다 부력이 가벼울 경우 또다시 오링을 추가 가감할 수밖에 없었다. 추가 가감하지 않을 경우, 부력이 가벼워 봉돌은 불안정하게 안착될 것이고, 수심이 깊어지거나 속수류가 심해질수록 채비 안착은 더욱 불안정해졌기 때문이다. 결국 현장 찌맞춤은 '0'에 가까운 부상력값이고, 수조 찌맞춤은 비록 약간 둔한(+) 낚시지만, 이때의 부상력값이(수조 맞춤이) 오히려 채비가 안정적으로 바닥에 안착 상태가 유지되며, 1년 평균 유리하게 작용하는 날이 훨씬 많았다는 것이다. (1년 평균 가장 적절한 부상력값이었다는 뜻) 만약 일시적으로 좀 더 부력을 가볍게 또는 무겁게 변동해야 한다면? 오링을 가감하는 방법으로 얼마든지 해결이 가능하다는 것이다.

　　결론적으로 **물속을 육안으로 볼 수 없는 현장 찌맞춤을 통해 1%의 오차를 찾으려 애쓰지 말고(일시적으로 필요한 부상력값, 오링 1~3개 정도의 무게를 말함)** 육안으로 직접보고 정밀값을 찾아낼 수 있는(신뢰성, 자신의 채비에 대한 믿음) 수조 찌맞춤법(1년 평균 가장 적절한 부상력값)으로 오차 범위를 최소화시키면 될 것이다.

　　얼마나 편리한가? 틈나는 시간에 집의 수조에서 소일거리 삼아 찌맞춤 할 수 있고, 이 행위 자체도 취미의 일환이 아니겠는가! 수조에서 찌맞춤 한 채비는 1년 내내 장소, 계절에 관계없이 낚시할 수 있고, 현장에 도착하여 포인트 분석하고 낚시 준비할 시간도 부족한데 찌맞춤 한다고 아까운 시간을 허비할 필요가 있을까!?

　　아무튼 본서의 내용은 필자가 직접 실험하고, 일일이 숫자를 헤아리기 어려울 정도로 직접 체험한 경험과 (현장 찌맞춤 낚시를 체험한) 동호인들의 실전 체험 경험을 종합해서 나온 결론이다.

　　예 (4) 차가운 물과 뜨거운 물의 교차 실험(수조 실험 Ⓐ, Ⓑ를 직접 실험을 통해 증명)
　　지금까지의 설명을 실제 실험하고 연구한 결과를 사진 자료로 설명하기로 한다.
　　수조 실험 Ⓐ: 현실적으로 불가능한 실험이므로 각자의 상상에 맡기기로 한다.
　　수조 실험 Ⓑ: **그림 속 수조실험 Ⓑ와 같이 실제 낚시할 때 필요한 부착물(원줄, 칠, 찌**

고무, 찌톱)로 실험해야겠지만 원줄은 제거하고 실험을 진행하기로 한다. 본 실험을 통해 전통올림낚시는 수온 변화로 인하여 부력 변동이 전혀 발생하지 않거나 그 수준이 (부력이 변동하더라도) 상징적 수준의 매우 미미한 변동폭임을 알 수 있었다. 다시 말해서 육안으로 식별이 불가능하거나 의미 없는 변동폭이었다. 때문에 이로 인하여 찌가 눈에 띄게 올라가거나 내려가는 현상이 발생하지 않는다는 것이 필자의 주장이고 2010년 직접 실험을 통해 증명한 자료를 다시 한번 정리하기로 한다.

장소: 2010년 당시 필자의 낚시연구실

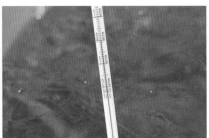

▶ 대형 수조에 온도계를 설치하였다.

▶ 동호인들이 수조 찌맞춤 삼매경 중이다.

▲ 냉장고에 보관 중인 얼음물을 수조에 넣는다.

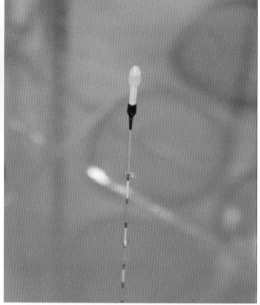

▶ 낮은 온도(낚시터의 저수온기에 해당됨)의 수
온을 유지한 채, 필자가 발표한 방법으로 무바
늘 찌톱 1마디 부분과 수조의 수면과 일치하도
록 찌맞춤(무중력)을 완성하였다.

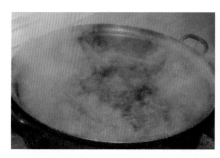

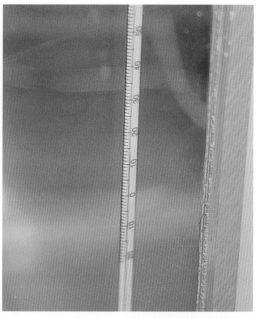

▶ 수조의 차가운 물을 상당량 제거하고 펄펄 끓
는 물을 부어 수조의 온도를 높였다(낚시터의
수온변동기 고수온기에 해당됨). 수온을 유지
한 채 차가운 물에서 찌맞춤이 완성된 채비를
수조에 그대로 넣어 보았다. 결과는 부력이 전
혀 변하지 않았다.

실험 결과: 실내의 수조에서의 실험에서 부력 변동이 없었다.

위와 같이 낚시인 여러분들도 한 번쯤 실험해 보기를 강력히 희망하며 일부의 낚시인들처럼 추론만 가지고 자신의 주장을 내세우지 말고 증명을 통해 합리적인 결과를 설명하자.

다음 실험으로 수조물(실내에서의 실험은)은 원래 바뀌지 않는다는 **엉뚱한 반론**이 있어서, 수조에서 실험한 채비를 현장(낚시터)에 가져가서 부력이 변동하는지 확인해 보기로 하였다.

- **실험 방법 2: 낚시터에서 직접 시연(원줄을 제거한 실험)**

위의 실험 결과를 보듯이 낚시터와 수조는 수온 차이, 탁도의 차이, 수돗물의 염소 성분, 작은 수조통과 낚시터의 수면적 차이 등 우리가 흔히 말하는 수온, 밀도, 탁도, 염소, 기압, 수압, 수면적 등 자연발생적 요인에 의하여 부력이 변동한다는 주장은 사실과 다른 실험 결과를 통해 증명하였다.

현재 산업플랜트 전기, 공무
2008~2017 전통올림낚시회
카페운영자

ⓒ **수온 변화에 따른 수축과 팽창**

낚시의 기술을 이야기하다 보니 필자가 과학자의 길을 걷는 듯하다. 자연을 벗 삼고 정도낚시를 꿈꾸는 자가 과학이라니 정말 경천동지할 노릇이 아닌가 싶다.

수온 변화에 따라 찌, 봉돌, 고무 등에 수축·팽창 작용이 발생하여 부력이 변동한다는 주장이 있다. 찌는 나무로 만든다. 나무라는 소재는 수온, 수심 변화에 따라서 수축되거나 팽창될 것이다. 그런데 왜 필자는 너무 걱정하지 말라며 똥(옹)고집을 부릴까?!

수온 변화에 따라 반드시 밀도가 변하는 것은 누구나 아는 사실이다. 온도가 올라가면 팽창하고, 온도가 내려가면 수축할 것이다. 따라서 자연현상(수온, 밀도, 수압)에 따라 찌가 가벼워지거나 무거워질 수 있다.

다시 한번 주장하지만, 봉돌이 바닥에 닿는 전통올림낚시는 마이너스(내림·중층)낚시와 달리 이런 자연현상이 만들어 내는 작용으로 인하여 부력 변동폭에 민감하게 반응하지 않는다. 수조에서 찌톱 1목에 찌맞춤 한 채비를 현장에 투척하게 되면, 찌톱 2~5마디 이상 무겁게 부력이 변한다. 이때 부력이 변한 것이 아니라 가변적 원인에 인하여 무거워진 것처럼 보이는 것이다. 만약 수축·팽창으로 인하여 부력이 변동하였다고 하더라도 낚시에 전혀 지장을 주지 않는 수준이라는 것이다. 이유는 수십 년 낚시하면서 찌가 눈에 띄게 1~2마디 이상 떠오른 경험이 단 한 번도 없었기 때문이다. 새벽 시간에 잠시나마 수면이 울렁거려 반 마디 정도가 잠기거나(꿈틀거림) 떠오를 수는 있다. 이 정도의 부력 변화로 인하여 찌를 못 올린다는 염려보다는, **이런 자연현상이 붕어의 활성도에 어떻게 작용하였기에 입질이 들어오지 않는지 먼저 연구해 보기 바란다**(24시간 중 잠시 발생하는 시간 때문에 어획량에 막대한 지장이 올까?).

결론적으로 상징적 수준의 미미한 부력 변동폭으로 인하여 부력이 변동하여 붕어의 입질을 읽어 내지 못할까 걱정하지 말고, 이런 자연현상이 붕어의 활성도(입질폭, 입질 빈도수)와 **유영충(붕어가 중충에 떠 있거나 바닥으로 내려오는 입질 시간대)**에 어떤 영향을 미칠지를 고민하고 처방을 내려야 하는 것이다. 이때의 처방이란 찌맞춤 변화에 앞서 떡밥의 물성, 종류, 부착 방법, 바늘의 크기와 개수, 기타 등등 운용술을 통해 문제를 해결해 나가라는 뜻이며, **유영충에 의한 원인이라면 입질 시간대까지 기다릴 수밖에 없음을 이해**하기 바란다.

• 주의할 점: 중층·내림낚시에서 주로 사용하는 통공작, 백발사와 같이 매우 예민한 소재로 만든 찌는 장시간 수중에 잠길 때와 증출에 따라서 찌톱 기준 1~5마디 이상 **변동폭이 발생**할 수 있다. 즉 수중에서는 지속적으로 가벼워지고 수중 밖에서는 지속적으로 무거워진다.

이와 같이 내림, 중층낚시와 같은 낚시는 자연현상에 따라 부력폭이 눈에 띄게 변동하는 것을 확인이 가능한지는 모르겠으나 필자가 즐기는 전통올림낚시에서는 이런 현상을 단 한 번도 경험해 보지 못했다. **변동폭이 발생한다 하더라도 찌톱 1마디 이내의 범위이므로 이 정도의 부력 변동폭으로 인하여 입질을 받지 못한다는 주장은 설득력이 없고**, 찌톱 1마디 이내의 부력폭이 발생한다고 하더라도 딸랑 오링 1개면 해결 가능한, 의미 없는 수준의 수치에 지나지 않는다는 게 필자의 주장이다.

ㄹ 고도의 차이로 부력이 변한다?

아파트의 층간 높이, 즉 고도에 따라서 부력이 변동한다는 일부 낚시인들의 오래된 주장도 추론일 뿐이지 이렇다고 할 만한 **증빙 자료를 내놓지 못하고 있다.** 그래서 필자가 살고 있는 아파트 16층에서(몇 년 전에 발표한 내용임) 지하까지 승강기를 타고 (수조에 물을 담아) 부력이 변동하는지 실험해 본 결과 **부력 변동은커녕 미동조차 없었음**을 알게 되었다. 돌이켜 보면 개인적으로 참으로 황당한 실험이었다. 동네 주민들 입장에서 볼 때 정신 나간 사람으로 비쳤을 수도 있다.

실험 결과를 보고 당시 필자는 많이 화가 났었다. 실험도 해 보지 않고 자신의 막연한 상상을 무작정 발표하고 주장하는 행위는 더 이상 없기를 바란다. 결론적으로 평지, 계곡지 등에 따라 부력이 변동한다는 주장은 설득력이 없다.

ⓜ 염도의 차이로 부력이 변한다?

염도도 마찬가지다(신선도에 따라 다르지만 소금물에서 계란은 뜬다). 소금물, 즉 염도에 의해 밀도가 높아지면 찌가 뜨는 것은 당연한 이치다. 바닷가 수로에 가면 민물과 바닷물이 교차하는 부분이 반드시 존재한다. 심지어 1~2m 간격으로 **민물 쪽은 거머리가 서식하고, 바닷물 쪽은 그렇지 않은데(한 번 체험해 보길 바란다)** 붕어가 서식하는 부분은 염분이 없는 민물 쪽이라는 것이며, 부력에 변동이 발생할 정도로 염도가 심하면 바닷물 쪽일 것이다. 붕어는 민물고기이므로, 이런 걱정까지 해야 할 이유가 전혀 없고 찌가 뜰 정도로 염도가 심하면 붕어는 살지 못할 것이다. 필자는 강릉, 주문진, 김제, 울산,

2013년 4월 중순 새벽안개(경주에서 촬영)

경남권, 서해권, 강화도 등 수없이 많은 바닷가 수로에서 낚시를 수십 년간 해 왔으며, 현재도 울산에 거주 중이다. 40년 낚시 인생 중 민물낚시터에서 염도가 문제가 되어 찌가 오르락내리락하는 경험을 해 보지 못한 필자로서는 일반적인 수준의(상징적 수준의 아주 미미한) 민물에 존재하는 염도로 인하여 부력이 변동한다는 것을 인정하기 어렵다는 것이다. 즉 A라는 저수지에서 B라는 수로로, B라는 수로에서 C라는 호수로, 각각의 낚시터마다 **수치상 존재하는 의미 없는 염도 차이로 부력이 변동한다는 인간의 지나친 염려와 지식에서(하늘이 무너질까 두려워하는, 스스로 파놓은 함정) 오는 하나의 기우에 불과**하다.

ⓝ 수압의 차이로 부력이 변한다?

수심에 따른 수압 차이로 인하여 부력이 변동한다는 주장을 필자는 귀가 따가울 정

도로 들었다. 붕어가 가장 좋아하는 수심은 1~2m권이며 2~3m권에서도 포인트가 많이 형성된다. 때로는 바닥낚시도 3~5m권의 아주 깊은 수심층을 공략해야 할 경우도 있다. **결국 1~5m 이내까지가 붕어낚시가 가능한 수심일 것이다.**

수압에 대하여 자료를 수집해 보니, 수압이란 물의 압력을 말하며 붕어가 주로 서식하는 포인트의 수심이 대략 1~5m라면, 이때 5m 이상의 수심은 사실상 낚시가 불가능하므로 의미가 없어 보인다. 따라서 이런 수압 차이로 인하여(1~5m의 수심에 따라서) 부력에 변동이 발생할 것인가를 알면 된다.

애석하게도 필자는 기초과학 지식이 부족하여 학문적으로 설명할 수 없다. 그렇지만 필자가 사용하는 수조의 크기는 폭 30㎝, 깊이 1m 이내이며 낚시터의 수심, 수면적과는 비교 자체가 되지 않을 정도로 차이가 난다. 필자는 오랜 세월 봉돌이 바닥에 닿는 전통올림낚시를 즐겨 왔지만 **수심, 수면적이 바뀔 때마다 찌가 오르락내리락한 경험을 보지 못하였고, 낚시에 어려움을 겪지 못하였다.** 그렇기 때문에 수심이나 수면적에 따라서 부력이 변동한다면 결국 수조 찌맞춤은 엉터리 주장에 불과할 것이다. 다만 수심에 따라 원줄의 무게가 영향을 끼칠 것으로 생각된다(〈Ⅰ.1.(1)① 낚싯줄과 바늘(원줄, 목줄, 기둥원줄) 단원 참고).

지난 10년간 '무바늘 찌톱기준 수조 찌맞춤법'을 발표한 이후 전국에는 수많은 동호인들이 활동 중이며 붕어낚시 전문가도 양성하였다. 이분들의 면면을 살펴보면 공무원, 직장인, 교수, 연구원, 엔지니어, 사업가, 의사, 법조인 등 소위 말하는 엘리트 코스를 밟아 온 지식인들이 많았고, 이구동성 수조 찌맞춤의 편리성과 정확성에 대한 칭찬을 아끼지 않았다는 사실이다.

몇 가지 예를 들어서 수압으로 인하여 낚시에 지장을 주지 않음을 증명해 보겠다.

예 (1) 위의 사진과 같이 지난 10년간 수많은 동호인들과 전통올림낚시 수조 찌맞춤법전문가를 양성하였다. 수압으로 인하여 부력이 변동하였다면 동호인들의 항의가 빗발치게 들어왔을 것이다. 거듭 강조하지만 수조의 크기와 수심은 낚시터의 수심, 수면적과는 비교 자체가 안 될 정도로 큰 차이를 보인다. 따라서 수심과 수면적에 따라 부력이 변동한다면 수조 찌맞춤 한 채비를 현장의 수면에 투척하는 동시에 엄청난 부력 변동폭이 발생하였을 것이다. 그러나 오랜 세월 동안 전혀 문제가 없었다. 따라서 수심과 수면적에 따라 부력이 변동한다는 주장은 막연한 기우에 불과하다.

예 (2) 여러분도 잘 아시다시피 **무게로 작용하는 봉돌은 바닥에 닿아 있고, 찌는 항상 수면 상층부에 위치하고 있다.** 다시 말해서 수심이 아무리 깊어도 찌는 늘 수면에 위치할 수밖에 없다. 어찌 되었든 위치도 위치지만 찌나 봉돌의 부피가 크지 않기 때문에 변한다고 하더라도 인간의 감각으로 전혀 느낄 수 없는 수준이거나 전통올

이장춘 동호인

림낚시에 지장을 주지 않는 수치이다. 따라서 부력에 변화가 없는 것이나 마찬가지니 더 이상 걱정하지 않기 바란다.

⒜ 종합 정리

▶ 전혀 표시가 나지 않는 소수점 단위의 부력을 현장에서 교정할 수 있을까?
2007년 당시만 하여도 일부를 제외한 누구나 할 것 없이 낚시터에서 흔하게 목격하는 육감 찌맞춤 행위는 니퍼로 봉돌을 싹둑 잘라내는 것이었다. 보통 들깨, 참깨 크기로 납을 제거하였다.

이 정도 크기의 부력 변동폭은 찌톱 1~3마디에 해당된다. 정밀도를 높이기 위하여 현장에서 육감(눈대중 찌맞춤)으로 납을 제거하는 행위치고는, 발상과 달리 너무도 **비과학적인 행위**가 아닌가?!

위와 같은 시절 필자는 무바늘 찌톱 기준 수조정밀 찌맞춤법을 발표하였고 오링 가감, 줄칼, 칼끝 등을 활용하여 미세 조정(납 제거)을 하였던 시절이다.

자연발생적 원인(수온, 탁도, 밀도, 수압 등)으로 발생하는 상징적 단위의 오차 폭을 인간의 눈대중으로 찾아낸다는 발상을 어떻게 받아들여야 할까?

사실상 이 정도 무게의 부력 변동폭은 최소한 봉돌이 바닥에 닿는 기법인 전통올림봉어낚시에서는 전혀 지장을 주지 않는다. 물방울 1개의 무게나 표면장력 값의 무게는 육안으로 확인이 가능한 수치(무게)이겠지만, 육안으로 확인이 불가능한 상징적 단위의 부력 차이를 판정하고 현장 찌맞춤을 통해 무게를 교정한다는 발상은 설득력이 없다.

▶ 수류(물의 흐름), 바람으로 인하여 초보자들이 오해하기 쉬운 가변적 요인 사례 ①

사람이 50cm 이내의 얕은 수심에서 차츰 수로 중앙의 1~1.5m권의 깊은 수심으로 이동할 경우, 몸의 흔들림을 느끼게 될 것이다. 좀 더 욕심을 내어 목이나 코 밑까지 물이 차오르는 수심으로 이동하였다면 서 있는 것조차 힘들 것이다. 이때 피부로 느끼는 수압의 작용도 있겠지만, 이보다는 수류, 와류와 같은 물의 힘(흐름)과 흔들림(너울) 때문에 몸을 가누기 힘들었을 것이다.

마찬가지로 낚시 도중 찌가 약간이라도 옆으로 이동하거나 상하 유동이 있다면 수압, 수온(밀도), 염도 등 때문이 아닌 수류(유속, 와류 발생)와 바람에 의한 유동이라는 것이다. 이로 인해 유속이 지속되는 시간 정도에 따라서 상승하거나 빨리는 현상이 반복될 것이

김동욱 동호인

고, 수심이 깊을수록 수류나 바람이 심할수록 원줄이나 채비 전체가 물살을 타는 강도에 따라 달라질 것이다. 다시 말해서 수류와 너울에 의하여 채비에 영향을 미친 것이지 근본적으로 부력(기준점)이 변한 것은 아니며 **이런 현상으로 부력이 변동한 것처럼 보였던 것이다.**

▶ 초보자들이 오해하기 쉬운 사례 ②

어떤 낚시인들은 한겨울 **수온이 내려가면 부력이 무거워져** 찌올림 폭에 문제가 생기거나 미동도 하지 않는다고 주장한다. 수온 변화에 의한 밀도 변화로 부력이 변동하였다기보다는 수온이 내려감으로써 붕어의 활성도(입질 각도, 미끼 흡입력, 미끼 흡입 후 상승 반경)가 나빠질 수밖에 없었던 것이고, 그로 인하여 미약한 입질은 찌에 그대로 전달된 것이다.

이런 오해는 과거 **찌맞춤법이 정교하지 못한 시절에 더욱 심할 수밖에 없었을 것이다.**

이제 더 이상 수조 물과 현장 물은 수온, 밀도, 염도, 고도, 수압, 탁도 등 서로 다른 성질의 자연발생적 요인(차이) 때문에 부력이 수시로 변동한다는 지나친 염려에서 벗어나, 여러 가지 추론을 생산해 내지 않기를 바란다.

(6) 헛챔질의 원인과 처방전

 낚시 행위에 있어서 가장 당면한 과제 중 하나는 단연코 헛챔질이며, 헛챔질은 여러 원인이 복합적으로 작용하기 때문에 본 단원의 내용을 숙지한다면 많은 도움이 될 것이다.

 원인을 알 수 없는 헛챔질로 인하여 낚시 자체가 짜증스럽게 느껴지고 극도의 스트레스를 받게 되는데, 이를 어떻게 해결해야 할 것인가? 찌는 그림같이 올라오는데, 그렇다면 헛챔질의 원인은 무엇일까? 원인과 대처 방법은 없을까? 참고로 본 단원의 내용은 필자의 경험을 토대로 지난 10년간 개인 카페, 블로그를 통해 틈틈이 작성한 내용을 총망라하여 정리한 주관적인 내용이다. 이는 본서의 모든 내용도 마찬가지임을 다시 한번 밝히는 바이다.

 헛챔질의 가장 큰 원인 제공은 지나치게 가벼운 찌맞춤(수온, 계절, 활성도에 맞지 않는 부력), 잡어의 성화, 상황에 적절하지 못한 떡밥(떡밥의 종류, 크기, 모양, 반죽물성, 부착 방법), 바늘의 크기, 찌의 선택(균형) 등이 가장 대표적인 사례이다. 그 외에 입질 선별, 챔질 시점(낚시인의 조급성 및 경험 부족으로 예신과 본신의 구별 미흡), 챔질 방법, 채비의 구조, 손맛터 붕어의 학습 등이다.

① 원인 1: 챔질 타이밍, 활성도, 바늘의 크기, 떡밥

 챔질 타이밍과 헛챔질은 밀접한 관계가 있고, 동시에 미끼(종류, 크기, 반죽 농도), 활성도(계절, 수온), 바늘의 크기와 개수, 채비의 종류, 낚시터의 종류 등에 따라 차이가 있다. 일반적인 미끼의 종류는 지렁이와 떡밥으로 나눌 수 있는데, 떡밥은 지렁이와 달리 기술적인 부분을 해결해야 챔질 타이밍을 맞출 수 있다. 이때의 기술적인 부분이란 찌맞춤, 찌 선택, 바늘 선택, 떡밥운용술 등을 말한다.

▶ 지렁이 미끼와 떡밥 미끼의 비교를 통해 결착력, 흡착력의 중요성을 이해하자.

떡밥은 **바늘 흡착력, 결착력**이 떨어지기 때문에 당일 **활성도에 적합한** 바늘, 목줄, 찌, 원줄 등 채비의 선택과 함께 **떡밥의 물성을 맞추고, 챔질 정점**(타이밍)을 찾아야 한다. 지렁이낚시는 주낙과 같아서 다소 큰 바늘을 사용하여도 입질 빈도수에 크게 지장을 주지 않으며, 바늘이 크면 어지간해서는 뱉어 내기 힘든 편이다.

※ 참고로 치어가 지렁이의 끝자락을 물고 상승할 때 헛챔질이 많이 발생하는 것은 경력자라면 누구나 아는 기초 상식이다.

만약 저수온기나 수온변동기 활성도가 저조할 때 작은 바늘을 사용하더라도 지렁이낚시는 빈 낚시와 같아서 챔질 확률에 변화가 크지 않다. (간혹 지렁이낚시도 챔질 시점이 존재한다.) 반면에 떡밥은 붕어가 이물감을 느끼게 되면 뱉어 내는 순간 바늘이 이탈하기 십상이다. 이유는 **결착력의 차이 때문**이다.

다시 말해서 떡밥을 흡입하고 상승하는 과정에서 **이물감을 느낀 붕어가 떡밥을 뱉으려 하는 동작에서 바늘이 쉽게 이탈하는 것이다. 이때 찌는 멋지게 상승하게 되는데, 이를 보고 낚시꾼은 챔질을 하지만 빈 바늘만 올라온다. 다시 한번 강조하지만 이유는 결착력의 차이 때문이다.** 결국 떡밥의 물성을 그대로 유지하면서 바늘과 떡밥과의 흡착력을 해결할 수 있다면 입질 빈도수의 향상과 함께 예쁜 찌올림을 실현시킬 수 있고, 무엇보다도 헛챔질 방지에 큰 도움이 된다.

조현업 동호인

해결책을 몇 가지 예를 들어 보겠다.

▶ 활성도와 챔질 시점, 챔질 방법: 예신과 본신의 차이를 명확히 구분하자. 예신과 본신은 당일 활성도에 따라서 달라지며, 계절, 장소, 수온, 대상 어종의 개체 수 등 여러 자연현상에 의하여 시시각각 변한다. 그렇기 때문에 붕어가 미끼를 흡입하고 상승하는 정점이(찌에 표시되는 부분이 몇 마디인지) 언제인지 빨리 파악하여(붕어가 미끼를 뱉어 내기 전에) 평소보다 빨리 챔질할 것인지 느긋하게 챔질할 것인지를 판단해야 한다. 예를 들어서 활성도가 좋으면 챔질 시점을 느긋하게 하고 활성도가 저조하면 좀 더 빠른 손동작이 요구된다.

그 외에 한두 가지 예를 더 들어 보자. 활성도가 좋은데 바늘이 작다면 챔질 시점을 느긋하게, 바늘이 크다면 좀 더 빨리, 바늘이 작고 외바늘이라면 느긋하게, 두 바늘이라면 좀 더 빨리, 찌의 순부력이 좋다면 많이 느긋하게, 이때의 찌올림 폭은 낚시인 마음보다는 붕어의 마음을 많이 헤아려 찌가 끝까지 올라와 주기를 바라지 말라는 뜻이다. 반 마디든 세 마디든 **찌올림 폭에 관계없이 챔질이 성공하는 찌올림의 정점을 인정할 수밖에 없다는 뜻**이다. 다시 말해 당일 전반적인 붕어의 활성도와 각각의 개체마다 찌의 반응이 달라질 수밖에 없고, 채비(찌의 성능, 바늘의 크기·개수, 채비의 구조)에 따라서 달라질 수밖에 없다.

사회 활동을 하다 보면 간혹 자신의 기준으로 상대를 불편하게 하는 사람들을 만날 수 있다. 낚시인들 사이에서도 각자의 생각이나 기량이 다른데, 예를 들어서 자신의 찌올림 기준에서 상대도 챔질하기를 원한다. 챔질 타이밍에 대한 개념이 없는 것인지? 필자로서는 이해하기 어렵지만, 붕어가 찌톱 1마디를 올려 주면 그게 정점이므로 챔질할 수밖에 없는 것이고, 3마디 이상 올려 주면 그게 정점인 것이다(이때 속도도 중요하다). 이런 기준은 출조 당일의 여러 조건에 따라 시시각각 달라지며, 개인의 실력 차이(적응 능력의 차이)에 따라서 다를 수밖에 없다.

주의할 점은 활성도가 좋고 나쁨에 따라 **챔질의 속도**를 어떻게 가져갈 것인지를 면

밀히 판단하여 헛챔질이 발생하지 않도록 완급 조절을 해야 한다. 좋은 예로 활성도가 대단히 좋은데 챔질 속도가 지나치게 빠르면 헛걸리는 경우가 굉장히 많았다. 이때 챔질 속도를 50%만 줄여도 입걸림이 많이 개선됨을 알 수 있었고, 그래도 챔질이 안 되면 과감하게 20~30% 더 줄여서 입걸림이 확인되면 다시 한번 힘을 주고 들어 올리면 된다(〈Ⅲ. 3. (4)② 이중(이단) 챔질법〉 단원 참고). 문제는 습관을 바꾸기가 쉽지 않다는 것이다.

▶ 떡밥의 크기(무게)와 찌올림의 관계
떡밥 부착방법(떡밥의 크기 및 점성)에 따라 헛챔질, 잔챙이(잡어, 치어) 및 대상어 선별, 입질 빈도수, 찌올림 폭이 달라진다.

두 바늘 콩알떡밥 운용에서 붕어는 두 바늘 중 한 개의 바늘(떡밥)을 흡입하여 상승하게 된다. 이때 다른 한쪽 바늘에 붙어 있는 떡밥의 무게나 크기의 작용으로 인하여 상황에 따라 득과 실이 될 수 있다.

조문선 동호인

- 득(활성도가 좋을 때): 붕어의 먹이 활동이 왕성하여 붕어가 한쪽 바늘의 떡밥을 물고 상승할 때, 반대편 떡밥의 무게 작용으로 인하여 헛챔질이 개선되고 찌올림의 속도가 원만해진다.
- 실(활성도가 저조할 때): 붕어의 먹이 활동이 저조하여 입질이 예민하고 경계심이 강하면 반대편 떡밥의 무게 작용으로 인하여 찌올림이 부자연스럽거나 입질을 읽어 내지 못할 수도 있다. 따라서 이때는 두 바늘을 합본하거나 외바늘로 운용한다. 또는 두 바늘 모두 작은 바늘만 사용한다.

※ 치어, 잡어가 많은 낚시터에서 수수알 크기의 감자 조각이나 대하새우살 등 알갱이 형태의 미끼를 바늘 끝에 살짝 끼우면 씨알 선별력이 향상되며 헛챔질을 획기적으로 방지할 수 있다. 이유는 떡밥과 달리 결착력이 좋기 때문이다. 다만 낚시터의 종류나 계절 등에 따라 위의 먹이가 붕어에게 전혀 관심을 끌지 못할 수도 있다.

▶ 떡밥의 점성

떡밥의 물성(점성)에 따라 헛챔질 유무가 결정되므로 상황(수온＝계절, 활성도, 장소, 유속, 대상 어종)에 맞는 반죽을 반드시 실현시켜야 한다. 초보자의 이해를 돕고자 본서에서는 매우 기초적인 사례를 몇 가지 소개하는 것으로 하고, 떡밥 반죽 기술은 실력이 좋은 스승을 만나 전수받기 바란다.

· 유속이 심한 수로에서 평상시처럼 물성(점성이 말랑말랑한)이 좋은 떡밥을 반죽한다면 떡밥의 유실로 인하여 전혀 입질을 읽어 내지 못하거나 헛챔질이 발생할 수 있다. 따라서 이때는 초보자 시절로 돌아가 딱딱하고 콩알만 하게 부착해 보기 바란다. 반대로 유속이 없는 낚시터에서 딱딱한 반죽을 사용하면 전혀 입질이 오지 않거나 찌는 몸통까지 올라오는데도 전혀 챔질이 안 될 수 있다.
· 글루텐 떡밥의 끝자락을 치어나 대상어가 물고 늘어질 때도 헛챔질이 발생한다.
· 활성도가 좋고 나쁨에 따라 반죽의 점성이 맞지 않을 경우 헛챔질이 발생한다.

▶ 활성도와 바늘의 크기: 필자가 낚시터에서 자주 목격하는 사례로 장소(실내, 노지, 손맛터), 시기(수온이 높고 낮음 또는 계절), 활성도가 좋고 나쁨에 관계없이 **무조건** 붕어 바늘 3~4호 크기의 작은 바늘을 1년 내내 전천후로 사용하는 낚시인을 자주 목격한다. 참견할 수도 없고, 이분들 대부분 헛챔질로 인하여 곤혹을 치루기 일쑤다. 따라서 붕어의 활성도에 따라 바늘의 크기와 개수에 변화를 주고, 그 결과에 따라 챔질 타이밍을 잡기 바란다. 다시 말해서 헛챔질이 발생하면 또는 활성도가 좋아지면 바늘 크기를 과감히 다소 큰 바늘로 키우거나(단, 바늘이 가늘고 가벼워야 한다) 두 바늘로 운용한다. 두 바늘을 사용하거나 바늘 크기의 변화를 주는 이유는 바늘이 침력으로 작용하게 하여 헛챔질을 방지하기 위함이다.

▶ 활성도와 찌와의 관계: 활성도가 좋고 나쁨에 따라서 찌의 선택을 달리해야 한다. 이는 이어지는 ② 단원에서 자세히 다루기로 한다.

② 원인 2: 찌맞춤과 찌에 따라서(찌의 균형)

▶ 찌맞춤이 정확하지 않으면 헛챔질이 발생한다.

과거 케미 기준 찌맞춤법이 유행하던 시절(2007년 이전)에도 필자는 수조에서 한 번 찌맞춤 한 채비로 365일 사용하였다. 반면에 필자의 지인은 현장 상황을 고려해야 한다는 명목으로 현장 찌맞춤을 고수하였다. 문제는 현장 상황을 고려한다는 필자의 지인은 매번 출조 때마다 한 번 찌맞춤 한 채비 그대로(채비가 터질 때까지) 늘 다시 사용한다는 것이다. 물론 현장에 도착하여 부력을 재확인할 때도 있지만, 필자와는 늘 어획량과 찌올림에서 차이를 보였다. 지인은 그때마다 고개를 갸우뚱하며 영락없이 니퍼로 봉돌을 싹둑 잘라낸다. 아니, 현장 상황을 고려한다면 출조 때마다 찌맞춤을 다시 해야 하지 않을까?

필자가 늘 지인의 채비를 수조에서(바늘을 제거하고) 확인해 보면 단 한 번도 찌맞춤이 제대로 된 적이 없었다. 더 큰 문제는 이분도 자신의 채비(케미 기준 찌맞춤법)에 문제가 많다는 것을 알면서도 쉽게 받아들이지 못하였다. 현장 찌맞춤만이 더 예민하고 올바른 방법이라는 편견을 버리지 못하였던 것이다. 최고의 순부력을 자랑하는 찌만 써야 한다는 고정관념, 365일 늘 작은 바늘만 고집하는 고정관념도 마찬가지다.

이분의 찌맞춤은 늘 너무 가볍거나 또는 너무 무겁거나 이것도 저것도 아닌 어정쩡한 부력이었다. 이렇다 보니 헛챔질은 당연히 발생할 수밖에 없었고(부력이 맞지 않으면 정확한 어신이 찌에 전달되지 않는다), 이런 현상은 반복적으로 발생하며 그로 인하여 지인은 수시로 봉돌을 니퍼로 싹둑싹

김치성 동호인

둑 도깨비 방망이처럼 만들곤 하였다. 결국 부력은 늘 엉망진창이 되고 말았다. 지나고 나니 본인도, 필자도 참으로 답답한 시절이었다.

▶ 가벼운 찌맞춤의 문제점과 너무 예민한 찌의 문제점
과유불급(過猶不及) 무엇이든 지나치고 넘치면 문제가 발생하기 마련이다. 이는 낚시에서도 마찬가지다. 그래서 탄생한 게 현장 찌맞춤이고, 순부력이 엄청나게 좋은 찌만을 고집하는 현상이다.

시기, 장소, 여건을 불문하고 지나치게 예민하게 제작된 찌만 고집한다면 **반드시 헛챔질이 발생**할 수밖에 없다. 예를 들어 고수온기 수심이 깊고 활성도가 좋은데 50㎝ 이내의 순부력이 좋은 찌를 선택한다면 헛챔질 발생 빈도수가 엄청나게 심해질 것이다. 과거와 달리 현재는 찌맞춤 과정이 매

강경수 동호인

우 정교하고 예민한 상태를 유지하는데, 찌마저 지나치게 예민하다면 어떻게 되겠는가? 찌 선택에 있어서 수심, 활성도, 낚싯대의 길이 등 여러 환경적 요인과 낚시 조건을 고려하지 않고, 무조건 한 가지 제원으로 통일하여 적용하거나 상황에 맞지 않는 찌를 선택한다면 헛챔질 등 많은 문제를 유발시킬 수밖에 없다는 뜻이다.
결론적으로 현장 상황을 고려하지 않고 지나치게 가벼운 부력과 예민한 찌를 선택하는 것은 헛챔질의 원인이 되므로, 늘 현장 상황에 맞는 제원(상황에 맞는 적절한 부력, 순부력치, 전장 길이 등)을 적용하기 바란다.

활성도가 좋은 고수온기: 7푼 이상의 고부력 + 65~75㎝ 이상의 장찌 선택
활성도가 저조한 저수온기, 양어장, 하우스: 2.5~5푼 이내 + 50㎝ 이내의 단찌 선택
활성도의 변화가 심하고 수온변동기: 4~7푼 내외, 전장 길이50~65㎝ 이내

정리하면 공통적으로 수심이 깊고 낮음에 따라 전장 길이의 선택을 달리하고 칠의 마감, 찌톱, 찌다리의 두께 및 마감 처리, 몸통의 제질, 균형, 순부력 등 상황에 맞는 찌를 선택하기 바란다. 위와 같이 간략하게 정리하였지만 환경조건에 맞지 않는 찌를 선택하면 헛챔질은 반드시 발생한다.

③ 원인 3: 채비의 구조에 따라서

필자의 경우 노지에서 주로 원봉돌 채비를 유료낚시터에서는 원봉돌 채비와 함께 분할 형태의 채비를 겸하여 사용한다. 그런데 가끔은 붕어가 미끼와 함께 바늘을 목까지 삼킬 때가 있다. 주로 수온변동기나 고수온기에 발생하며 활성도가 매우 좋다는 반증이다. 이런 현상은 분할봉돌 형태의 채비에서 유독 많이 발생하였다.

문제는 바늘을 삼킬 만큼 활성도가 좋은데, 지나치게 예민한 찌맞춤+지나치게 예민한 찌+지나치게 가볍고 작은 바늘+지나치게 예민한 분할 형태의 채비 = 헛챔질이라는 결론을 내릴 수밖에 없다.

해법으로는 지나치면 부분적으로 변화를 줄 필요성이 있다. 예를 들어서 **바늘의 호수**를 과감히 키우는 방법이다. (이때 바늘의 종류나 크기는 바늘과 관련된 단원을 참고하기 바란다.) 결국 활성도에 따라 예민하고 가벼워서 생긴 현상이므로 활성도에 따라 서로 균형을 맞춰 줄 것인지 엇박자로 갈 것인지를 판단하고 적용해야 헛챔질을 예방할 수 있다는 뜻이다.

김주현, 신정기 동호인

예를 들어서 순부력이 상당히 높은 예민한 찌+예민한 분할채비+작은 바늘 = 활성도가 매우 저조할 때의 선택 기준이고, 적당히 예민한 찌+예민한 분할채비+작은 바늘 = 활성도가 약간 저조할 때의 선택 기준이다. 활성도가 저조해서 아주 미세한 입질이 발생할 때 속이 타들어 가고 환장할 노릇이다. 이런 시기에는 채비 구성을 굉장히 예민하게 하고 경량화해도 헛챔질은 잘 발생하지 않는다.

순부력치가 보통 수준의 찌+예민한 분할 채비+큰 바늘 = 활성도가 좋을 때의 선택 기준이고, 순부력치가 보통 수준의 찌+원봉돌 채비+큰 바늘 = 활성도가 아주 좋을 때의 선택 기준이다.

활성도가 매우 좋을 때는 찌가 쭉쭉 올라오고 찌가 눕거나 동동거릴 때 챔질을 하여도 헛챔질이 되는 경우가 종종 발생한다. 그야말로 귀신이 곡할 노릇이다. 이때는 속된 말로 봉사도 찌올림을 볼 수 있다. 이런 상황에서도 순부력이 좋고 예민한 찌와 채비를 고집하는 낚시인들을 쉽게 목격할 수 있다. 당연히 헛챔질과 한판 승부를 각오해야 할 것이며 절대로 이길 수 없다. 과거와 달리 현재는 찌맞춤마저 예민하지 않은가!

위의 예문이 절대적 표본치는 아니지만 이해를 돕기 위함이니 오해하지 않기 바란다.

④ 원인 4: 헛챔질의 가장 큰 원인 중의 하나는 잡어의 소행이다

모든 처방에도 묵묵히 헛챔질이 발생한다면 단연코 잡어(새우, 징거미, 참붕어, 납자루, 미꾸라지, 올챙이 등)나 치어의 소행임에 틀림없다. 경험이 풍부한 낚시인은 몇 차례의 투척만으로도 물속 생태계를 짐작할 수 있기 때문이다. 그래도 미심쩍으면 이중 챔질법을 통해 치어를 확인해 보기 바란다(〈Ⅲ. 3. (4)② 이중(이단) 챔질법〉 단원 참고). 필자는 이중 챔질법으로 새우, 잡어, 치어를 낚아 본 경험이 많았다. 결국 **치어의 입질에 찌가 쉽게 반응하는 것은 과거와 달리 그만큼 찌맞춤이 정교해졌다는 뜻이다.**

※ 간혹 유료 낚시터에서 점주가 작년에 물을 빼고 치어(잡어) 작업을 완료하였기 때문에 큰 놈들만 있다고 항변한다. 필자는 헛챔질의 원인을 파악하지 못한 상태에서 잡어를 의심할 수밖에 없는 처지였다. 작은 바늘로 교체하고 이중 챔질법으로 치어를 확인할 수 있었다.

잡어의 소행이 확실시된다면 결국 떡밥운용법을 통해 해결할 수밖에 없다. 방법이야 다양하겠지만 가장 고전적인 방법인 집어용 떡밥만으로 대상 어종의 군집과 입질을 함께 유도할 것인지 짝밥(콩알떡밥+집어떡밥) 운용으로 템포낚시를 할 것인지를 판단한다. 만약 떡밥운용으로 전혀 해결 기미가 보이지 않는다면 할 수 없이 휴식을 취하며 입질 시간대(잡어의 성화가 잠잠해질 때까지)까지 기다린다.

대상어와 잡어가 함께 먹이 활동을 한다면 짝밥으로 꾸준히 낚시를 진행하면서 다른 한쪽 낚싯대의 채비는 생미끼로 대처하는(집어떡밥+생미끼) 것도 하나의 좋은 방법이라 하겠다. 필자는 떡밥낚시꾼이 생미끼로 전환하였다고 하여 자존심에 타격이 온다는 생각을 버린 지 오래되었다. 낚시는 어디까지나 내 마음의 힐링을 위한 취미일 뿐이다.

결론적으로 위의 내용 외에도 헛챔질의 원인은 무수히 많다. 그중 채비의 구조, 떡밥운용법, 찌 선택, 바늘 크기, 챔질 방법이나 타이밍, 부력값 등 순차적으로 해법을 찾아가는 과정에서 원인 발생 요인이라 판단된다면 과감히 변화를 주어야 한다는 뜻이다.

신대환 동호인

⑤ 오링 가감에 대하여 알아보자(헛챔질 처방 중 가장 적은 비중을 차지하는 오링 가감)

출조 당일 헛챔질이 심하여 바늘 크기, 떡밥운용술, 찌의 선택 등 여러 문제를 해결의 실마리로 접근하였지만, 그래도 개선이 부족할 때는 최종적으로 찌맞춤에도 변화를 주면 간혹 원인의 처방이 될 수도 있다. 이때 **추가하는 오링 1개의 무게는 찌톱의 굵기, 찌의 성능, 찌톱의 길이에 따라서 제각각 차이가 날 수밖에 없어** 대략적인 원리만 설명하기로 한다.

(예) 필자가 소장하고 자주 사용하는 찌톱의 굵기는 지름 0.4~0.5㎜, 찌톱 한 마디의 길이는 2.5~3㎝이다. 필자가 사용하는 ㈜나노피싱 제품 기준으로 찌톱 한 마디의 무게는 나노오링 0.018g에 해당된다. 반 마디는 나노오링 0.010g이다.

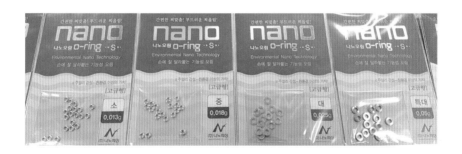

여러 처방에도 불구하고 헛챔질 발생 빈도가 개선의 기미가 보이지 않는다면 이때 부력에도 변화를 주기 바란다. 다시 말해서 미리 부착한 스냅에 찌톱 1마디 무게에 해당되는 오링 1개를 가감한다. 그래도 개선이 안 된다면 1개를 더 추가한다. 이때 오링 1개의 부력은 찌톱 1마디에 해당된다. 만약 그래도 개선이 안 되면 그 이상의 범위는 입질 빈도수를 떨어트리는 문제가 발생하므로 이때는 **찌맞춤(부력 변동)으로 문제를 해결할 수 있는 범주가 아니라 보면 된다.**

참고로 현장 상황(활성도, 수온, 계절, 수심 등)을 고려하지 않고 지나치게 예민한 찌, 작은 바늘 등을 사용하여 발생한 헛챔질은 오링을 가감하는 방법으로 문제 해결이 어렵다.

※ 본인이 소장하고 있는 찌(찌톱 0.4~0.5㎜)의 찌톱 1마디 길이가 2.5㎝라 가정하고, 이때 찌톱 한 마디 기준으로 각각의 오링 무게를 측정하여 데이터를 수집하기 바란다.

II.

찌맞춤법

1. 전통올림낚시 수조 찌맞춤법

(1) 찌맞춤 전에 알아야 할 사항

① 전통올림낚시 찌맞춤법은 바늘을 달지 않고 찌맞춤 한다

'무바늘'은 '전통올림찌맞춤낚시'에서 매우 중요한 이론이다.

아래의 그림 ⓐ와 같이 최초 '무바늘 찌톱 한 마디 찌맞춤' 상태에서 채비를 수거하여 ⓒ와 같이 바늘을 부착하여 물에 넣어 보면 바늘 무게만큼 찌가 좀 더 무거워짐을 알 수 있다. 이때 찌는 무거워졌지만 최초의 찌맞춤 기준이 변한 것은 아니다.

이번에는 부력 변화에 대한 실험을 해 보자. ⓑ처럼 봉돌에 바늘을 미리 단 상태로 '찌톱 한 마디 기준 찌맞춤'을 해 보자. 다시 바늘을 제거해 보면 그림 ⓓ처럼 바늘 무게 만큼 찌는 떠오를 것이다. ⓑ의 실험 결과는 ⓐ 실험과 달리 바늘 무게가 포함된 찌맞 춤(부력)이다.

위의 두 실험과 같이 바늘 무게(개수)에 따라서 찌가 무거워지거나 또는 부력에도 변 화가 올 수 있음을 알 수 있고 서로 의미가 다르다.

정리하자면 **전통올림낚시 찌맞춤의 끝과 끝은 봉돌과 찌와의 함수관계**이다. 찌맞춤 과정에서 바늘을 제거하고 찌맞춤 하지 않을 경우 바늘의 개수나 무게만큼 고스란히 부력으로 작용하여(바늘의 무게만큼 부력이 가벼워져) 봉돌은 불안정한 상태로 바닥 에 닿거나 뜨게 된다.

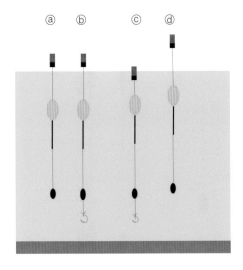

현재는 봉돌에 바늘을 달고 찌맞춤 하는 사람들이 많지 않지만, 10년 전까지만 하여도 일부를 제외한 상당수의 낚시인들은 봉돌에 바늘을 달고 찌맞춤 하였다. 그렇지만 아이러니하게도 우리식 표준 찌맞춤법은 봉돌에 바늘을 달지 않았다. 필자는 과거의 올바른 이론을 다시 한번 정리하고 계승·발전시켰을 뿐이다.

② 표면장력에 대한 올바른 이해

　낚시 진행 중에 표면장력 때문에 찌가 안 올라온다고 주장하는 사람들이 있다. 단순히 생각해 보면 그럴 듯하다. 그렇지만 좀 더 깊이 생각해 보면 봉돌이 바닥에 닿는 전통올림낚시에서는 **크게 의미가 없어** 보인다(이유는 2. 전통올림낚시 수조 찌맞춤 이론과 수심 맞추기 단원에서 다룬 내용이라 생략한다). 표면장력은 물체의 표면적과 관련이 있는데, 표면적이 넓고 좁음에 따라 표면장력의 발생 비율이 달라지는 것은 사실이나 이때의 **표면장력은 찌맞춤 과정에서만 관련이 있을 뿐이다.** 그렇다면 찌맞춤과 표면장력은 어떤 관계가 있을까? 케미꽂이, 케미컬라이트는 찌톱에 비하여 표면적이 넓다. 반면에 찌톱은 가늘면 가늘수록 표면장력이 미미하다. 그림 A, B, C의 설명을 통해 이해를 돕겠다.

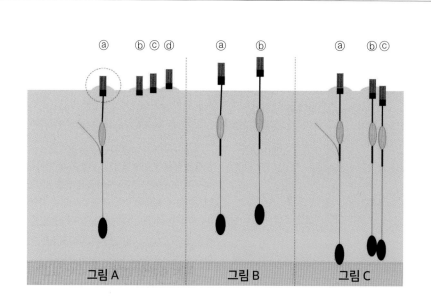

▶ 그림 A 설명: 표면적이 굵은 케미꽂이 또는 케미컬라이트 기준 실험

ⓐ 케미컬라이트 기준 찌맞춤 상태에서 케미컬라이트의 굵은 표면적으로 인하여 표면장력이 발생한다.

ⓑ ⓐ의 찌맞춤 미세조정 단계에서 납추를 일정 부분 추가 제거하였지만, 표면장력으로 인하여 전혀 표시가 나지 않는다. 참고로 과거와 달리 현재는 O링으로 가감한다(〈II.2. 2차 오링가감법〉 단원 참고).

ⓒ ⓑ의 부력을 좀 더 가볍게 하기 위하여 납추를 추가적으로 제거하였지만, 표면장력으로 인하여 크게 차이를 느낄 수 없다.

ⓓ 납추를 추가로 제거하면 그제야 표시가 나기 시작한다.

10년 전 유행하였던 케미꽂이나 케미컬라이트 기준 찌맞춤법은 표면장력으로 인하여 정확한 찌맞춤이 어려울 수밖에 없었다. 이유는 케미꽂이나 케미컬라이트의 **굵은 표면적 때문**이다. 특히 낚싯대가 길 경우, 정확한 부력 변동폭을 확인하는 데 많은 어려움이 있었다. 간혹 경험이 풍부한 낚시인은 목적하는 부력을 만들어 낼 수 있었으나 할인마트에서 행운권 추첨에 당첨될 확률 정도로 오차 편차가 심하였다.

필자가 실전에서 경험한 사례를 예를 들어 보겠다.

사례 (1) 필자가 위와 같은 찌맞춤을 즐겨하던 경험이 풍부한 大선배 낚시인의 채비를 전부 집으로 가져와 (수조에서) 확인해 본 결과, 낚싯대 10대 중 단 한 대도 제대로 찌맞춤 된 채비가 없었다(긴 대일수록 부력 오차가 크다). 심지어 같은 길이 낚싯대, 수심, 채비임에도 제대로 된 채비가 없었다.

사례 (2) 돌이켜 보면 어느 한 개인뿐만 아니라 필자에게 찌맞춤법을 배우러 온 낚시인 전원(100%)이 그러하였다. 이들 중 대부분은 자신은 예외라고 혈변을 토하지만, 그분들의 채비를 수조에 넣는 순간 더 이상 말문을 열지 못하였다.

어찌 되었든 위와 같은 찌맞춤 방법을 현장이 아닌 수조에서 실행해 보자. 찌톱 1마디의 무게에 해당되는 미세한 크기의 납추를 여러 차례에 걸쳐서 제거해 보지만, 위의 그림 A와 같이 거의 구분되지 않는다. 하물며 현장에서 **멀리 떨어져 있는 케미컬라이트의 노출 상태를 미세한 부분까지 정확히 인지하기란 그리 쉽지 않다.** 특히 노약자, 초보자(입문자), 감각이 둔한 사람, 시력, 자연환경(기후, 주야간) 등의 많은 제약이 따른다. 정리하자면 과거의 케미 기준 찌맞춤법은 굵은 표면적으로 인하여 표면장력이 많이 발생할 수밖에 없었고, 낚시인들은 표면장력을 제대로 이해하지 못한 데에서 오류를 범할 수밖에 없었던 것이다.

당시 그래서 필자가 '찌톱 기준 찌맞춤법'을 권장하고 발표하였던 것이다.

▶ **그림 B 설명: 표면적이 작은 찌톱 기준 실험**

⒜ 찌톱 1마디 기준 찌맞춤 상태이다. 찌톱이 가늘다 보니 표면장력이 거의 발생하지 않는다.
⒝ 찌톱 1마디만큼의 무게(납추)를 제거하였더니 그림 A의 실험과 달리 찌톱이 제거한 만큼(1마디) 더 노출되었다. 만약 납추가 아닌 오링을 활용하여도 실험 결과는 마찬가지다.
결론적으로 찌톱이 가늘기 때문에 찌맞춤 과정에서 표면장력은 크게 문제가 되지 않는다.

▶ **그림 C 설명: 전통올림낚시의 수심 맞춤과 표면장력**

⒜ 봉돌이 바닥에 닿아 있기 때문에 표면장력은 크게 문제가 되지 않는다.
⒝ ⓒ 봉돌이 바닥에 불안정 안착되면 표면장력이 발생한다. 이때 활성도에 따라서 득과 실이 달라진다
〈Ⅰ.2.⑶ 수심 맞추기〉 단원 참고).

찌맞춤이 완성된 채비를 가지고 현장에 도착하여 그림 C의 ⓐ와 같이 수심을 맞추면 틀림없이 표면장력이 발생한다. 그렇지만 봉돌이 바닥에 닿아 있기 때문에 표면장력이 발생하였어도 찌올림에 크게 지장을 주지 않는다. 다시 말해서 찌맞춤을 정확히 하였다면 최소한 전통올림낚시에서는 표면장력은 문제가 되지 않는다.

다만 활성도가 저조하거나 수심이 깊어 채비가 불안정 안착 상태라면 입질이 다소 경망스러울 수 있고, 심하면 전혀 입질을 읽어 내지 못할 수도 있다. 이유는 **표면장력 때문이 아니라 채비의 불안정 착지 때문이었던 것이고, 이를 이해하지 못한 낚시인들이 표면장력이 찌를 못 올려 준다고 오해하였던 것이다.** 따라서 이때는 찌톱을 반 마디에서 1마디 이상 올려 주면 거짓말처럼 개선되는 것을 체험할 수 있을 것이다. 반대로 붕어의 활발한 입질(활성도가 좋아지면)로 인하여 헛챔질이 심하다면 오히려 불안정 안착 상태는 헛챔질을 방지하는 효과로 나타난다. 이유는 **봉돌이 떠 있는 만큼의 사각지대나 불안정 안착 상태는 찌올림을 억제시켜 주는 작용을 하기 때문**이다.

위의 A, B, C 실험을 통해서 알 수 있듯이 전통올림낚시의 표면장력은 찌맞춤과 관계가 있을 뿐인데 엉뚱하게 표면장력 때문에 찌가 안 올라온다는 오해를 하였던 것이다.

③ 수온(계절) 변동기의 찌맞춤 할 장소 선택 - 실내에서 찌맞춤 할 때 이런 걱정은 하지 말자

저수온기, 수온변동기(봄, 가을)는 실내 온도와 바깥 온도의 차이가 심할 수밖에 없다. 마찬가지로 실내 수조 온도와 현장 물의 온도 차이도 심할 것이다. 만약 바깥 온도와 어느 정도 비슷한 장소에 수조를 설치한다면 수온 차이를 좁힐 수 있지 않을까?!

위와 같은 염려 때문에 수조를 창고나 마당의 한구석에 설치하여 찌맞춤 할 것인가?

한마디로 말해서 그럴 필요 없다.

④ 찌의 하강(낙하)속도 제어

▶ 찌의 하강(낙하)속도 제어

현장이든 수조든 찌맞춤 할 때 채비를 물속(수조)에 넣어 보면 찌와 봉돌은 바닥으로 내려가며 일정한 속도가 날 수밖에 없다. 이를 찌의 '하강속도' 또는 '낙하속도'라 한다. 문제는 현장에서 찌맞춤 하게 되면 하강속도를 제어할 방법이 없다는 것이다. 반면에 **수조는 얼마든지 인위적인 제어가 가능**하다. 다만 수상좌대에서 수조 찌맞춤과 동일한 방법으로 찌맞춤 하는 방법을 논하는 것은 아니다.

• 실험 (1) 찌의 하강속도 수조 실험

수조 찌맞춤 과정을 통해 찌의 하강속도 실험 결과를 설명하기로 한다. 무바늘 찌톱 1마디 기준 수조정밀 찌맞춤 과정에서 찌의 하강속도를 제어한 부력과 제어하지 않은 찌의 부력 기준값 차이는? 찌의 제원(종류)에 따라 약간씩 다르게 나타나지만 대략 1~3㎝의 편차가 발생한다. 다시 말해서 제어하지 않은 채비가 1마디 이내로 더 가볍게 찌맞춤 된다. 이때 찌톱의 상단, 케미꽂이, 케미컬라이트 등에 물이 묻고 안 묻고에 따라 차이가 나는데 물방울이 묻으면 약5mm~1.5㎝ 정도 더 무거워진다. 하강속도 + 물방울 = 1마디 정도의 무게로 보면 된다. 이때 찌톱의 굵기는 0.4~1mm 이내이다.

사진A 최초 0링 5개 부착

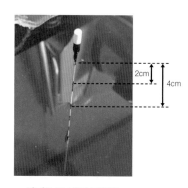
사진B 두 마디 기준점

사진C 표면장력 발생

사진 속 찌톱 1마디 길이는 2㎝이며 O링(오링) 1개의 무게는 찌톱 3㎝에 해당되는 무게다. 최초 실험으로 오링 4개를 나노추에 미리 부착하고 찌톱 2마디에 영점 기준점을 잡았다. 기준점 잡는 과정에서 찌의 하강속도를 최대한 제어하고 케미꽂이, 케미컬라이트, 찌톱에 물이 묻지 않게 휴지로 수시로 닦았다. 다시 말해서 찌톱 2마디(4㎝ 부분)와 수조 수면과 일치하게 영점을 잡았다.

다시 엄지와 검지를 이용하여 케미컬라이트를 잡고 찌톱과 몸통이 만나는 부분에서 찌를 놓았다. 이번에는 케미꽂이, 케미컬라이트에 물을 묻히고 휴지로 닦지 않았고, 찌가 하강하는 과정에서 찌의 하강속도도 인위적으로 제어하지 않았다. 결과는 〈사진 C〉와 같이 되었다. 더 이상 떠오르지 못하는 이유는 물 표면이 잡고 있던 **표면장력** 때문이다.

사진D 최초 0링 4개 부착

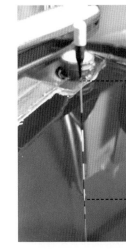

사진E 세 마디 기준점

사진F 엄지와 검지로…

사진G 최초 0링 4개 부착

사진H 물 묻히기

사진I 찌톱의 표면장력은 미미

두 번째 실험은 영점기준점(찌톱 7㎝ 부분)을 좀 더 높게 잡았다. 실험에 사용한 O링 1개의 무게는 찌톱 3㎝에 해당된다. 기준점을 잡는 과정에서 찌의 하강속도를 최대한 제어하고 케미꽂이, 케미컬라이트, 찌톱에 물이 묻지 않게 휴지로 수시로 닦았다.

다시 〈사진 F〉와 같이 엄지와 검지를 이용하여 케미컬라이트를 잡고, 찌톱과 몸통이 만나는 부분에서 찌를 놓았다. 이번에는 찌가 하강하는 과정에서 찌의 하강속도를 인위적으로 제어하지 않았다. 결과는 사진 G와 같이 찌톱 길이 약 1~1.5㎝ 정도 무거워졌다.

이번에는 〈그림 H〉와 같이 찌톱이나 케미컬라이트에 물을 묻히고 다시 하강속도에 의한 부력 변동폭을 측정해 보니 〈사진 I〉와 같이 찌톱 길이 약 3㎝ 정도 더 무거워졌다. 결국 수조에서 하강속도와 물방울의 무게로 인하여 부력이 무거워지는 부력은 약 1~3㎝ 정도로 보면 된다.

• 실험 (2) 현장 실험과 수조 실험 병행

첫 번째 실험으로 봉돌에 바늘을 달지 않고 찌톱 한 마디 부분과 현장 수면이 일치되도록 현장에서 찌맞춤을 완성하였다. 찌맞춤 과정에서 찌의 하강속도를 제어할 수 없었고, 찌톱이나 케미꽂이(케미컬라이트)에 묻은 물도 제거할 방법이 없었다.

현장 찌맞춤과 수조 찌맞춤의 부력 차이 실험

현장찌맞춤으로 찌톱1마디 노출

현장에서 찌맞춤한 채비를 수조에서 확인

중앙의 사진과 같이 현장의 바닥에서 봉돌을 15㎝ 띄우고 오링을 활용하여 찌톱 1마디 부분이 현장 수면과 일치되도록 찌맞춤을 완성하였다.

현장에서 찌맞춤이 완성된 채비(원줄 1.5호, 낚싯대 3.2칸, 수심 2m)를 집으로 가져와 수조에서 확인해 본 결과, 수조 찌맞춤 상태보다 약 6~7㎝(2~3마디 이상) 더 가볍게 찌맞춤 되었음을 알 수 있었다.

　이번 실험으로는 2~3마디 정도의 차이가 발생하였지만, 보통의 경우 찌톱 3마디 이상 떠오를 때도 많았다. 심할 경우 그 이상을 표시하는데, 그 이유는 표면장력, 수심 차이, 원줄의 호수(굵기), 찌의 종류, 낚싯대의 길이, 현장 조건, 낚시인의 감각(육감, 재능), 채비의 균형 등에 따라서 차이가 날 수 있다.

　두 번째 실험으로 수조에서 무바늘 찌톱 1마디 기준 수조정밀 찌맞춤을 완성한 채비를 현장에 가져가서 투척하면 케미꽂이 또는 케미컬라이트의 일정 부분이 현장 수면 경계선과 일치(잠수)하게 된다. 채비를 다시 꺼내서 오링을 (찌톱 1마디 부분이 현장 수면과 일치될 때까지) 제거한다. 이때 **제거한 오링의 개수와 무게 등을 데이터 자료로 축적시키고, 수조와 현장의 부력 차이가 어느 정도인지 파악할 수 있다.**

　위의 실험 결과와 같이 찌의 하강속도를 제어하지 못하게 되면 물 표면이 굵은 표면적의 케미꽂이나 케미컬라이트를 잡게 될 것이고(표면장력 발생) 케미꽂이, 케미컬라이트에 물이 묻는다. 이러한 영향을 받고 찌맞춤 된 채비는 수조 찌맞춤 상태보다 더 가벼워질 수밖에 없다.

　그렇다면 여기서 한 가지 의문이 발생한다.

현장 찌맞춤을 주장하는 분들의 질문

　무바늘 찌톱 1마디 기준 현장 정밀 찌맞춤 과정에서 납추 또는 O링을 미세하게 지속적으로 제거하는 방법으로 마침내 표면장력을 깨고 찌톱 1마디 부분이 현장 수면과 일치하게 찌맞춤을 완성하였다면 **수조 찌맞춤보다 훨씬 예민하게 찌맞춤 되었기 때문에**

문제될 일이 있는지 반문할 것이다.

이정호의 답변

올바른 방법으로 찌맞춤을 완성(현장에서 찌톱 1마디 부분에 일치하도록)하였다면 필자도 현장 찌맞춤 자체에는 크게 문제가 없다고 본다. 다시 말해서 현재는 올바른 방법의 현장 찌맞춤 방법이 개발되었기 때문에 '무바늘 찌톱 기준 현장 찌맞춤'과 '무바늘 찌톱 기준 수조정밀 찌맞춤'에서 얻어낸 각각의 부력 기준값의 **오차 차이(편차)를 이해하고 득과 실이 어떻게 작용하는지를 알게 되면(현장 기준값 또는 수조 기준값 중 어떤 부력 기준값이 낚시에 더 유리하게 작용하는지를 알게 되면) 문제는 간단히 해결된다는 게 필자의 주장이며 본서가 다루는 내용의 핵심 중 하나**이다.

> ※ 참고로 수조 찌맞춤 기준값과 현장 찌맞춤 기준값의 부력 차이는 찌톱 2~3마디 정도가 일반적이며(그 이상이 될 수도 있다) 이때 부력 차이를 변동시킬 수 있는 필요한 O링은 딸랑 2~3개에서 많게는 5개 이내일 뿐이다.
> ⟨Ⅱ.2. 2차 오링가감법⟩ 단원을 참고하자(오링 가감은 볼륨의 역할을 한다).

그렇다면 **현장찌맞춤 기준값과 수조 찌맞춤 기준값 중 어떤 기준값이 낚시에 더 유리하게 작용할까?(1년 평균 가장 적절한 부상력값으로 작용할까?)**

필자가 오랜 세월 두 방법을 비교하면서 운용해 본 결과 현장에서 찌맞춤 한 찌톱 1마디 기준값은 부력이 너무 가볍기 때문에 특별한 경우(극저수온기, 저수온기, 활성도가 극히 저조할 때 일시적으로 활용)를 제외하면 수류에 취약하고, 헛챔질과 경망스러운 입질(빨리는 입질, 미사일처럼 솟구치는 입질 등)로 인하여 짜증스러운 낚시가 전개될 수밖에 없었다.

그렇다면 수조에서 찌톱 1마디에 찌맞춤 한 부력 기준값은?

1년 평균으로 볼 때 가장 낚시가 잘 되는 부력임에 틀림없으나 상황에 따라 오링을 추가하거나 제거해야 할 때도 있었다. 예를 들어서 활성도가 아주 좋을 때는 필자가 발표한 수조정밀 찌맞춤법도 가벼운 찌맞춤에 해당되므로 헛챔질이 자주 발생하였고, 저수온기 또는 활성도가 미약할 때는 일시적으로 오링을 제거해 줄 필요가 있었다. 다시 말해서 가변적(외적) 요인에 의한 현장과 수조의 부력 차이가 그리 크지 않기 때문에 오링가감법으로 얼마든지 부력 변동이 가능하였으므로, 굳이 현장에서 찌맞춤 해야 할 필요성을 전혀 느끼지 못하였다.

정리하자면 **두 방법 모두(현장 무바늘 찌톱 1마디 기준 정밀 찌맞춤 또는 수조 무바늘 찌톱 1마디 기준 정밀 찌맞춤) 올바른 방법이지만 1년 평균으로 볼 때 수조 찌맞춤 상태가 가장 적절한 부력임에 틀림없었고, 현장과 수조 사이의 기준값 차이는 오링 (2~5개)을 통해(상황에 맞게) 해결(수시로 변동)이 가능하다는 뜻이다.** 좀 더 자세한 내용은 이어지는 단원에서 다루기로 한다.

⑤ 외적 요인(가변적 요인)과 환경적 요인이란?

가변적 요인(케미꽂이, 케미, 찌톱 등에 묻어 있는 물방울의 무게와 표면장력, 원줄의 영향, 원줄과 수류의 관계 등), 찌의 하강속도, 낚싯대 길이와 수심의 깊이에 따른 변수, 현장의 변수(날씨 등 낚시터가 늘 고요할 수 없다), 낮과 밤, 인간의 눈대중(육감) 오차값 등을 말한다.

아래의 그림 A의 무바늘 찌톱 1마디 기준 수조정밀 찌맞춤 부상력 기본값은 수조에서 '0', 즉 무중력이라면 현장에 가서 수조정밀 찌맞춤 한 채비를 투척과 동시에 부력이 무겁게 변한다. 즉 '+' 플러스 찌맞춤으로 변한다. 이때 부력이 무겁게 변동하는 이유는 원줄의 무게(비중) 외에 여러 외적 요인(가변적 요인)과 환경적 요인이 작용되었기 때문이다.

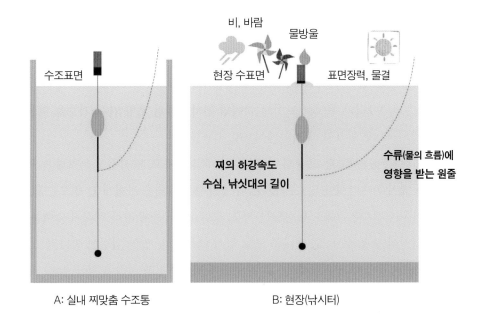

비, 바람   물방울

수조표면   현장 수표면   표면장력, 물결

찌의 하강속도
수심, 낚싯대의 길이

수류(물의 흐름)에
영향을 받는 원줄

A: 실내 찌맞춤 수조통   B: 현장(낚시터)

그림 A처럼 찌톱 1마디 부분이 수조 수면과 일치하게 수조 정밀 찌맞춤하여
그림 B처럼 현장에 투척하면 여러 요인으로 의하여 찌톱은 수면에 잠기게 된다.

반대로 현장에서 무바늘 찌톱 1마디 기준 정밀 찌맞춤을 완성하여(이미 외적, 환경
적 요인이 적용된 채비를) 수조에 넣어 보면 보통은 찌톱 2~3마디 떠오르게 된다. 심할
경우, 그 이상(현장, 채비 조건에 따라서 3~5마디)을 표시하기도 하는데, 그 이유는 외
적(가변적) 요인인 수심, 원줄의 무게, 찌의 종류, 낚싯대의 길이 등이 좀 더 심하게 작
용하였기 때문이다. 예를 들어서 수심이 깊은 장소에서 찌의 전장 길이가 짧고, 경량화
된 저푼수의 찌에 굵은 원줄을 사용하여 찌맞춤을 완성하였다면 불균형으로 인하여 수
조와 현장과의 부력 편차는 심할 수밖에 없다.

예 (1) 활성도가 저조하거나 저수온기라면? 활성도가 저조하거나 저수온기 손맛터,
양어장이라면?

저수온기 활성도가 저조한 시기와 장소라면 찌와 채비를 최대한 경량화시키고, 원줄

은 가벼운 모노필라멘트사를 선택하며, 호수도 0.8~1.2호를 선택해야 한다. 이때 자신이 주로 사용하는 찌나 원줄의 종류, 수심 등에 따른 수조와 현장 간의 부력 차이가 어느 정도인지 평소 데이터 값을 자세히 정립해 놓으면 매번 출조 때마다 힘들게 현장에서 찌맞춤 할 이유가 없어진다.

보통은 2~3마디의 차이를 보이며 이때의 **편차만큼의 오링 가감 기준을 적용**시키면 된다(일시적으로 필요할 때만 선택적으로 적용한다).

이때 편차만큼 필요한 오링의 개수는 1~3개 정도이고, 낚시터에 도착하여 처음부터 오링을 제거하여 낚시할 필요는 없다. 다시 말해서 부력을 가볍게 할 필요는 없다.

그 이유는 저수온기에도 활성도는 시간, 수온, 장소 등에 따라 달라지기 때문에 처음부터 입질이 좋을 수도 있고, 나쁠 수도 있기 때문이다. 만약 입질이 좋다면 기본 수조 찌맞춤으로 운영하다가 점차적으로 활성도가 저조해지면 미리 부착해 놓은 오링을 점차적으로 1~3개를 제거하면 될 것이다. 즉 현장 찌맞춤과 동일한 부력으로 가볍게 또는 무겁게 변환이 용이하며 음향·영상기기의 볼륨과 같다. 주의할 점은 부력 변화에 앞서 채비의 구조, 떡밥운용술, 찌의 선택, 바늘 교체 등 운용술이 우선되는 것이고(운용술에 변화를 주는 것이고), 최종적으로 필요시에만 일시적으로 부력에 변화를 주기 바란다.

예 (2) 활성도가 좋은 고수온기라면?

원줄의 굵기는 상황에 맞춰서 수시로 변할 수밖에 없지만 항상 같은 호수를 사용한다는 것이다. 예를 들어서 저수온기에 1.5~2호 이상의 굵은 줄을 사용하지 않듯이, 고수온기에 1호 이하의 가는 줄은 사용하지 않기 때문에, 충분한 데이터 수집이 가능하다는 뜻이다. 다시 말해서 활성도가 좋은 고수온기의 떡밥낚시의 원줄의 굵기는 1.5~2호를 주로 사용하므로 호수의 데이터 값은 뻔할 수밖에 없다는 뜻이다.

▶ 편차를 분석하여 데이터 찾기: 저수온기 원줄 0.8~1호, 수심 2~3m권의 3.0칸 낚싯대라 가정한다.

- 현장 찌맞춤법: 무바늘 상태에서 찌톱 한 마디 부분이 현장 수면과 일치하게 찌맞춤 한다. 세팅된 채비를 낚시하고자 하는 포인트에 투척하면 찌가 서서히 하강하여(바닥에서 봉돌은 10~30㎝ 이내로 띄우고) 찌톱 한 마디 부분이 수면과 일치하는 시점에서 일정 시간 유지되는 시점을 말한다.
- 수조 찌맞춤법: 이정호식 무바늘 찌톱 한 마디 수조정밀 찌맞춤을 말한다.

다시 말해서 찌톱 1마디 부분이 수조 수면과 일치한 정점을 말하며 현장과 달리 한번 맞춰진 정점은 시간이 흘러도 변함이 없어야 한다. 이때 찌톱 1마디 무게에 해당되는 O링을 3~5개 미리 부착하고 찌맞춤 한다(O링 무게까지 적용시켜서 찌맞춤 한다).

위와 같은 방법으로 보통의 양어장, 손맛터에서 현장 찌맞춤한 채비를 수조에 가져와 넣어 보면 보통은 찌톱 2~3마디에서 많게는 3~5마디 정도가 뜨게 된다. 뜨는 여러 원인 중 원줄이 차지하는 비율은 원줄의 호수에 따라 다르고 찌의 종류마다 약간의 차이가 있지만, 대부분 비슷한 값이다. 결국 원줄이 가늘고 경량화된 채비나 수심이 얕은 장소는 현장과 수조와의 부력 편차는 보통 2~3마디 이내이며 그 이상의 상황 조건(좀 더 깊은 수심과 굵은 원줄)이라면 그 이상(보통은 3~5마디)의 차이를 보이는 것이 일반적이다.

위와 같이 원줄이 차지하는 비중 차이와 오링을 가감(제거 또는 부착)하는 과정에서 발생하는 부력 차이 등 적용 기준 데이터가 정해져 있다.

찌도 마찬가지다. 찌톱의 굵기, 전장 길이, 부력(부피, 크기) 등은 원줄의 호수에 따라 영향을 받기 마련인데, 예를 들어 보자. 저부력 찌에 굵은 호수의 원줄을 사용한다면 찌는 원줄로부터 지배를 받을 수밖에 없고, 최초 수조에서 찌맞춤 한 기본값은 의미가 상실되고 말 것이다. **이유는 서로 균형이 맞지 않기 때문이다.**

(예) 두 개의 저부력찌(전장 길이 50㎝ 이내, 2.5~3푼, 0.4파이 이하)를 준비하고 하나는 모노필라멘트 0.8~1호 이하를 사용하여 무바늘 찌톱 1마디 현장정밀 찌맞춤을 완

성하고, 똑같은 사양의 또 다른 저부력 찌에는 모노필라멘트 1.5~2호를 사용하여(똑같이 현장 찌맞춤을 완성하여) 각각의 채비를 수조에 넣어 확인해 보면 부력의 차이를 알 수 있다. 참고로 카본줄을 사용한다면 찌맞춤의 의미는 완전히 상실되므로 논제거리 자체가 되지 않는다.

결국 이런 불균형은 많은 부작용을 발생시키는데, 대표적으로 헛챔질, 경망스러운 입질, 입질 빈도수 저하 등이다. 심지어 카본사를 사용한다면 엉망진창이 될 수밖에 없다.

정리하자면 붕어의 입질폭이 저조한 저수온기라면?

외적인 요인, 환경적 요인에 따른 수조와 현장의 부력 편차는 보통의 경우 2~3마디 이내이므로 최초 수조 찌맞춤 과정에서 필요한(미리 부착하고 찌맞춤 해야 할) O링은 딸랑 2~3개뿐이다. 이유는(특히 이런 시기에는) 원줄의 굵기나 찌맞춤은 상당히 민감한 수준까지 끌어올릴 것이고, 채비 전체를 상당한 수준으로 경량화시켰다는 뜻이다.

결국 저수온기는 고수온기와 달리 입질폭이 저조할 수밖에 없기 때문에 간혹 수조 찌맞춤 기본값보다 좀 더 가볍게 부력을 변동할 필요성이 판단된다면 오링 1~3개 이내에서 탈부착하면 될 것이지, 굳이 현장에서 찌맞춤 해야 할 필요가 없다는 뜻이다.

붕어의 입질폭이 좋은 고수온기라면?

외적인 요인, 환경적 요인에 따른 수조와 현장의 부력 편차는 보통의 경우 2~3마디 이내이므로 최초 수조 찌맞춤 과정에서 미리 부착하고 찌맞춤 해야 할 필요가 있는 O링은 딸랑 2~3개뿐(최고 5개)이다.

그렇지만 중요한 것은 **고수온기는 저수온기와 달리 입질폭이 좋을 수밖에 없기 때문에 현장 맞춤의 가벼운 부력보다 수조 찌맞춤 기본값이 더 유리하게 작용한다는** 점이다. 따라서 고수온기일수록 현장 찌맞춤의 아주 가벼운 부상력은 의미가 줄어들 수밖에 없다. 만약 그래도 더 가벼운 부상력 값이 필요하다면 미리 부착해 놓은 오링 1~2개를 점차적으로 제거하면 될 것이다. 그 이상의 가벼운 부력 변동폭은 크게 의미가 없기 때문이다. 이유는 모든 문제(입질 빈도수, 찌올림의 폭과 품질)를 더 이상의 부력 변화에 매달리지 말고, 각종 운용술을 먼저 개선시키기를 주문하고 싶다.

결론적으로 시기나 장소에 따라 이미 정해진 데이터 값 범위를 크게 벗어나지 않기 때문에 이 정도의 편차 범위 때문에 반드시 현장에서 찌맞춤 해야 할 이유가 없다는 게 필자의 주장이다. 적어도 봉돌이 바닥에 닿는 전통올림낚시만큼은 오링 가감 정도로 얼마든지 대처가 가능하기 때문에, 현장 상황(시기, 장소, 활성도)을 고려하여 수조 찌맞춤 기본값을 기준으로 붕어의 활성도에 따라 오링을 가감할 것인지, 아니면 라디오 볼륨과 같이 상황에 맞게 탄력적으로 부력에 변화를 줄 것인지의 판단(적용)과 각종 운용법만이 필요한 것이다.

⑥ 무바늘 수조정밀 찌맞춤법의 최대 장점은 신뢰성

지금과 같은 찌가 언제 어떻게 시작되었는지 현재로서는 자료가 없어 확인할 길은 없지만, 분명한 사실은 찌맞춤이 생긴 것은 불과 100년도 되지 않을 것이라는 점입니다. 그런데 재미있는 것은 최근에 여러 가지 형태의 채비들이 생기면서 이를 판매하는 업자들은 찌맞춤에 대한 중요성은 깎아내리는 반면 채비의 중요성만을 강조하고 있다는 것입니다. 즉 찌맞춤보다 자신들이 개발한 채비가 더 중요하다는 점을 강조하고 있는데, 이는 정말 난센스 같은 이야기입니다. 아무리 좋은 기능성 채비라고 하더라도 그에 상응하는 찌맞춤이 없다면 사실상 큰 의미가 없습니다.

1980년대에 내림낚시, 중층낚시가 우리나라 상륙하면서 전통바닥올림낚시는 큰 위기에 직면하게 됩니다. 즉 상당수의 낚시인들이 기존에 하던 바닥올림낚시 방법에서 내림이나 중층낚시로 취미를 바꾸었기 때문입니다. 이를 극복하기 위해서 지난 1990년부터 지금까지 20년이 넘는 세월 동안 수많은 채비들이 생겼지만, 큰 효과를 보지 못했습니다. 예를 들어 편대 채비, 분할봉돌 채비, 좁쌀봉돌 채비 등과 여러 형태의 채비들이 새롭게 만들어졌지만 수평 찌맞춤과 표준 찌맞춤으로 큰 성과를 이끌어 내지 못한 것입니다.

결국 아무리 좋은 채비를 개발한다고 해도 그에 따른 찌맞춤이 적용되지 않으면 큰 의미가 없다는 것은 이미 지난 세월 동안 충분히 경험하였다고 할 수 있습니다. 따라서 채비를 판매하고 있는 업자들은 자신들이 개발한 채비를 과대광고 할 것이 아니라 찌맞춤에 대한 더욱 정확한 정보를 전달하고, 어떻게 이러한 찌맞춤이 생겼는지에 대한 설명을 해야 할 것입니다. 또한 마치 자신들이 찌맞춤을 개발한 것처럼 이야기해서도 안 될 것입니다.

지금 낚시인들에게 가장 혼란스러운 부분이 바로 '찌맞춤'이라고 할 수 있습니다. 즉 '현장 찌맞춤'이 더 확실한 방법이냐 아니면 '수조 찌맞춤'이 더 확실한 방법이냐를 두고 양분되어 치열하게 논쟁을 벌이고 있는 중입니다. 이에 따라 낚시인들도 양분되어 상호 자신들에 조과가 더 우월하다고 이야기를 하고 있는데, 조과 자체를 객관적으로 비교하면 확실히 수조 찌맞춤이 우월한 것은 사실입니다. 물론 내림이나 중층낚시보다는 약간 못 미칠 것으로 보는데, 사실 이 정도까지 따라온 것만 해도 바닥올림낚시 기법으로서는 대단한 성과라고 할 수 있습니다.

아무튼 현장 찌맞춤이 더 중요하다고 이야기하는 사람들은 채비를 판매하는 업자들이 중심이 되어 주장하는 내용이고, 수조 찌맞춤이 더 확실한 방법이라고 주장하는 분들은 찌맞춤을 전문으로 하는 분들에 의해서입니다. 그런데 정작 중요한 점은 낚시인들의 생각에 달려 있다는 것입니다. 즉 낚시인들이 어떤 찌맞춤을 선호하느냐가 더 중요한 문제라는 것입니다.

재미있는 사실은 낚시를 오랫동안 한 분들은 대개 현장 찌맞춤을 선호하고 있고, 신세대 젊은이들과 도전 정신이 강한 분들은 수조 찌맞춤을 선호하고 있다는 점입니다. 그리고 현장 찌맞춤을 하는 인구가 수조 찌맞춤을 하는 인구보다 훨씬 더 많다고 보고 있습니다. 그러나 앞으로 2~3년 정도 세월이 흐르면서 상당히 많은 사람들이 수조 찌맞춤을 좀 더 선호할 것이라 보고 있습니다. 그 이유는 바로 찌맞춤의 '신뢰성(信賴性)' 때문입니다.

낚시를 하면서 가장 중요한 점은 낚시 장비에 대한 낚시인들의 '신뢰성(信賴性)'이라고 할 수 있습니다. 즉, 아무리 좋은 장비와 채비를 가지고 있다고 하더라도 낚시인이 이를 신뢰하지 않는다면 아무 의미도 없다는 것입니다. 특히 찌맞춤과 봉돌 채비의 경우 일단 한 번 의심하기 시작하면 낚시 자체를 포기하는 경우가 다반사로 일어납니다. 분명히 제대로 찌맞춤을 하였는데도 불구하고 반복적인 헛챔질과 찌가 빨려 들어가는 문제가 발생하면 그야말로 환장합니다.

찌맞춤의 문제점은 바로 이러한 신뢰성에서부터 출발하는 점이 매우 중요합니다. 다시 말해 채비와 찌맞춤법과 낚시인이 상호 신뢰성이 있어야 믿고 의지하면서 낚시를 할 수 있다는 것입니다. 그런데 현장 찌맞춤의 경우, 이러한 신뢰성이 매우 약하다는 단점이 있습니다. 즉 제대로 찌맞춤을 하였는지 정확하게 알 수 있는 방법은 물속에 들어가서 확인할 수밖에 없기 때문입니다. 그래서 필자는 이러한 현장 찌맞춤을 확인하기 위해서는 '수영장 찌맞춤'을 해야 한다고 보고 있습니다. 즉 잠실올림픽 수영장 같은 곳에 가서 정말 봉돌이 바닥에 안착되어 있는지 눈으로 확인하기 전까지는 아무도 모른다는 것입니다. 결국 이러한 부분이 채비와 찌맞춤에 대한 신뢰성과 연결되면(의심하기 시작하면) 낚시하기가 상당히 피곤해집니다.

반면 수조 찌맞춤은 찌맞춤을 직접 눈으로 볼 수 있는 장점이 있기 때문에 신뢰성이 현장 찌맞춤보다 높다고 할 수 있습니다. 즉 바늘과 봉돌이 바닥에 안착되는지를 직접 눈으로 확인할 수 있다는 것입니다. 그러므로 이를 사용하는 분들에게 신뢰성을 보다 높여 주는 것이 바로 수조정밀 찌맞춤의 최대 장점이라고 할 수 있습니다.

글쓴이: 대한어르신낚시협회 장현호 운영자

(2) 수조 찌맞춤 준비 작업(찌맞춤법)

① 찌맞춤선이란?(찌맞춤 기준선＝영점선)

가장 이상적인 찌맞춤(영점)선은 찌톱 1마디(1~3㎝) 이내이다. 이유는 찌톱의 굵기 중 이 부분이 가장 가늘기 때문에 표면장력의 발생을 최소화시킬 수 있다. 권장하는 찌톱의 굵기는 유료낚시터 0.4~0.5㎜, 자연노지 낚시터 0.5~1㎜ 이내의 카본톱이다.

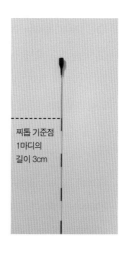

찌톱 기준점
1마디의
길이 3cm

10년 전부터 필자가 주로 사용하던 찌는 애후공방 수선찌이며, 최근 몇 년간은 조이불망찌를 사용하고 있다. 수선찌는 일반적인 기성찌에 비하여(10년 전부터) 늘 찌톱이 매끈하고 매우 가늘었다.

찌맞춤선(영점선) 이해도

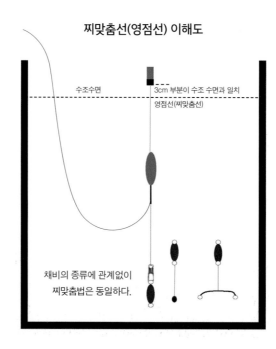

수조수면

3cm 부분이 수조 수면과 일치
영점선(찌맞춤선)

채비의 종류에 관계없이
찌맞춤법은 동일하다.

낚시터에서 수심 맞춤할 때(낚시하기 위하여) 찌톱이 가늘면 찌톱을 최대 2마디까지 노출시켜도 된다.

참고로 활성도가 저조하거나 저수온기에는 찌톱과 물의 마찰(저항)이 최소화되도록 매끈하고 가늘며 부드러운 촉감이 느껴질 정도로 마감 처리(물사포 마감)가 잘된 찌톱을 사용하면 입질 빈도수 및 찌올림 폭이 향상됨을 체험하게 될 것이다.

찌톱이 매우 가늘면 찌톱(0.3㎜ 이하)을 최대 두 마디까지 노출시켜도 된다.

② 실전 수조 찌맞춤 준비 작업

밤낚시가 가능하도록 케미꽂이에 케미컬라이트(이하 케미라 한다)를 부착한다. 케미의 경우 무게가 일정한 것도 있지만, 회사에 따라 서로 다를 수도 있다. 따라서 케미의 수명이 다하여 새것으로 교체할 때, 부력을 다시 확인하거나 본인이 자주 사용하는 케미의 무게가 변동이 심한지 사전에 확인하는 작업이 필수적이다.

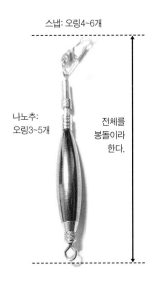

스냅: 오링4~6개

나노추:
오링3~5개

전체를
봉돌이라
한다.

전통·올림낚시는 봉돌에서 찌까지의 함수관계이므로 바늘을 제외한 원줄, 찌, 찌고무, 케미, 케미꽂이, 찌멈춤고무, 봉돌, 스냅까지만 부착한다. 만약 오른쪽 그림과 같이 나노추를 사용한다면 미리 부착한 스냅에 본인이 소장한 찌의 찌톱 1~1.5㎝ 길이만큼의 무게에 해당되는 작은 O링을 미리 3~6개 정도 부착한다. 나노추 본체에는 찌톱 1마디(3㎝)의 무게에 해당되는 O링을 미리 3~5개 부착한다.

사진과 같이 준비한 봉돌의 전체적인 무게가 찌보다 약간(1~2마디 정도) 더 무거우면 준비가 잘된 것이다. 만약 납으로 만든 추(봉돌)이라면 찌톱 1마디(3㎝)의 무게에 해당되는 O링을 스냅에 미리 3~5개만 부착하기 바라며, 이것 또한 찌보다 약간(1~2마디 정도) 더 무거우면 된다. 본서에서는 나노추를 기준으로 찌맞춤 방법을 설명하기로 한다.

정리하자면 찌톱 1㎝ 무게에 해당되는 O링을 최소 3개에서 최대 6개 + 1마디(3㎝) 무게의 오링은 최소 3개에서 최대 5개를 스냅과 나노추 본체에(찌맞춤 전에) 나누어 미리 부착하고 **전체 무게가 찌보다 1마디 이상 더 무거우면 된다.**

위의 설명대로 모든 채비가 준비되었으면 원줄을 포함한 모든 채비를 수조 속에 넣는다. 참고로 위의 스냅 + 작은 오링 + 큰 오링 + 나노추 모두를 봉돌로 보면 된다.

찌멈춤고무는 위쪽으로 3개, 아래쪽으로 2개 부착한다.

ⓐ 수심맞춤용 표식 겸 예비
ⓑ 예비 겸 밀림방지용
ⓒ 찌 멈춤용
ⓓ 찌 멈춤용
ⓔ 밀림방지 겸 예비고무

※ ⓐ : 얕은 포인트에서 깊은 포인트로 잠시 이동할 때 사용한다.(표식)
※ ⓐⓑⓒ : 찌고무를 합쳐 주므로 인하여 심한 챔질에도 찌고무가 밀리지 않게 방지한다.
※ ⓐⓔ : 찌멈춤고무 중 1개가 파손되었을 때를 대비하는 예방적 차원도 있다.

③ 오링을 활용한 실전 수조 찌맞춤 작업

지금부터 '무바늘 찌톱 기준 수조정밀 찌맞춤법'에 대하여 그림과 함께 설명하기로 하겠다.

채비의 구조(원봉돌 채비, 좁쌀분할봉돌 채비(스위벨), 분할편대 채비 등)에 관계없이 찌맞춤법은 모두 동일하다. 봉돌에 바늘을 달지 않은 무바늘 상태에서 수면 위로 가장 가느다란 찌톱 1마디 부분이 수면과 일치되도록 찌맞춤 하는 작업이다. 이때 원줄은 반드시 무게가 가벼운 모노줄을 사용하며 U 또는 L자 형태로 자연스럽게 입수시켜야 한다. 주의할 점은 될 수 있으면 원줄이 수조 벽에 닿지 않도록 한다.

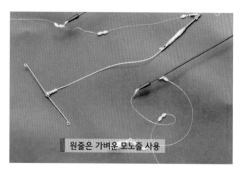

원줄은 가벼운 모노줄 사용

※ 찌는 편대 채비찌, 좁쌀분할봉돌 채비찌 (스위벨 채비), 원봉돌 채비찌 등 특정 채비와 관련된 단체나 회사의 찌를 반드시 써야 찌맞춤이 가능한 것이 아니다. 따라서 떡밥낚시에 최적화된 찌라면 이와 상관없이 구입하여 사용하기 바란다. 봉돌(편대, 분할채비, 원봉돌) 전체(아래의 사진처럼 스냅에 찌톱 1㎝ 무게 오링 3~6개 + 나노추에 1마디(3㎝) 무게의 오링 3~5개를 미리 부착한다)의 무게는 찌보다 약간 더 무거운 것을 선택한다.

규격화된 친환경 소재 나노추는 오링 탈부착이 가능하도록 제작되었다.

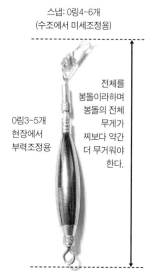

스냅: 오링4~6개
(수조에서 미세조정용)

전체를 봉돌이라하며 봉돌의 전체 무게가 찌보다 약간 더 무거워야 한다.

오링3~5개 현장에서 부력조정용

나노추와 나노오링 설명

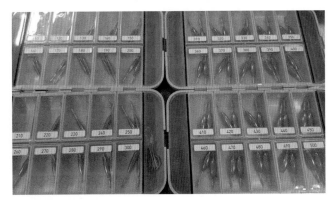

나노봉돌은 **호수별로 규격화**시켰으며, 초정밀 분리 · 결합 방식이므로 **본인이 소장하고 있는 찌와 동일한 부력이거나 근사치(참값)에 가까운 봉돌을 쉽게 선택**할 수 있어 매우 편리하다.

수조에서 찌맞춤 전용 미세조정용 오링(스냅에 미리 부착)

수조에서
미세조정용 O링

그렇지만 작게는 찌톱 1㎝에 해당 되는 무게에서 크게는 1~2마디 이내의 무게로 미세 조정이 필요할 때도 있기 때문에, 봉돌에 부착한 **스냅**에 부력 미세조정용 오링을 미리 몇 개(3~6개) 달아 놓고 찌맞춤 과정에서 오링을 제거하는 방식으로 정밀한 찌맞춤 작업을 해야 한다. 다시 말해서 과거와 같이 납추로 찌맞춤 한다면 납을 연필 깎듯이 제거하는 방법으로 미세 조정을 할 수 있었으나 친환경 소재의 봉돌은 납추와 달리 규격화된 호수를 선택할 수밖에 없다. 그렇다보니 **딱 맞는 규격의 봉돌이 없다면** 미세조정용 오링을 미리 부착할 수밖에 없다. 필자는 주로 극소형 0.003~0.010g 이내에서 선택한다.

현장에서 부력조정용 오링(분리결합형 나노추에 오링 3~5개를 미리 부착)

현장에서
부력조정용 O링

필자는 중(0.018g)오링 이상을 주로 사용하며 찌의 종류에 따라서 소(0.013g)부터 사용할 때도 있다. 오링의 용도는 현장에서 부력을 변동시키기 위함이므로 찌맞춤 전 나노추에 미리 부착하기 바란다. 이때 오링 1개의 무게를 본인이 주로 사용하는 찌에서 어느 정도의 수치(본인이 소장하고 있는 찌의 찌톱 1마디 길이만큼의 무게)가 나오는지 데이터 값을 찾기 바란다. 다시 말해서 본인이 소장하고 있는 찌톱의 굵기나 찌톱 1마디의 길이에 따라서 오링의 무게도 달라지기 때문이다.

위의 과정을 통해 모든 준비가 되었다면, 채비의 종류에 관계없이 바늘을 제외한 모든 채비(봉돌 + 스냅 + O링 + 원줄 + 찌멈춤고무 + 찌고무 + 찌 + 케미컬라이트)를 갖춘 상태에서 물이 충분히 스며들도록 채비 전체를 수조에 넣고 약 5분 정도 방치한다. 이때 충분히 물이 먹었으면 다시 물에서 꺼낸다.

▶ 1차 입수 작업: 채비 전체를 입수시킬 때는 반드시 손으로 찌톱을 잡아 주면서 (찌가 내려가는 내내 여러 차례 반복적으로 잡아주면서) **찌가 최대한 천천히 내려가도록 찌의 하강속도를 인위적으로 제어**한다.

찌를 입수 시 손으로 찌를 잡아주면서 하강속도 제어

1차 입수 작업에서 찌보다 약간 더 무거운 봉돌을 선택하였기 때문에, 케미컬라이트가 오른쪽 사진과 같이 케미꽂이가 수면에 잠기게 된다. 이때까지는 부력이 무겁다는 뜻이다.

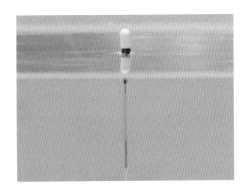

▶ 2차 찌맞춤 미세 조정 작업(찌맞춤 과정 내내 반드시 지켜야 할 행위)

사진과 같이 스냅에 미리 달아놓은 6개의 小자 미세조정용 오링을 찌톱 1마디 부분과 수조 수면이 일치할 때까지 찌맞춤 과정에서 점차적으로 제거해 나간다.

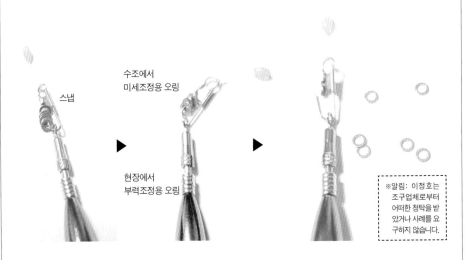

스냅

수조에서
미세조정용 오링

현장에서
부력조정용 오링

※알림: 이정호는
조구업체로부터
어떠한 청탁을 받
았거나 사례를 요
구하지 않습니다.

과거에는 납추를 사용하였지만, 최근에는 환경에 대한 관심으로 인하여 친환경 소재의 제품을 사용한다. 나노추는 칼로 납을 일일이 제거할 필요 없이 규격화된 봉돌(호수)을 선택하고, 미세 조정은 스냅에 미리 부착한 미세조정용 오링을 점차적으로 제거하는 방법을 통해 찌맞춤이 가능하도록 제작된 매우 과학적이면서도 이정호식 수조 찌맞춤법을 위하여 탄생한 (듯한) 대한민국 최고의 완성도(슬립하면서 세련된 미관)를 자랑하는 제품이라 하겠다.

다음 단계는 채비 전체를 다시 꺼내서 봉돌의 무게를 줄이는 과정이다.

찌톱 1마디 부분이 수조 수면과 일치할 때까지 스냅에 미리 부착해 놓은 O링(오링)을 점차적으로 제거하는(봉돌의 무게를 줄이는 찌맞춤 과정에서) 과정에서 대단히 섬세한 작업을 필요로 하며, 최종적으로 찌맞춤이 완성될 때까지 반복적으로 반드시 지켜야 할 행위를 설명하겠다.

첫째, 채비 전체에 묻어 있는 기포를 반드시 제거해 주어야 한다.

1차 맞춤이 완성된 채비 전체를 수조에 넣고 찌톱 상단을 엄지와 검지로 잡은 상태에서 찌를 상하로 5~10회 이상 흔들어 찌와 채비에 붙어 있는 기포를 완전히 제거해 주어야 한다. 이때 기포가 가지고 있

찌를 흔들어 찌와 채비에 붙어 있는 기포 제거

는 무게(부력)의 크기는 찌톱 반 마디에 해당되며, 편납 홀더(편납 포함)는 이보다 더 큰 크기의 기포를 품고 있기 때문에 사용하지 않는 것이 좋다.

둘째, 찌톱, 케미꽂이, 손 등에 묻어 있는 물기를 찌맞춤 과정 내내 휴지를 가지고 수시로 제거해야 한다. 제거하지 않은 물기의 무게는 찌톱 1~2㎝에 해당되는 부력을 감쇄시키거나 정확한 부력이 적용되지 않을 수 있다. 따라서 정확한 부상력 기준값을 적용하기 위하여 물기를 제거한다.

찌톱 상단(케미꽂이와 케미)의 물기 제거

셋째, 찌의 하강속도 제어는 현장에서는 거의 불가능하다고 보면 된다. 만약 찌의 하강속도를 제어하지 않을 경우, 중력에 의한 찌의 하강속도만큼 가볍게 찌맞춤 되기 때문에 반드시 인위적으로 제어해 주어야 하는데 수조에서는 제어가 가능하다. 제어 방

법은 아래의 그림과 같이 찌가 1~2마디 내려갈 때마다 수시로 찌톱을 잡아서 중력에 의한 가속도가 붙지 않도록 인위적으로 속도를 제어하는 것이다. 찌가 완전히 내려갈 때까지 3~4회 정도 반복하여 잡으면 된다.

 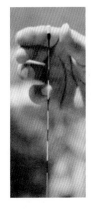   

위의 세 가지 섬세한 세부작업을 실천하지 않고 모두 무시하게 된다면?

위의 과정 모두를 철저하게 실천하여 찌톱 1마디 부분이 수조 수면과 일치하게 찌맞춤 한 채비와 그렇지 않은 채비는(잠시 육안으로 보이는 찌맞춤 상태는 동일하나 사실상) 찌톱 길이 1~2마디 이상의 오차 범위가 발생할 수밖에 없다. 결국 위와 같은 과정을 지켜야 하는 이유는 정확한 부상력 **'기준값' = '기본값'**을 찾기 위함이다. 정확한 '기준값'을 찾는 이유는 오링 가감을 **정확하게 적용시키기 위함**이기도 하다.

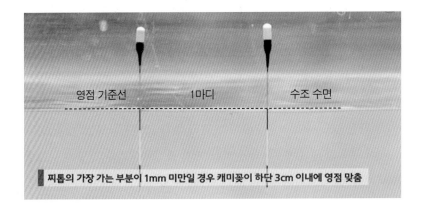

2차 세부적인 작업을 통해 마침내 찌톱 한 마디 노출 '기본값'을 찾았다면 찌맞춤이 완성된 것이며, 그렇지 않을 경우 위의 작업을 다시 반복하여 사진과 같이 찌톱 한 마디 부분이 수조 수면과 일치할 때까지 반복하기 바란다. 이때 봉돌은 바닥에서 약 10~15㎝ 정도 떠 있어야 한다.

찌톱 한마디 노출

※ 찌톱의 굵기가 0.4~0.5㎜ 이내라면 영점선을 1마디 이내로 하고 굵은 찌톱이라면 영점선을 반 마디 이내로 한다.

찌맞춤이 완성되었으면 채비를 수조에 약 5~20분 정도 방치해 놓고 부력에 변화가 오는지 점검해 보기 바란다. 만약 부력에 변화가 없다면 찌맞춤이 잘된 것이다.

위와 달리 부력이 조금씩이라도 **지속적으로** 무거워진다면 찌맞춤을 다시 하여 약 5~10분 정도 차이로 1~3회 정도 다시 확인해 보자. 이후 전혀 미동이 없다면 방수에 문제가 없는 것이고, 또다시 부력이 무거워진다면 **방수에 문제가** 있다고 보면 된다.

※ 미세하게 최초 2~5㎜ 정도 무거워진 상태에서, 더 이상 무거워지지 않는다면 그냥 무시하면 된다.

출조 후 집에 돌아와 찌의 부력을 점검할 때도(채비 점검) 바늘을 제거하고 위와 같은 방법(찌맞춤 과정)으로 확인하면 된다. 만약 방수가 의심스럽다면 5~20분 정도 수조에 넣고 지속적으로 관찰해 보기 바란다. 관찰 과정에서 부력에 변화가 없다면 방수에 문제가 없는 것이고, 만약 찌톱이 수조 수면에 잠긴 상태라면 방수에 문제가 있는 것이다.

만약 방수에 문제가 있는 찌로 낚시한다면 낭패를 볼 수밖에 없다. 따라서 출조 전,

혹시 모르니 다시 한번 확인해 보기 바란다. 간혹 사용한 지 오래된 찌나 새로 구입한 찌의 부력이 더 가벼워졌다면 **경화 작용**을 의심해 볼 필요가 있다. 그 외 통공작을 비롯하여 속이 빈 찌나 백발사와 같은 소재의 찌는 **수축·팽창에 예민하게 작용**하므로 사용하지 않기 바란다. 좀 더 자세한 내용은 관련 내용을 참고하기 바란다(⟨Ⅰ.1.(2)① 칠의 경화와 방수의 중요성, 찌의 보관 방법과 흠집⟩ 단원 참고).

(3) 현장 찌맞춤과 동일한 부력을 수조에서 완성한다

수조 찌맞춤을 통해서 현장 찌맞춤보다 더욱더 정밀한 찌맞춤이 가능하다는 것을 아직도 믿지 못하는 낚시인들이 많을 것이다. 수조와 달리 현장은 여러 가변적 요인, 즉 수심, 물의 면적, 물의 흐름(수류), 낚싯대의 길이 등이 수시로 변할 수 있고, 계절, 장소, 활성도에 따라 원줄의 굵기(무게), 찌의 선택이 달라지는데, 과연 수조 찌맞춤 한 번으로 모든 문제를 해결할 수 있을까? 다시 말해서 이런 터무니없는 내용은 필자의 일방적인 주장에 지나지 않을까? 그렇기 때문에 적지 않은 사람들은 현장 찌맞춤을 더 중요하게 생각할 수도 있다. **필자도 그분들의 염려를 충분히 이해**하며, 한때는 그런 걱정 때문에 현장 찌맞춤을 병행했던 시절도 있었다.

'무바늘 찌톱 한 마디 기준 현장 찌맞춤'과 동일한 '부력'을 편리한 수조 찌맞춤으로 손쉽게 해결할 수 있는 방법은 없을까?

Ⅰ 단원에서 말했듯이 현장 찌맞춤이든 수조 찌맞춤이든 100%는 존재하지 않는다. 순금 99%!!!

지금까지의 설명을 통해 찌톱 1~5마디 정도는 오링 몇 개의 무게로 얼마든지 부력 변동이 가능하다고 하였다. 다시 말해서 상황 변화에 따른(데이터 기준) 현장과 수조의 평균 **부력 오차 범위가** 얼마이며, '1년 평균 낚시가 가장 잘되는 적절한 부상력 기준 값'이 얼마인지 알면 필요한(변동해야 할) 부력을 수조 찌맞춤으로 편리하게 해결할 수 있다.

실험 과제(꼭 실험해 보기 바란다!)
- 현장에 가서 무바늘 찌톱 한 마디 기준 정밀 찌맞춤을 완성한다.
- 완성한 채비 일체를 집으로 가져와 수조에 넣어 본다.
- 수조에 넣어 보면 찌톱이 보통은 2~3마디, 최대 5마디 이상 뜨게 된다. 4~5마디 이상일 경우는 채비의 불균형, 열악한 환경 조건이 원인일 수 있다.

결국 수조와 현장 간의 부력 편차는 2~3마디이며, 최대 5마디의 차이라는 뜻이다. 그렇다면 실제 낚시에 가장 유용한 부력 편차는 어느 정도일까? 필자가 지난 십여 년간 실전 경험을 통해 알아낸 부력은 **수조에서 찌톱 1마디 부분에 찌맞춤 한 부력이 1년 평균 가장 유용한(잦은 입질 빈도수와 함께 가장 부작용이 적은) '기본 부상력값'이었고, 간혹 1~2마디 더 가볍게 부력에 변화(오링 가감)를 줄 때도 있었다.**

참고로 최악의 상황(극저수온, 활성도가 미약할 때)이라도 수조 찌맞춤 기본값보다 **찌톱 3마디(O링 3개까지 제거) 사이의 가벼운 부력까지가** 그나마 부작용이 적었음을 알 수 있었다. 따라서 욕심을 부려서 그 이상의 부력에 변화(지나치게 가벼운 부력)를 준다면 득보다 실이 더 많을 것이다. 다시 말해서 부력이 무조건 가벼운 것만이 능사는 아니라는 뜻이다.

현장과 수조 간의 유용 가능한 부력 편차는 찌톱 기준 1~3마디 이내가 최적이다. 그 이상의 부력 편차는 헛챔질, 빨리는 입질, 솟구치는 미사일 입질 등 매우 불안정한 낚시가 전개되어 여유로운 선비 낚시의 의미가 상실된다.

▶ 현장·수조 실험

원봉돌 채비, 좁쌀분할봉돌 채비(스위벨 채비), 분할편대 채비 등 채비의 종류에 관계없이 현장에서 '무바늘 찌톱 한 마디 정밀 찌맞춤'을 완성하여 집으로 가져와 그대로 수조에 넣어 보면 〈사진 1〉처럼 찌톱 2~5마디 정도가 뜨게 된다. 현장과 수조와의 부력 오차가 외적(가변적) 요인으로 인하여 2~5마디 이상 차이가 발생하였다는 뜻이다.

'무바늘 찌톱 한 마디 기준 현장정밀 찌맞춤'을 통해 〈사진 1〉의 결과로 나온 채비의 나노추에 오링을 〈그림 2, 3〉과 같이 몇 개 부착해 보기 바란다. 예를 들어서 찌톱 1마디의 무게에 해당되는 오링을 3개 부착하면 찌톱 3마디가, 5개를 부착하면 5마디 정도가 다시 내려갈 것이다(부력이 다시 무거워진다). 결국 상황(활성도, 수온, 계절, 장소 등)에 따라서 오링을 추가하거나 가감하는 운영은 어쩔 수 없는 현실이고, 수조와 현장과의 오차 범위가 뻔하다는 결론을 내릴 수 있다.

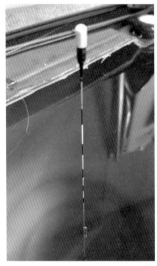  

〈사진 1〉 찌톱 5마디가 떠 있다 〈사진 2〉 오링 가감 전 〈사진 3〉 오링 2~5개를
점차적으로 가감해 본다

　반대로 〈사진 2〉, 〈사진 3〉과 같이 **빈 스냅에 찌톱 3~5마디 무게에 해당되는 오링을
미리 부착하고 찌톱 1마디 기준 수조정밀 찌맞춤을 완성한 후 현장에 가서 O링을 제거
하면 현장 찌맞춤값과 동일한 부력값이 된다.** 이때도 본인이 자주 사용하는 채비 일체
의 데이터(오차범위)를 비교하거나 수집할 필요가 있다.

　▶ 복습하기
　장소, 계절, 시간 흐름 등에 따라서 활성도가 매우 저조할 때 O링을 한 개씩(점차적
으로) 제거하는 방식으로 낚시를 진행하면 현장 찌맞춤 없이 편리하게 수조 찌맞춤으
로 현장 찌맞춤 상태와 동일한 부력을 유지하거나 변동할 수 있다. 그렇지만 필자는 '1
년 평균으로 볼 때 수조정밀 찌톱 한 마디 기준 찌맞춤 기준값'보다 더 가볍게 운용할
필요성을 크게 느끼지 못한다. 다시 말해서 수조 찌맞춤 기준값보다 2~5마디 이상의
좀 더 가벼운 부력 차이가 저수온기, 활성도가 극히 저조할 때 일시적으로 활용 가치가
있었을 뿐이었다(항상 찌맞춤이 지나치게 가벼운 것만이 능사가 아니다).

2

2차 오링가감법

(1) 오링의 가감 방법

나노추를 사용하고자 한다면 기존의 납추처럼 칼로 납을 일일이 제거할 필요 없이 세부적으로 규격화된 호수의 봉돌을 선택하고, 미세한 편차는 미세조정용 오링을 통해 정밀한 수조 찌맞춤이 가능하다. 만약 기존의 고리봉돌로 낚시하고자 한다면 봉돌의 고리에 미리 스냅을 부착하고, 해당되는 오링을 찾아 찌맞춤 하거나 가감하면 된다.

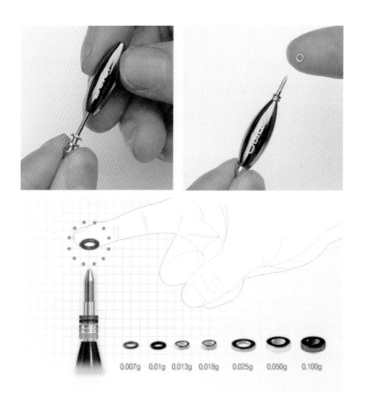

0.007g 0.01g 0.013g 0.018g 0.025g 0.050g 0.100g

(2) 오링 가감의 적용 방법

필자의 '무바늘 찌톱 한 마디 기준 수조정밀 찌맞춤'의 '기본값'을 오링 적용 범위의 기준으로 한다. 다시 말해서 수조 찌맞춤 부상력값이 기본이 된 상태에서 현장 상황에 따라서 찌맞춤을 좀 더 무겁게 하거나 가볍게(오링을 탈·부착하는 방식으로) 할 필요가 있다. 그렇다면 어떤 경우에 수조 찌맞춤 상태보다 부력을 무겁게 하거나 가볍게 해야 할까?

오링 가감을 통해 부력에 변동을 준다고 하여도 모든 문제(입질 빈도수 향상, 찌올림 폭 증대, 헛챔질 방지)의 절대적인 해결책이 되지는 않는다. 그렇지만 때로는 낚시터의 수온, 수심, 장소(마사토, 펄, 늪, 계곡, 평지, 강, 유료 낚시터)에 따라서 붕어의 입질 빈도수와 찌올림 폭이 다르게 나타나는 경향이 있는데, 이때 **오링 가감을 통해 조금이나마 문제를 개선해 보자**는 의미이다.

▶ 오링 가감은 볼륨의 역할을 한다.

수조 찌맞춤과 현장 찌맞춤의 부력 편차를 오링을 활용하여 라디오 볼륨처럼 상황에 따라 적절히 가감할 것을 주문하고 싶다. 음향·영상기기에서 흘러나오는 음성, 음량을 조절하거나 조광기의 빛을 조절할 때 볼륨이라는 가변조정기가 필요하다. 이때 음성의 크기나 빛의 밝기는 상황에 맞게 조절한다. 마찬가지로 수온의 높고 낮음, 활성도의 높고 낮음, 수심의 차이, 낚싯대의 길이 등의 높고 낮음(현장 상황)을 고려하여 오링을 가감할 때가 종종 있다. 예를 들어서 활성도가 서서히 좋아지거나 또는 나빠진다면 오링을 한꺼번에 모두를 제거하기보다는 순차적으로 제거해 본다. 갑작스러운 변화라면 모두를 한꺼번에 제거하는 방식으로 접근하는 것이 좋다.

수온이 낮을수록 가볍게(오링 제거), 수온이 높을수록 무겁게(오링 추가), 수심이 얕을수록 가볍게, 수심이 깊을수록 무겁게, 입질이 미약하다면 가볍게, 입질이 강하여 헛챔질이 심할 때는 무겁게 한다. 주의할 점은 필요시에만 적용하는 것이다.

(예) 반드시 적용해야 할 기준은 아니지만 계절(수온), 장소(노지, 양어장), 활성도(매우 좋은 활성도, 일반적인 활성도, 저조한 활성도, 극도로 저조한 활성도), 미끼의 종류(낚시 장르), 수심 등에 따라서 오링을 탈·부착할 때가 있다. 몇 가지 예를 들어 보겠다.

▶ 저수온기 붕어의 입질이 미약하다면 순부력이 좋은 예민한 찌를 선택하고, 최대한 경량화시킨 채비를 운용하며, 떡밥 반죽 농도를 통해 문제를 해결하는 것이 우선이다. 필요하다면 부수적으로 오링 가감을 적용(추가하거나 제거)하라는 뜻이다. 다시 말해서 부력을 좀 더 가볍게 또는 무겁게 한다.

▶ 고수온기 수심이 깊으면 채비의 안정을 위하여 오링을 추가할 때도 있지만, 반드시 추가해야 한다는 뜻은 아니다. 예를 들어서 수심이 깊어도 물이 안정된 상태에서 붕어의 입질이 미약하다면 부력을 무겁게 해서는 안 되기 때문이다.

▶ 고수온기에 접어들면 시기에 맞게 채비를 구성하고 떡밥 운영을 하지만 출조 당일 붕어의 활성도가 매우 활발할 경우, 보통은 헛챔질로 인하여 많은 어려움을 겪게 된다. 이때 떡밥에 변화를 주고 바늘의 크기를 키워서 헛챔질을 방지하기 위하여 노력하지만, 좀처럼 개선되지 않을 때 최종적으로 오링을 1~2개 추가하여 헛챔질 방지에 효과를 본적이 간혹 있었다. 이 말은 (절대적인 것은 아니지만) 간혹 오링을 가감하여 부력을 좀 더 무겁게 또는 가볍게 변환시켜 효과를 본 경험이 있었으므로, **때로는 오링 가감도 하나의 처방**이 될 수 있다는 뜻이다. 주의할 점은 활성도가 매우 좋을 때 붕어의 입질을 감쇄시키기 위하여 오링을 가감(추가)함에 있어서 최대 2개 이상(기본값 상태에서 찌톱 2마디 이상)의 오링을 추가하지 않는다. 이유는 오링을 2개 이상 추가하였어도 개선되지 않는다면 **헛챔질의 원인이 찌맞춤 범주 안에 있지 않다는 뜻이며, 입질 빈도수에도 영향이 오기 때문**이다.

▶ 지렁이 등 생미끼는 찌맞춤이 너무 가벼운 것보다는 약간 무겁게 운용하는 것이

더 유리할 수 있다. 이것 또한 반드시 그런 것은 아니지만 생미끼를 사용한다고 하여도 때로는 정밀하고 다소 가벼운 찌맞춤이 더 유리할 때도 있었다는 뜻이다. 이때 오링을 추가하거나 제거하는 방식으로 대처하라는 뜻이다.

· 원줄의 무게가 찌오름에 부담을 준다고 판단되었을 때, 미리 부착한 오링을 제거함으로써 원줄 무게만큼 부력이 가벼워지게 된다. 이런 현상은 갑작스럽게 붕어의 활성도가 저조해질 때 발생할 수 있는데, 오링 제거에 앞서 떡밥운용술, 채비운용술을 통해 문제를 해결하는 것이 우선이겠으나 아주 가끔은 오링을 제거하는 방법으로(부력을 좀 더 가볍게) 입질을 개선시킬 수 있었다. 참고로 카본줄은 자체가 엄청난 침력을 가지고 있으므로 논외로 한다.

카본줄 이야기

필자가 떡밥낚시에서 카본줄을 사용하지 말라고 하였더니 경험이 부족한 아무개 동호인이 "카본줄로도 붕어를 잡았는데요. 찌올림도 환상이었습니다."라고 말했다.

출조 당일의 활성도가 워낙 좋아 붕어가 절구통까지 들어 올릴 기세라면 대물찌, 카본줄, 멍터구리 채비에도 붕어는 찌를 몸통까지 올려 준다. 이때는 붕어를 낚은 것이 아니라 잡혀준 것으로서 주낚의 개념으로 보면 된다.
다시 말해서 카본줄을 사용하여도 때로는 붕어를 낚을 수 있고, 찌올림이 좋을 때도 있다. 입질은 붕어 마음이기 때문이다. 참고로 활성도가 매우 좋은 시기에도 찌맞춤이 정확하고 모노줄을 사용한 낚시인이 조과나 찌올림 품질이 훨씬 좋다는 것을 이해하기 바라며, 활성도는 시간 변화에 따라 수시로 변한다는 점을 간과해서는 안 된다.

· 잘못된 이론
수로에서 **유속이 심하다고 하여 오링을 부착하는 것은 별 의미 없는 행위**이다. 유속이 심하면 오링을 부착하여도 찌는 흐르게 되어 있다. 따라서 올림낚시의 특성상(정서상) 애초부터 유속이 없는 낚시터를 선택해야 한다. 필자는 이런 낚시터 자체를 선택하지 않는다.

　저수지의 경우 갑작스러운 자연현상(바람 등) 때문에 찌가 흐를 정도로 수류가 발생하였다면 어쩔 수 없는 것이고, 아무리 요란스러운 수류도 시간이 흐르면 잠잠해지기 마련이므로, 이때는 휴식을 청하는 게 상책이다.

　• 필자의 경우 고수온기(활성도가 좋은 상태라면) 자연산 붕어를 상대로 하는 노지 낚시터에서는 기본 수조 찌맞춤의 '기본값' 상태에서 오링 1개(찌톱 1마디 이내의 무게)를 미리 추가하고 낚시를 하는 편이다. 다시 말해서 기본값(기준값)보다 좀 더 무겁게 운용한다. 만약 고수온기임에도 불구하고 활성도가 저조한 편이라면(입질이 미약하다면) 오링을 추가로 가감하지 않는다.

　• 저수온기나 수온변동기에도 활성도가 좋은 편이라면, 입질폭도 좋고 심할 경우 헛챔질도 발생한다. 이때 헛챔질이 발생할 정도로 입질이 좋다고 하여도 오링을 추가하는 것은 권장하지 않는다. 이때는 오링 가감보다는 과감히 바늘의 크기를 키우고 떡밥의 물성과 부착 방법을 통해 헛챔질을 개선시켜야 한다. 이때 오링을 추가하지 않는 이유는 오링 무게만큼 부력이 무거워지기 때문이다. 부력이 무거워진 것만큼 붕어는 이물감을 빨리 느끼기 때문에 부력 변동보다는 채비운용술, 떡밥운용술, 찌 교체 등을 통해 문제를 해결하는 편을 권장한다. 다시 말해서 떡밥과 바늘은 찌맞춤(부력)의 범주에 속하지 않으며 오로지 붕어의 몫이다.

　• 바늘 개수에 따라서

　수온 변동기나 고수온기 활성도가 좋은 시기에 기본값(무바늘 찌톱 한 마디 수조정밀 찌맞춤) 상태에서 외바늘을 사용하였는데 헛챔질이 발생하였다면, 먼저 오링을 추가하지 말고 떡밥운용술과 함께 바늘의 크기를 키우거나 한 개 더 달아본다(두바늘 운용). 그래도 개선되지 않는다면 오링을 추가하기 바란다.

　• 우수기 폭우로 인하여 낚시터(저수지, 강, 수로)가 범람하고, 오름 수위, 황토 물이

라면 붕어는 연안이나 상류로 몰리기 마련이고, 수류로 인하여 채비도 불안정 안착되며 헛챔질도 많이 발생한다. 이때도 기본값보다 찌톱 1마디 무게만큼 더 무겁게 오링을 가감하여도 크게 문제가 되지 않는다. 황토 입자(탁도)로 인하여 부력이 자연적으로 1마디 정도 더 무거워진 상태인데, 오링까지 가감하면 부력이 많이 무거워지지 않을까? 그로 인하여 입질 빈도수가 떨어지고 찌올림 폭도 저조해지지 않을까? 이것을 염려할 것이다. 한마디로 걱정할 필요 없다. 탁도에 의하여 부력이 무거워진 상태에서 오링까지 가감한들 그 정도의 무게로 인하여 문제가 되지 않는다. 이유는 (이때는) 붕어의 먹이 활동성이 워낙 좋기 때문에 오히려 득으로 작용한다(활성도가 우선하기 때문이다). 이때의 득이란? 헛챔질 방지, 채비의 안착을 의미한다. 만약 입질 빈도수가 떨어지고 입질폭이 저조해진다면 제거하면 된다.

· 생태계가 교란된 낚시터의 대어 떡밥낚시의 오링 가감(찌맞춤이 무조건 가벼운 것만이 능사는 아니다!)

필자는 자연 낚시터의 대어낚시 출조 시 유료 낚시터에 출조할 때 느끼지 못하는 신비함과 기대감으로 소회가 남다르다. 특히 생태계 교란으로 인하여 어른 붕어만 존재하는 대어낚시는 외바늘로 1:1 승부수를 던지며 인내하고 기다리는 낚시이기에 늘 가슴이 벅차다. 따라서 이런 낚시터에서는 순부력이 지나치게 예민한 찌를 선택하지 말고(욕심내지 말고 적당히 예민한 찌를 선택한다), 기본 찌맞춤 상태에서 스냅에 미리 오링(찌톱 1마디 정도의 무게)을 1개 정도 부착해 놓고 낚시하기를 주문하고 싶다(4월 중순~10월 사이).

결론적으로 오링 가감에 앞서 각종 운용술을 비롯한 낚시인의 판단 능력(기량, 솜씨)이 우선이겠지만, 필요에 따라 오링 가감을 할 것인지 말 것인지의 판단이 필요할 때가 있다. 다시 말해서 상황(계절, 수온, 장소, 시간, 기후, 배수, 유입수, 오름 수위 등의 자연발생적 요인)에 따라 활성도에 변화가 오고, 활성도의 좋고 나쁨에 따라 입질폭, 입질 빈도수가 달라지므로 이때 낚시인은 오링 가감을 통해 활력이 넘치는 붕어의 입질을 감쇄시키거나 반대로 올리지 못하는 붕어의 입질을 조금이나마 해소시킬 수 있어야 한다.

3

묻고 답하기

과거와 달리 현재의 사회 분위기를 살펴보면 인터넷, 방송(유튜브) 등 미디어 온라인의 활성화로 인하여 모든 분야에 있어서 창조적인 지식보다는 학습된 지식이 난무하고, 그런 사람들이 양산되는 실정이 아닌가 싶다. 이런 현상은 낚시계라 하여 자유로운 것은 아니다. 일반 낚시인을 비롯하여 관련 업체 종사자들이 학습을 통해 선구자들의 지식을 습득하고 지식을 공유하고 발전시키는 것은 지극히 당연한 일이겠지만, 자신만의 이익을 위하여 상업화하는 데 혈안이 되어 연구자들이 환멸을 느끼게 해서는 안 된다는 뜻이다.

본 단원은 지난 10년 간 필자의 개인 낚시카페와 동호회 카페를 통해 불특정 다수의 일반 낚시인과 동호인들로부터 자주 질문받은 내용 중 일부를 다시 한번 강조하는 차원에서 발췌(지면 관계상 극히 일부만)하여 보충 설명을 하였다.

> 질문: 수조에서 99% 찌맞춤을 완성하고, 나머지 1%를 현장 맞춤을 통해 보완하라는데 운영자께서는 어떻게 생각하십니까?
>
> 답변: 99%는 수조에서 맞추고 나머지 1%는 현장에서 보완하라? ㅎㅎ 이렇게 주장하는 분도 계시지요. 맞습니다. **결국 이 뜻은 필자의 수조 찌맞춤 이론을 우회적으로나마 인정했다는 뜻입니다.** 99%면 이미 찌맞춤이 완성된 것이나 마찬가지 아닐까 싶습니다.
> 마찬가지로 현장에서 99% 완성하여 수조에서 확인하는 과정을 통해 오링 가감(현장과 수조의 오차 범위, 데이터 축적)의 정도를 확인하면 됩니다. 따라서 '1%'의 의미는 없습니다. 1%는 상징적인 수치일 뿐이며, 순금 100%는 존재하지 않습니다. 따라서 수조든 현장이든 '기본값＝기준값' 상태에서 오링 가감이나 낚시인의 각종 운용술, 판단 능력(기량)이 조화를 이루면 되는 것입니다.

질문: 현장에서 찌톱 1마디 찌맞춤을 하게 되면 수조 찌맞춤보다 더 예민하지 않을까요?

답변: 현장 찌톱 1마디 찌맞춤 상태가 수조 1마디 찌맞춤보다 좀 더 가볍게 봉돌이 바닥에 닿는 것은 사실입니다. 그렇게 된 이유는 현장 찌맞춤은 수조 찌맞춤과 달리 인위적으로 찌의 하강 속도를 제어하거나 물방울 제거, 표면장력 극복, 원줄, 수심 등 외적인 요인, 가변적 요인, 환경 적 요인(이 이미 적용되었기) 때문에 **수조 찌맞춤보다 부력이 많이 가벼워질 수밖에 없었던 것 이지요. 결국 말씀하신 것처럼 더 예민하게 봉돌이 바닥에 닿는 것은 사실이나 득보다 실이 더 많다는 것이 제 주장입니다.** 다시 말해서 수조와 달리 현장에서의 찌톱 1마디 찌맞춤 부력은 **봉 돌이 바닥에 불안정 안착**되어(찌맞춤이 너무 가벼워) 헛챔질, 미사일 입질, 빨리는 입질 등 정서 적으로 매우 불안하고 경망스러운 입질이 많이 발생할 수밖에 없습니다. 따라서 지나치게 가벼 운 찌맞춤(현장 1마디 찌맞춤)은 한시적으로 극저수온기 양어장 및 하우스 낚시터에서 또는 활 성도가 매우 미약할 때 일시적으로 적용시킬 뿐입니다.

질문: 오링 가감의 적용은 어떻게 판단하나요?

답변: 오링 가감은 두 가지로 분류합니다. 오링 가감보다 앞서는 것은 떡밥운용술과 채비운용술 입니다. 그래도 오링을 가감하고 싶다면 활성도, 계절(수온) 정도에 따라서 부력을 가볍게 할 것 인가, 무겁게 할 것인가를 고려하는 것입니다. 예를 들어서 낚시를 진행하면서 활성도가 너무 좋아 헛챔질이 심하면 오링을 추가하고 약하면 제거하면 되겠죠. 또는 찌올림의 폭을 보고 판단 합니다.

현장 찌맞춤과 수조 찌맞춤의 오차 범위에 따른 오링 가감도 설명해 드리겠습니다. 현장과 수 조의 오차값은 오링 몇 개 정도면 모두 해결됩니다. 이유는 정상적인 떡밥찌와 채비라면(수심 1~5m 이내) 현장이나 수조 찌맞춤에 관계없이 찌톱 2~3마디 이내의 오차 범위 내에서 잘 벗어나 지 않는 편입니다. 이때의 부력 변동에 필요한 오링의 개수도 2~3개가 일반적이기 때문입니다. 따라서 본인이 소장하고 있는 찌와 채비를 가지고 20~32대까지, 1~5미터 이내까지의 부력 변 동폭이 얼마나 되는지 매회 출조 때마다 데이터 값을 축적해 놓는 것도 좋은 방법이라 하겠습니 다. 그렇지만 반드시 필요한 작업은 아닙니다.

질문: 이정호 씨는 편식증 환자처럼 다른 낚시 기법에는 관심이 없는 겁니까?

답변: 편식증 환자라 오해할 수 있습니다. 모태신앙이라는 말이 있죠. 유년 시절 어떤 계기가 있어서 선택하기는 하였지만, 결국 내가 좋아서 이것만을 고집하고 집중하니 그런 오해를 받을 수밖에 없습니다.

지인들과 함께 삼각산에서

울산산우회 김흥년 회장과 함께

그러나 전통붕어낚시는 나의 평생 취미생활이며, 이 또한 자연이고 자연에 순응한 것뿐입니다. 한때 잠시 내림낚시를 배운 적이 있습니다. 외래낚시도 역동적이며 사내다운 멋진 낚시로서 재미있습니다. 상호 간에 서로를 존중하고 간섭하지 않으며 선택은 자유이기 때문에 상대를 비난하고 기법을 폄하할 이유가 없습니다. 필자는 가까운 지인들과 친목 도모와 심신 단련을 위하여 잠시 외도(등산)를 통해 즐거움을 찾기도 합니다. 앞으로는 이런 헛소문이 퍼지지 않기를 소원할 뿐입니다.

Ⅲ.

글루텐떡밥
대어낚시 요령

필자가 처음 낚시를 접하던 시절에는 자연도 낚시인들도 정말 순수하고 풍요로웠다. 비록 붕어라는 자연생명체를 상대로 갈고랑이 입맞춤을 강요하며 붕어찜과 매운탕을 탐했지만 악의가 없었다. 지금도 필자는 자연과 붕어낚시를 나의 인생이자 동무라 여기며 낚시 자체를 즐기는 운치 있는 낚시꾼, 자연인이라 생각하지만 어찌 순수보다는 어획량과 대어만을 탐하는 붕어 사냥꾼임을 부인하고 싶지는 않다.

대물붕어낚시인 부마 박인호 동호인, 박인호 동호인께서 '무바늘 찌톱 기준 수조 찌맞춤법'으로 경북 경주시에 소재한 어느 소류지에서 낚은 44㎝ 대물붕어

이렇게 된 이유는 강산은 그대로인데 동식물은 오염되어 낚시터의 생태계는 위기에 처해 있고 이로 인하여 (과거와 달리) 낚시인들이 자연의 혜택을 누리지 못하는 상황이 되어서가 아닌가 싶다(외래 어종의 생태교란, 수질오염, 남획, 환경파괴는 인간의 자업자득).

좋은 예로 도시는 맛있는 음식으로 넘쳐 나지만, 오염된 음식과 아픈 사람들로 가득하듯 인간의 과욕으로 인하여 우리의 하천은 자연생태계 교란이라는 돌이킬 수 없는 끔찍한 과오를 범하였다. 이로 인하여 어른 붕어만 살아남는 기이한 현상이 나타나 아마존 생태계를 연상하게 하는 지경에 이르렀으며, 강가의 고수부지는 생태 하천을 무색하게 하는 넓은 국가하천공원(인간의 필요에 의하여 만들어진 놀이동산)이라는 말이 틀리지 않지 않는가!

위와 같은 이유로 '글루텐 대어낚시'라는 신조어가 탄생하였고, 낚시인의 입장에서 어른 붕어만 낚을 수 있으니 웃어야 할지 울어야 할지 곤란한 지경이지만 이를 비난하기보다는 현실임을 인정할 수밖에 없겠다. 먼 훗날 노지 붕어낚시 자체가 없어진다면 (생태계교란 및 개발로 인하여), '옛날 옛적에 이런 일도 있었구나!', '이렇게도 낚시를 하였구나!' 하는 기록 차원에서 가치가 충분하고, 현 시점에서 필자의 풍부한 노지 글루텐 대어낚시 경험을 수록함으로써 현시대의 낚시인들에게 꼭 필요한 정보가 될 것이라 생각하는 바이다.

글루텐 대어낚시의 가장 적절한 찌맞춤은?
- 글루텐 낚시 = 떡밥낚시

글루텐(떡밥) 대어낚시의 경우 가장 '적절한 부력'을 적용하지 않을 경우, 입질 빈도 수 및 고품질의 찌올림을 보장받을 수 없다. 글루텐(옥수수, 보리미끼 포함) 떡밥낚시의 가장 적절한 부력은 필자가 발표한 '무바늘 찌톱 기준 수조 찌맞춤 이론'을 기초로 설명하며 1년 평균 가장 '적절한 부상력값'임을 실전 경험을 통해 알 수 있었다.

올림낚시에는 여러 종류의 낚시 장르와 찌맞춤 방법이 존재하며 각자 장단점을 지니고 있다. 본서에서는 다른 종류의 올림낚시 기법은 생략하기로 하고, 봉돌이 바닥에 닿는 **'전통올림낚시'만을** 다루기로 한다. 전통올림 대어낚시는 콩, 참붕어, 새우, 지렁이, 옥수수 등의 미끼를 활용하는 대물낚시와 떡밥을 주로 사용하는 떡밥낚시로 구분된다. 다시 말하면 미끼의 종류에 따라 찌맞춤(부상력값 기준)을 가볍게 적용하는 단계부터 시작하여 가장 무겁게 적용하는 단계로 구분한다. 글루텐 낚시는 떡밥낚시이므로 가벼운 단계(수조에서 무바늘 찌톱 한 마디 기준 찌맞춤법)를 적용하기 바란다.

(1) 글루텐 대어낚시의 가장 적절한 찌맞춤은?

▶ 표준 찌맞춤법: 수평 찌맞춤법으로서 우리 전통올림낚시의 근간이자 이정호식 수조 찌맞춤의 근본이 되는 전통적인 찌맞춤법이다. 전통적인 표준 찌맞춤법도 두 가지로 나눌 수 있는데, 케미컬라이트 부착 여부와 찌맞춤 과정에서 부력의 편차가 크게 달라짐을 이해하여야 한다. 표준 찌맞춤 낚시에도 떡밥을 사용하기는 하나 현재에 와서는 주로 콩, 참붕어, 새우, 지렁이 등을 주 미끼로 사용한다. 낚싯대는 8~12대 이상의 다대편성을 많이 하는 편이다.

▶ 무바늘 찌톱 한 마디 기준 수조정밀 찌맞춤법: 가벼운 찌맞춤에 해당된다.
유료 낚시터 수입 붕어와 노지 낚시터 자연산 붕어 모두를 대상으로 하는 찌맞춤법으로써 **1년 평균 '가장 적절한 부상력값'**이자 '기준값'이다. 주로 떡밥(글루텐), 옥수수, 보리, 지렁이 등의 미끼를 사용하며 6대 이내의 다대편성을 권장한다. 필자는 평균 2~6대 이내의 낚싯대를 편성하는 편이다.

▶ 무바늘 찌톱 한 마디 기준 현장정밀 찌맞춤법: 아주 가벼운 찌맞춤법으로서 부력이 너무 가벼워 득보다 실이 더 많은 '부상력값'이다. 떡밥낚시는 찌맞춤을 가볍게 하는 것이 원칙이기는 하나 이 정도의 부력값이라면 입질 빈도수는 많을지 몰라도 많은 부작용(헛챔질, 경망스러운 입질, 유속)과 함께 평균 씨알이 작아지는 경향이 있다. 따라서 하우스, 유료 낚시터, 경쟁 낚시 등에서 활성도가 아주 저조할 때와 저수온기 입질이 미약할 때 일시적으로 활용한다.

떡밥낚시는 낚시터에 따라 차이가 있을 수 있지만 대체적으로 찌맞춤을 무겁게 하거나 가볍게 하는 정도의 차이에 따라 씨알 선별력이 달라지는 경향이 있다. 즉, 떡밥낚시는 찌맞춤을 가볍게 하는 것이 원칙이기는 하나 상황에 따라 부력값을 무겁게 또는 가볍게 미세 조정할 필요성이 있다. 좋은 예로 **큰 미끼에 큰 붕어가 무거운 찌맞춤에 큰 붕어**가 낚이는 경향이 있는데(항상 그렇지는 않다), 좋은 예로 필자가 권장하는 기본 수조찌맞춤 상태(무바늘 찌톱 한마디 기준 수조 정밀찌맞춤법)를 기본값으로 하고, 낚싯대 1~2대 정도는 최초 기준값에 오링을 부착하거나 탈착하는 방법으로 변화를 주어 운영해 보면 비교가 될 것이다.

(2) 낚시터 생태 환경 조건에 따라서 떡밥 운용과 부력값 적용 방법

떡밥의 반죽 농도나 크기, 떡밥의 종류(순수 글루텐만 사용 또는 글루텐＋어분 혼합하여 사용)를 다양하게 운용해 보면 대체적으로 큰 떡밥이나 어분이 혼합된 떡밥에서 큰 씨알의 붕어가 낚인다는 사실을 알게 될 것이다. 이러한 적용 기준은 낚시터에 따라서 약간씩 차이가 있다.

▶ 잡어, 치어 등 생태계가 건전한 낚시터

이런 낚시터는 지나치게 가벼운 찌맞춤이나 글루텐 단품은 잡어의 입질로부터 자유롭지 못해 피곤한 낚시가 전개될 것이다. 따라서 부력 조정이나 미끼활용법, 떡밥의 반죽 농도, 혼합 비율, 크기, 떡밥의 종류 등 변화를 통해 씨알을 선별할 필요성이 있고, 대상 어종의 회유 시간대와 길목, 낚싯대의 길이 등 낚시인의 기량에 따라서 결과의 차이가 있다.

생태계가 살아 있는 낚시터도 계절, 시간 변화에 따라서 대상어(어른 붕어)의 회유, 입질 시간대 반드시 존재하며, 이를 잘 파악하고 포인트를 선점하는 것이 요령이므로 이런 낚시터에서는 단순히 찌맞춤만 맹신하지 말고 기본 수조 찌맞춤 상태에서 1~2대 정도는 부력에도 변화를 주고, 낚시인의 기량(운용술, 포인트)에 따라서 결과가 달라짐을 이해해야 한다.

▶ 배스의 개체수가 많아 어른 붕어만 있는 낚시터

이런 낚시터는 잡어의 성화로부터 자유롭기 때문에 기다리는 낚시에 적합하고 필자가 권장하는 '무바늘 찌톱 한 마디 기준 수조정밀 찌맞춤'을 적용하기에 아주 적절한 낚시터라 하겠다. 이런 낚시터는 글루텐의 비중, 풀림, 결착력을 높이고 붕어의 미각, 후각을 자극할 수 있도록 여러 종류의 글루텐을 조합하여 사용할 필요가 있다. 좋은 예로 필자가 발표한 4합 글루텐이나 여기에 어분을 첨가하여 치댄 떡밥에 큰 씨알이 선별되어 올라오는 경우가 많이 있고, 이런 미끼는 뚝심을 가지고 기다리는 낚시에 적합하다.

혼합떡밥으로 대어를 낚은 최종찬 동호인

▶ 댐, 늪, 수로, 강 등 하천이나 하천을 막은 저수지, 호수 등 떡밥이 잘 먹히는 낚시터, 계곡형 저수지, 평지형 저수지, 소류지, 웅덩이 등 주로 떡밥이 잘 먹히는 전형적인 떡밥 낚시터, 생태계 교란이 진행 중인 떡밥 낚시터

이런 낚시터는 생태계 교란이 진행 중이므로 위 두 부류의 낚시터에 설명한 방법을 두루 적용할 필요성이 있는데 즉 떡밥운용술과 채비운용술, 포인트, 부력값 변동 등 낚시인의 감각에 따라서 어획량과 씨알 등 결과는 극명한 차이를 보인다. 또한 수조 정밀 찌맞춤을 적용하기에 적절한 낚시터라 하겠다.

▶ 평지형 저수지, 수로, 강, 소류지, 웅덩이 등 생미끼가 잘 먹히는 낚시터라면?

곡물류나 떡밥에는 주로 잔 씨알의 붕어가 반응하는 낚시터로 이때는 지렁이, 새우, 참붕어 등 생미끼로 공략하는 것이 좋다. 주로 새우, 참붕어에 대물이 반응하는데, 떡밥만을 고집하는 것은 올바른 판단이 못된다. 생미끼로 교체하기 마음먹었으면

바늘의 크기를 키우고, 목줄도 좀 더 길게, 부력도 약간 더 무겁게 변화시켜 주는 것이 좋다. 만약 활성도가 저조한 편이라면 채비의 변화를 최소화한다.

(3) 비교 운용을 통한 증명

일부에서는 전통올림낚시는 순진한 자연산 붕어나 낚는 기법이고, 자연산 노지붕어는 대충 찌맞춤 해도 된다는 속설이 있다. 과연 그럴까? 필자가 단언하건대 매우 잘못된 주장이다.

만약 동일한 조건의 아주 좋은 포인트에서 A라는 사람은 찌맞춤이 무거운 표준 찌맞춤법을, B라는 사람은 지나치게 가벼운 찌톱 기준 현장 찌맞춤법을, C라는 사람은 이것도 저것도 아닌 방법으로서 봉돌에 바늘 달고 수평 찌맞춤 또는 케미의 일정 부분을 기준한 찌맞춤법을 사용하고, D라는 사람은 정확한 적절한 부력값인 이정호의 무바늘 찌톱 기준 수조정밀 찌맞춤을 적용시켰다면 A, B, C는 D와 **찌오름의 품질과 어획량 면에서 비교할 수 없을 정도로 차이가 남**을 알게 될 것이다.

A(무거운 찌맞춤법): 표준 찌맞춤법(케미 달고 수평 찌맞춤법)
B(아주 가벼운 찌맞춤법): 무바늘 찌톱 기준 현장 찌맞춤법, 유바늘 찌톱 기준 현장 찌맞춤법
C(잘못된 찌맞춤법): 봉돌에 바늘 달고 수평 찌맞춤 또는 케미 기준 찌맞춤
D(가벼운 찌맞춤법): 무바늘 찌톱기준 수조정밀 찌맞춤법

※ C의 방법은 2007년 이전에 주로 좁쌀분할봉돌 채비, 편대 채비에 활용한 낚시 기법이다.

글루텐떡밥×옥수수 대어낚시는 이정호식 '무바늘 찌톱 기준 수조정밀' 찌맞춤 값이 '1년 평균 가장 적절한 부력값'이다.

2014년 4월 창녕 유리지에서 글루텐 4, 5합 대어낚시

(4) 찌맞춤(부상력값)의 실전 적용

글루텐(떡밥)을 미끼로 하는 전통올림 대어낚시는 '무바늘 찌톱 기준 수조정밀 찌맞춤법' 상태가 기준이며, 부력 변동은 현장 상황에 따라 적절히 조정한다. 이때 상황[4]을 잘 이해하여야 하고, 상황에 따라 잘 대처할 줄 아는 낚시인이 기량이 좋은 낚시인이라 하겠다.

최초 기준값에서 부력의 변화를 주는 요인은 **외바늘, 두바늘, 바늘크기, 대상어, 활성도, 장소(평지형, 준계곡형, 계곡형, 댐, 호수), 수온(계절), 수심 등에 따라서 부력의 적용을 달리하는(오링을 1~2개 추가하거나 추가한 오링을 제거하는 방식으로), 매우 섬세한 낚시**라 하였다.

위의 밑줄 친 내용 몇 가지를 실전 운용을 통해 이해를 돕고자 한다.

예 (1) 활성도가 굉장히 좋을 때
대어만을 노리는 글루텐 대어낚시에서도 활성도에 따라 조황의 기복이 있기 마련이다. 좋은 예로 무바늘 찌톱 기준 수조정밀 찌맞춤법(가벼운 찌맞춤 상태에서) A라는 낚시터에 출조하였더니 당일 출조한 낚시터의 활성도가 굉장히 좋아 찌가 몸통까지 올라와도 헛챔질이 유발될 정도라면 떡밥 운용, 채비 운용을 통해 문제를 해결해 나가야겠지만, 동시에 봉돌에 미리 부착한 스냅고리에 찌톱 1마디 무게에 해당되는 오링을 1~2개 더 추가하여 낚시하는 것이 유리할 때가 많았다. 다시 말해서 찌맞춤이 무조건 가벼운 것이 능사는 아니다.

▶ 만약 외바늘만 사용한다면?
기본 '무바늘 찌톱 기준 수조정밀 찌맞춤법' 상태에서 출조한 낚시터가 배스로 인한 생태계 교란으로 붕어의 평균 씨알이 좋고 수초가 많아 외바늘을 사용할 수밖에 없고,

---

4 상황: 유속, 활성도, 장소(평지형, 준계곡형, 계곡형, 댐, 호수), 수온(계절), 수심 등을 말한다.

비교적 붕어들의 입질이 시원하다면 오링을 1~2개 추가로 부착하여 부력을 조금 더 무겁게 낚시하는 것이 유리하였다. 또한 외바늘로 운용할 경우, 두바늘 때와 달리 다른 한쪽 바늘의 존재감이 사라지므로(침력이 없어짐으로 인하여) 붕어는 상대적으로 미끼를 물고 이동하는 과정에서 이물감을 적게 느낀다. 이때 **찌맞춤이 너무 가벼울 경우 헛챔질이 유발**될 수 있다. 그 외에도 바늘이 너무 작거나 가벼울 경우에도 찌맞춤이 너무 가볍다면 헛챔질이 유발될 수 있기 때문에, 이때는 수조 찌맞춤 상태에서 오링을 1~2개 추

콩알떡밥낚시의 달인 최동락 동호인

가하여 낚시하는 것이 오히려 유리하다는 뜻이다. 반대로 활성도가 저조하거나 저수온으로 인하여 입질이 미약하다면 오링을 추가할 필요가 없겠다.

예 (2) 초봄, 진눈깨비가 날리고 제법 쌀쌀한 날씨

2010년 3월 초, 필자가 출조한 예당지 수상좌대는 이미 만석이었고, 동행인과 필자도 수몰나무와 뗏장 수초가 발달한 포인트에서 수초구멍낚시를 하였다.

좌대 전체가 만석이었고, 우리 일행을 제외하고 전원 입질을 받지 못하였다.

출조 당일은 저기온, 저수온 및 강한 바람과 함께 진눈깨비가 날리는 등 날씨 불순으

로 인하여 제법 쌀쌀한 날씨가 전개되어 많은 난관을 극복해야 할 처지였다. 그러나 이것은 어디까지나 낚시꾼의 입장일 뿐, 물속 세상은 만물이 생동하는 봄이 시작되었기에 주로 해 질 무렵, 해 뜰 무렵에 입질이 들어왔다. 중요한 것은 당시 출조객 중 유일하게 필자와 동행인만 붕어를 상면할 수 있었고, 찌올림도 예술이었다.

유일하게 우리 일행만 반겨준 예당지 떡붕어

▶ 저수온, 수온변동기

봄을 시샘하듯 견딜 만한 기온이었고, 저수온이었므로, 이때는 수조 찌맞춤 상태(가벼운 찌맞춤)를 유지해야 한다. 만약 수조 찌맞춤 부상력값보다 더 가볍게 할 경우, 오히려 채비의 불안정으로 인하여 (저수온이지만) 헛챔질이 유발될 수 있다. 그 때문에 욕심보다는 떡밥의 물성을 저수온에 맞게 묽게 하고, 미끼의 크기, 바늘의 굵기나 크기를 작게, 두바늘보다는 외바늘을 사용하고, 원줄의 굵기도 1호 줄의 비중이 없는 **모노 필라멘트사**를 사용하며 순부력이 좋은 찌를 선택하여 까칠한 입질을 극복하는 편이 오히려 좋은 방법이다. 다시 말해서 찌맞춤에 변화를 주기보다는 상황 대처 능력과 운용술이 더 중요하다는 뜻이다.

예 (3) 활성도가 나쁘고 저수온일 경우

저수온기에는 기본 수조 찌맞춤 상태로 낚시한다. 만약 일시적으로 활성도가 좋아져도 오링을 추가할 필요 없다. 그렇다고 해서 저수온이며 활성도가 저조하다고 하여 수조 찌맞춤값보다 더 가볍게 운영하는 것은 좋은 방법이 아니다. 다시 말해서 부력 변동(오링 제거)보다는 바늘 크기와 개

전통올림낚시회 신성기 동호인

수, 떡밥반죽 농도 등으로 문제를 해결해 나가기 바란다.

글루텐떡밥 대어낚시도 활성도, 수온(계절)에 따라서 원줄의 굵기에 변화를 준다. 떡밥낚시는 카본줄은 사용하지 않는다. 자기 고집이 강한 사람은 대물을 만나면 원줄이 터진다는 고정관념으로 인하여 1년 내내 카본줄로 떡밥낚시를 진행한다. 간혹 운이 따라서 찌올림도 좋고 대물을 상면하면 자신의 생각이 옳은 것으로 착각하는 것이다.

예 (4) 활성도가 매우 좋아 헛챔질의 위험성이 커진다면? 오링 가감은?

활성도가 좋아도 1차적으로는 기본 수조 찌맞춤 상태를 유지하였지만, 시간 변화에 따라 입질폭이 너무 좋아져 헛챔질이 발생하게 되었다면 오링을 추가하기에 앞서 좀 더 큰 바늘로 교체한다.

필요에 따라서 오링 1~2개 추가할 수 있겠지만, 만약 수초가 없다면 오링 추가보다 바늘을 한 개 더 부착하거나 큰 바늘로 교체하는 것을 우선으로 한다. 그리고 마지막 단계에 오링 추가를 고려한다.

위와 같이 오링을 추가하였어도 여전히 헛챔질이 많이 발생한다면 이때는 **'찌맞춤의 범주'에서 벗어났으므로 더 이상 오링은 추가하지 말고, 각종 운용술과 챔질 방법을 통해 문제를 해결**해야 한다.

즉 입질 빈도수의 좋고 나쁨과 챔질이 잘 되고, 안 되는 것은 찌의 종류(성능), 채비의 구조, 원줄의 굵기, 떡밥의 크기나 물성, 바늘의 크기, 개수 등 여러 다른 요인들이 함께 작용하므로 **모든 문제의 원인을 찌맞춤 하나로(오링 가감으로) 국한된 것이 아님을 유념**해야 한다.

예 (5) 다대를 편성하였는데 특정 낚싯대가(특정 포인트 구멍이) 유독 씨알이 작게 나온다면?

여러 원인이 있을 수 있겠지만(떡밥운용술이 문제가 아니라면), 특정 구멍에 세팅한 찌의 크기나 부피가 작거나 사용한 찌의 순부력이 지나치게 높은 찌 등 수심이나 활성도, 수온(계절)에 맞지 않은 찌를 사용하였을 경우와 부력(찌맞춤)이 너무 가벼운 것이 원인이 될 수 있다. 즉, 찌의 순부력이 너무 좋거나 찌맞춤이 가벼울수록 잔 씨알(잡어)

의 입질에 취약하다는 뜻이다. 이럴 때는 오링을 추가하거나 제거하는 방식으로 부력에 변화(부력의 변화를 준다)를 줄 필요가 있고, 이때 오링을 추가하는 개수는 최고 2개이며, 2개 이상은 크게 의미가 없다. 이와 함께 활성도나 수온, 수심 등을 감안하여 용도에 맞는 찌를 선택한다(적절한 푼수, 길이, 순부력 등 찌의 선택도 중요하다).

정리하자면 부력이 무거울수록 굵은 붕어가 낚일 확률이 높은 것은 사실이다. 그렇다 하여 대물낚시(표준 찌맞춤법 = 수평 찌맞춤법)처럼 떡밥낚시를 지나치게 부력을 무겁게 한다면 입질을 전혀 읽어 내지 못할 수도 있다. 즉, 욕심을 부려 부력을 지나치게 무겁게 해서도 안 되며, 그렇다고 지나치게 부력을 가볍게 한다면 입질 빈도수는 많아질 수 있겠지만 평균 씨알이 작아지고 헛챔질을 비롯하여 짜증스러운 낚시가 전개될 것이다. 그러므로 **상황에 맞는 가장 적절한 부상력값을 적용시키는 것이 관건이고, 이에 앞서 계절, 수심, 활성도 등을 감안하여 그날 상황에 맞는 찌를 선택해야 한다. 결론적으로 '1년 평균 가장 적절한 부상력값'은 '무바늘 찌톱 한 마디 기준 수조 찌맞춤' 상태이다.**

2

취침 신공과 낚싯대 편성

평소 필자는 등만 기대면 잠을 자는 취침신공의 달인이었다.

(1) 대물낚시와 글루텐 떡밥낚시의 차이점

대물낚시에 주로 사용하는 콩, 새우, 참붕어, 보리, 옥수수 등의 고형 미끼는 떡밥과 달리 그 형상이 유속이나 잡어, 치어 등 외부적인 간섭(자극)에 비교적 보존이 잘 되는 미끼이다. 마침내 대상어가 미끼를 흡입하였다면 미끼의 특성상 뼘치급 이상의 어른 붕어가 낚일 확률이 높아진다. 다시 말해서 잡어의 입질이 아닌 목적한 대상어가 입질할 때까지 오랜 시간 형상이 그대로 보존되며 기다리는 낚시에 가장 적합하다고 하겠다.

편의상 고형 미끼, 생미끼를 사용하는 낚시를 대물낚시라 하고, 글루텐 떡밥을 사용하는 낚시를 글루텐 대어낚시로 구분하자.

외적인 간섭에 미끼의 보존이 비교적 용이한 대물낚시는 붕어의 길목이 될 만한 특정 포인트에 많은 수의 낚싯대를 편성하고 입질이 들어올 때까지 기다리기에 매우 적합한 낚시라 하였다.

대어낚시와 정숙(소음, 진동, 그림자)은 밀접한 관계를 유지한다.

그렇기 때문에 대어낚시의 특성상 정숙(소음, 진동, 그림자)은 필수이며 잦은 미끼 교체로 인하여 대물 붕어의 접근을 방해(경계심)하지 않는 장점이 있다. 즉, 입질이 올 때까지 충분한 시간(장시간)을 가지고 기다리면 될 것이고, 미끼의 특성상 바늘도 큼직한 것을 사용하는 것이 유리하다. 이는 한 번 흡입하면 어지간해서는 뱉어 내기 힘들게 만들기 위함이다.

대물낚시는 낚싯대를 많이 편성할 수 있다.
떡밥낚시는 낚싯대를 많이 편성할수록 불리하다.

반면에 떡밥낚시는 개인 숙련도, 떡밥의 종류에 따라서 약간의 차이는 있겠으나 잡어, 치어, 유속(수류, 와류), 수온 등에 취약하고, 일정 시간이 흐르면 분해되어 바늘에서 미끼가 이탈하게 되는 문제점을 가지고 있다. 따라서 특정한 미끼(고형, 생미끼)로 대어만을 노리는 대물낚시가 기다리는 낚시라면, 글루텐 대어낚시는 **기다림과 공략을 적절히 혼합**한 낚시라 하겠다.

(2) 취침 신공의 교훈(기다림과 공략을 적절히 혼합)

필자는 유독 잠이 많고, 등만 기대면 쉽게 잠에 취하기 일쑤인데, 업무 과중과 함께 체질상 잠을 쉽게 이기지 못한다. 한 가지 에피소드를 통해 이해를 돕고자 한다.

2011년 10월, 모처럼 휴일을 맞이하여 마침내 동료들과 함안권에 위치한 수로로 출조를 계획하였다. 어렵사리 포인트에 짐을 풀게 되었고, 첫 번째 투척에 운 좋게 월척 붕어를 만날 수 있었다. 평소 잠이 부족했던 필자는 쌀쌀한 밤 기온에 손난로와 모포로 체온을 유지하며 입질을 기다렸지만, 낚시 의자의 안락함에 순간 잠이 들고 말았다. 참고로 출조한 낚시터는 생태계가 교란된 수로의 특성상 많은 마릿수를 기대하기보다는 씨알 위주의 낚시터였으며, 약간의 유속으로 인하여 글루텐의 비중과 풀림, 점성 등에 변화를 주어야겠다는 판단으로 글루텐떡밥을 혼합 반죽하였다.

첫 입질에 큰 붕어가 나올 확률이 높고, 큰 떡밥에 큰 붕어가 낚이는 경향이 크다.

심하게 코를 골며(필자는 코골이가 심한 편이다) 잠에 취한 지 30분도 되지 않아 눈을 뜨게 되었는데, 거짓말처럼 찌가 몸통까지 올라오고 있지 않은가! 순간 잽싸게 챔질을 하였고, 두 번째 월척을 만나게 되었다. 잠시 전까지만 하여도 코를 골던 사람이 챔질을 하니 함께한 동료들은 경악을 금치 못했다. 그리고 또 잠이 들고, 또 붕어를 낚고……. 필자는 동이 틀 때까지 잠과 싸우며 연신 붕어를 낚았다. 결과는 마릿수, 씨알 모든 면에서 장원을 차지하게 되어 취침 신공이라는 별명을 얻게 된 일화가 있다. 이러한 일화는 한두 번이 아니었으며, 우리 동호회 운영진이라면 누구나 아는 사실이다.

취침 신공의 일화가 주는 교훈은 필자가 잠이 든 시간 동안에는 소음과 진동, 빛, 그림자 등이 일시적으로 발생하지 않았다는 뜻이며, 이러한 요인들은 틀림없이 대어낚시의 방해 요소라는 뜻이다.

한 가지 더 예를 들어 보겠다. 필자는 수

로의 콘크리트보 중간에서 자주 낚시를 하는데, 수로 위에 앉아서 낚시를 할 때와 보 밑에 내려가서 몸을 숨기고 입질을 기다려 보면 입질 빈도수나 씨알 면에서 차이가 있음을 알 수 있었다. 따라서 **떡밥낚시의 특성상 잦은 미끼 교체와 낚시인의 분주한 행위는 최대한 삼가는 것**이 좋겠다(조급함보다 적절한 시간 간격으로 미끼를 교체한다).

※ 갓 낚시와 첫 입질

연안에 수초가 분포된 자리, 코너, 석축 포인트는 첫 입질에 우연찮게 대물을 만날 확률이 높다. 겨울철 들어뽕 구멍치기 낚시를 경험해 본 낚시인이라면 이해가 될 것이다.

(3) 낚싯대 편성

▶ 글루텐 대어낚시 사례

주로 생태 환경이 파괴되어 평균 씨알이 좋은 낚시터에서 필자가 경험한 글루텐떡밥 대어낚시 사례를 통해 이해를 돕고자 한다. 유속, 수온, 수중생물 등 외부적인 자극에도 미끼가 바늘에서 쉽게 이탈되지 않는 알곡 형태의 고형 미끼, 생미끼를 주로 사

용하는 대물낚시는 붕어의 회유 길목에 미끼를 투척하여 장시간 기다릴 수 있기 때문에, 여러 대의 낚싯대를 편성해도 크게 문제가 되지 않는다. 반면에 글루텐떡밥은 분해 작용으로 바늘에서 쉽게 이탈되고 늘어지는 문제가 있으므로 여러 대의 낚싯대를 편성하게 되면 **떡밥을 자주 교체**할 수밖에 없고, 잦은 교체 작업으로 인한 소음과 빛은 대어의 접근을 방해할 때가 종종 있었다. 따라서 글루텐 대어낚시는 포인트의 특징과 생태 환경을 감안하여 꼭 필요한 낚싯대만 편성한다. 다만 시간대, 활성도, 계절, 장소 등 낚시터의 환경 조건에 따라서 소음이 크게 문제가 없는 경우도 많이 있었다.

→ '잦은 투척이 소음 유발로 붕어의 접근을 방해한다.'와 아래의 '수중전이 마릿수와 씨알 모두 좋은 편이다.'라는 내용은 서로 상충되는 내용이다. 즉 보트낚시에서 물소리와 진동이 심함에도 조과가 좋은 현상이 바로 아래의 수중전과 같은 것인데, 붕어는 첫 소음이나 진동에는 민감하게 반응하여 긴장하지만 지속되는 소음이나 진동에는 적응을 하는 것이다. 따라서 떡밥낚시에서는 같은 장소에 잦은 투척을 하여 그 물 파장으로 인해 먹잇감이 떨어지는 것을 붕어가 인지하고 본능적으로 그곳으로 모여들어 집어가 되도록 하는 부지런함이 필요한 것이다('자주 투척하지 마라.'라고 하는 분야는 몇 시간을 조용히 기다리는 대물낚시에서 맞다).[5]

---

5 FTV 방송 강좌 평산 송귀섭의 〈붕어학개론〉에서 인용.

▶ 떡밥낚시 사례

필자가 한참 낚시에 심취하였던 20대에서 40대 중반에는 2.5~3.0칸 이내의 낚싯대 2~3대로 콩떡밥, 사상떡밥, 감자떡밥, 적색떡밥, 신장떡밥을 이용한 콩알떡밥낚시를 주로 하였다. 참고로 이때는 생태 환경이 건강하거나 생태계가 교란 중인 낚시터가 많았던 시절이다.

처음에는 잔 씨알 붕어가 간간히 나오다가 투척 횟수가 늘어날수록(작은 콩알 낚시임에도) 집어군이 형성되었고, 점차적으로 평균 씨알이 커지는 가운데 준월척급 붕어가 심심치 않게 낚여 주거나 평균 씨알만 좋아지는 경우도 많았다. 이런 경험은 글루텐 떡밥을 단품으로 사용하여도 마찬가지로 집어군이 형성되었고, 특히 글루텐 + 어분 또는 집어용 떡밥, 지렁이 + 떡밥 등 짝밥낚시에서 훨씬 조과나 평균 씨알이 좋았다. 특히 수중전, 섬 낚시, 붕어의 개체수가 많을수록 투척과 관련된 소음은 크게 문제가 되지 않았으며, 평균 씨알도 연안에 비하여 향상되었다. 때로는 정숙한 낚시가 씨알을 선별하는 데 유리할 때도 있겠지만, 오히려 잦은 투척과 집어 형성을 통해 성과가 더 좋을 때도 많았다는 뜻이다. 따라서 현장 상황 판단이나 사전 정보를 통해 낚시터의 특성을 잘 파악할 줄 아는 능력을 키워야 한다.

그 외 글루텐 대어낚시의 관건(관권) 포인트는 한 포인트에 두 사람 이상 함께 앉아서 낚시를 하지 말아야 하며(서로서로 최대한 멀리 떨어져야 한다), 사람들의 이동 통로나 주차장 등의 자리를 피하고, 될 수 있으면 독탕을 쓰거나 한적한 외딴 자리에서 홀로 낚시하는 것이 유리한 편이었다.

중·상류권의 수초, 수몰나무 등 장애물이 있는 포인트, 석축·바위틈 등의 갓 낚시에서의 첫 입질, 수중전, 새물 유입구, 얕은 수심에서 갑자기 깊어지는 경사지, 물골 등에서 대물을 만날 확률이 높다.

※수중전 : 물속에 들어가 낚시하는 행위

수로에서 수중전(평산 송 귀섭 명인)

사진 속의 낚시터는 특성상 수중전 낚시를 할 수밖에 없는 낚시터이다. 따라서 연안에서 전방 3~10미터(m)의 이내의 수심이 약 30~50cm 정도라면 3~5미터 수로 안으로 들어가 낚시하는 행위로서 마릿수, 씨알 모두 좋은 편이다.

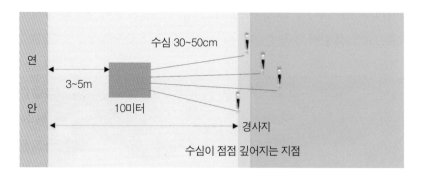

3

글루텐떡밥 배합법, 챔질법, 채비운용법

(1) 필자의 콩알떡밥낚시 첫 경험

필자가 처음 낚시를 접한 것은 안성 읍내 제법 큰 시장에 위치한 작은 연못이었다. 당시 필자의 나이가 몇 살이었는지 전혀 기억이 나지 않는다. 어렸을 때 외갓집에 종종 다녀오곤 했는데 모친께서 안성장날에 맞춰 외증조부님께 가져갈 정종과 생선, 담배, 옷가지 등을 구입하기 위함이었을 것이다. 당시 대부분의 상가는 황토집이나 초가지붕에, 신작로는 비포장 상태였으며, 행인이나 상인이나 대부분 흰색 치마저고리를 입고 있었던 것 같다. 당시 시장에 위치한 작은 연못 중앙에는 작은 섬이 있었고, 섬 중앙에 큰 나무가 있었는지 아무튼 연못을 빙 둘러앉은 아저씨들은 외대(2칸대)를 사용하였고, 지렁이 튜브채비에 말랑말랑한 콩알떡밥이나 지렁이 낚시를 하였다. 필자는 어린 나이 임에도 한동안 자리를 뜨지 못하였다. 세월이 지나고 보니 평생을 잊지 못할 풍경이자 체험이었던 것 같다.

(2) 외래 어종과 미끼의 선택

80년대 초반, 필자가 배스를 처음 접합 낚시터는 남한강(양수리 건너편) 본류권의 후미진 포인트다. 황당하게도 필자로서는 전혀 예상하지 못했던 일이 벌어지고 말았는데, 외래 어종은 30여 년 만에 천하를 통일하였고, 토종 붕어는 살아남기 위한 사투를 벌이는 현실 속에서 자연스럽게 '글루텐대어' 떡밥낚시가 탄생한 것 같다. 배스의 번성은 낚시꾼의 행복인가? 절망인가? 이런 가운데 대물낚시와 글루텐 대어낚시를 두고 떡밥낚시인 입장에서 정서상 혼동을 느끼지 않을 수 없는 것이 현실이며, 초보 조사나 경력자, 월척 조사, 사짜 조사, 오짜 조사가 탄생하고 있으니 말이다. 필자도 이에 동승하여 더 크고 더 많은 어획량을 추구하는 낚시 요령을 수록하고 있으니 이를 어떻게 받아들여야 할까? 어찌 되었든 붕어는 잡식성이며, 씨알 선별력을 높이려면 곡물류 미끼(떡밥, 옥수수, 보리, 콩, 감자, 고구마)를 우선시하는 것이 좋겠으나 붕어낚시의 기본은 콩알떡밥낚시로부터 시작된다는 것을 이해해야 글루텐 대어낚시에 대한 편견을 두지 않을 수 있다.

배스는 움직이는 미끼에 쉽게 반응하며 생미끼 낚시에는 주로 새우를 많이 사용한다. 새우는 씨알 좋은 붕어를 선별하여 낚아낼 수 있는 미끼인 반면, 배스가 굉장히 좋아하는 미끼임에 틀림없을 것이다. 메주콩 낚시는 씨알 선별력은 좋으나 너무 지루하고 옥수수, 보리와 같은 미끼는 떡밥에 비하여 반응 속도가 느리긴 하지만, 씨알 선별력도 좋고 어느 정도 마릿수도 보장받을 수 있다. 반면에 떡밥낚시는 잦은 입질 빈도수로 인하여 상대적으로 씨알 선별력도 떨어지는 단점이 있다. 따라서 배스가 서식하거나 생태계 교란이 진행 중이라면 군이 대물미끼만을 고집하지 말고, 정확한 찌맞춤과 떡밥운용법, 채비 구성 요건(채비의 경량화) 등 그 원리와 요령을 정확히 습지한다면 대물미끼에 못지않은 만족감을 느끼게 될 것이다. 부디 붕어의 씨알도 선별하고 동시에 잡는 재미도 함께할 수 있도록 본 코너를 수록하니 즐거운 낚시 인생이 되기 바라는 마음이다.

(3) 떡밥낚시는 채비의 경량화가 필수

대물미끼낚시(표준 찌맞춤 낚시)와 떡밥
낚시를 혼동하는 낚시인을 자주 목격하게
된다. 물론 대물채비와 관련된 표준 찌맞춤
으로 떡밥낚시도 가능하고, 필자가 발표한
수조 찌맞춤법의 근간은 표준 찌맞춤이기
때문에, 그 실효성과 가치를 폄하하는 것은
아니다.

송귀섭 선생은 FTV 제작위원, 붕어낚시의 첫걸음,
송귀섭의『붕어학개론』,『붕어대물낚시』의 저자이
자 우리나라를 대표하는 전통낚시 명인이다.

"자! 어서 오시게~"의 대명사로 잘 알려져 있고(낚시인과 붕어를 벗처럼 대하시는), 평
소 필자가 존경하는 송귀섭 선생의 출판물 중에는『송귀섭의 붕어학개론』이라는 전통붕
어낚시 전문 서적이 있다. 송귀섭 선생은 전통떡밥 낚시인이자 대물낚시 전문가이시다.
『송귀섭의 붕어학개론』의 444, 445쪽을 보면,

> 다음으로 붕어낚시의 꽃인 찌맞춤을 보면, 대물낚시의 경우는 대부분 무거운 찌맞춤(표준 찌맞춤 포함)을 하여 거의 전천후로 사용한다. 그러나 떡밥콩알낚시의 경우는 가벼운 찌맞춤, 표준 찌맞춤, 무거운 찌맞춤을 확실하게 구분하여 경우에 맞게 운용하므로 찌맞춤에 대한 명확한 이해를 갖게 된다.

라는 내용이 있고, 다음으로

> "붕어낚시의 기본은 떡밥낚시로부터 비롯된 것이고 낚시채비에 대한 이해, 찌맞춤에 대한 이해 등 떡밥낚시를 숙달하는 것은 학생이 기본 교과서를 바탕으로 공부를 하는 것과 같다."라는 말씀과 "우선 채비분야를 보자면 떡밥콩알낚시에서는 대물낚시에 비하여 모든 부분의 채비를 최대한 가늘고 예민하게 한다. 따라서 떡밥콩알낚시를 구사하면 연약한 채비를 가지고도 채비에 무리가 가지 않도록 운용하는 적절한 요령 습득을 하게 된다."

라는 구절이 있다.

이후의 구절 내용은 다음과 같다.

"입질 분석과 챔질을 보면, 대물낚시의 경우는 오랜 시간을 기다리다가 한두 번 오는 입질을 느긋하게 기다려서 챔질하나 떡밥콩알낚시에서는 자주 들어오는 입질에 대해 순간순간 찌 끝을 읽어서 챔질하여 붕어를 낚으므로 다양한 찌놀림과 자주 들어오는 입질, 그리고 이에 대한 순간순간의 분석 및 챔질을 숙달할 수 있다. 붕어의 제압과 유도를 보면, 대물낚시를 하는 사람의 모습을 보면 무조건 강제집행을 하여 붕어를 내 발 앞으로 끌어 놓는다. 그러면서 손맛이 좋다고 표현한다. 도대체 무슨 손맛을 말하는 것인가? 떡밥콩알낚시를 하면서 크고 작은 붕어를 걸어서 여유 있게 가지고 노는 낚시에 숙달된 사람은 대물낚시를 하면서도 가능하면 붕어를 가지고 놀면서 여유롭게 제압하고 유도해 오는 참된 손맛을 보는 낚시를 한다."

필자(이정호)는 별도의 대물채비나 대물전용찌 등을 가지고 떡밥대물낚시를 하지 않는다. 물론 한때는 대물찌를 사용한 경험이 있지만 차츰 생각이 바뀌었고, 이제는 전혀 사용하지 않는다.

대물낚시와 글루텐 대어낚시는 장르가 완전히 다르다.

필자의 경우, 수심이 아주 얕거나 장애물(수초, 수몰나무)이 존재하는 낚시터라도 중량급 대물낚시 채비와 수초전용 대물찌로 옥수수, 글루텐 떡밥낚시를 진행하지 않는다. 더군다나 떡밥낚시는 찌맞춤이 매우 중요한데, 정성을 다해 예민하게 정밀 찌맞춤한 채비에 표면적이 넓고 둔한 대물전용찌를 사용하거나 뻣뻣하고 비중이 높은 굵은 카본줄과 뻣뻣하고 탄성이 높은 목줄, 무겁고 굵은 바늘을 사용한다면 **예민한 찌맞춤의 의미는 완전히 상실**되고 말 것이다.

대물채비는 표면적이 넓고 순부력이 떨어지는 투박한 대물전용찌와 굵고 무거운 원줄, 목줄, 바늘 등으로 구성되어 있기 때문에, 찌맞춤을 아무리 정교하게 하여도 경량화된 떡밥전용채비와 달리 제대로 작동하지 않게 된다.

예를 들어 보자. 평소 유료낚시터의 양식붕어, 노지의 자연산 붕어에 관계없이 출조 당일의 상황(활성도, 계절, 장소, 어종 등)을 고려하여 찌맞춤 및 채비를 예민하게 운용하지만, 성과가 나쁠 때가 흔하고 개인마다 채비 구조나 찌의 성능에 따라 찌올림 폭과 입질 빈도수(성과)에 차이가 있음을 알 수 있다. 하물며 경계심이 극도로 강한 자연산 어른 붕어를 상대로 떡밥낚시를(떡밥낚시는 찌맞춤이 굉장히 중요하다) 진행하면서 찌나 채비를 대물채비 그대로 사용한다는 것은 필자의 입장에서는 납득하기 어렵다. **더욱 이해가 안 되는 것은 전혀 장애물도 없고 맨땅 수준의 낚시터에서 그것도 1.5~3m급의 수심에서 30~50㎝ 이내의 대물 전용 단찌로 떡밥낚시를 진행하는 이유가 무엇인지?**

조만강 얕은 수심에서 낚은 월척붕어, 정교한 찌맞춤과 능숙한 떡밥반죽술의 베테랑 낚시인이라도 제대로 제작된 찌를 선택하지 않을 경우 효과는 반감될 것이고, 떡밥전용찌도 성능의 차이가 있듯이 글루텐 대어낚시를 하면서 대물낚시용 전용찌를 사용하는 것은 잘못된 선택임을 이해하자.

떡밥미끼와 대물미끼의 가장 큰 차이는 **결착력**에 있다. 대물미끼와 달리 떡밥은 특성상 작은 외적인 충격이나 잡어, 대상 어종의 자극으로 인하여 바늘에서 쉽게 이탈되는 경우가 많다. 특히 붕어가 떡밥을 물고, 이동 및 상승하는 과정에서 바늘이 크고 무겁다면 붕어는 쉽게 이물감을 느끼게 되어 바로 뱉어 버릴 것이고, 동시에 찌의 선택도 문제가 있다면(대물찌를 사용하였다면) 입질을 전혀 읽어 내지 못할 수도 있다.

모델: 박상욱 동호인이 낚은 4짜 붕어
장소: 평택호 상류 길음리권에서(진위천)

　대물낚시에 사용되는 바늘은 떡밥낚시에 사용하는 바늘과 달리 상대적으로 매우 크고 무엇보다도 무겁다. 그렇기 때문에 일단 대상어가 미끼를 삼켜만 준다면 어지간해서는 뱉어 낼 재간이 없다. 즉 주낙의 개념이 크다는 뜻이고, 주낙은 찌맞춤이 다소 무거워도 낚시에 크게 지장을 주지 않는다. 대물미끼는 결착력이 워낙 좋기 때문에 흡입과 동시에 붕어는 굉장한 이물감을 크게 느끼게 되어 뱉으려 애써 보지만, 애석하게도 꼼짝없이 붕어는 낚시꾼의 포로 신세가 되는 것이다. 이유는 바늘이 크기 때문에 뱉어 낼 수가 없기 때문이다.

　어떤 분들은 대물채비로 떡밥낚시를 하였지만, 예쁜 찌올림으로 대어를 낚을 수 있었다는 주장도 있다. 투박한 대물채비라도 때로는 찌올림도 좋고 대물붕어를 잡을 수 없다는 뜻은 아니다. 붕어를 낚은 것과 낚여 준 것의 차이점(주낙)을 한 번쯤 생각해 보기 바라며, 경량급 채비로 낚은 대어와 중량급 채비로 낚은 대어는 가치 면에서도 많은 차이가 있음을 이해하기 바란다.

초대에세이

평산의 釣行隨想 "자연은 정복(征服) 대상이 아니다"

광풍이 몰아친다. 작대기 같은 빗살이 파라솔을 두드린다. 독한 마음을 먹는다. '그래, 이겨내자.' 그러고는 비바람 속으로 채비를 날려 여러 차례 시도 끝에 겨우 성난 물결 위에 찌를 세워 놓고는 찢어질 듯 펄럭이는 파라솔을 붙잡고 버틴다. '아무리 혹독하게 해 봐라. 그런다고 내가 낚시를 포기하나.'

젊은 시절에는 이렇게 하는 것이 남보다 더 용기 있는 행동이고, 호연지기(浩然之氣)라고 생각했었다. 젊음의 호기로 성난 자연을 이겨내어 정복하려고 했던 것이다. 그러나 자연은 정복(征服)의 대상이 아니고, 온 힘을 다하여 극복(克服)은 하되 결국은 스스로가 순응해야 하는 어울림의 대상이라는 것을 나이가 들어서야 깨달았다.

정복(征服)은 상대를 완전히 지배하여 내 의지대로 통제를 할 수 있다는 것이고, 극복(克服)은 현상을 내 의지로 이겨내어 도달하고자 하는 목적을 달성한다는 의미이다. 그러므로 산악인이 히말라야 정상에 오르거나 낚시인이 악천후 속에서 월척 붕어를 만났을 때 오는 희열감은 자연을 정복하였으므로 맛보는 것이 아니라 자기 자신을 극복하면서 이루어낸 성과에서 오는 희열(喜悅)인 것이다.

낚시터에서 마음을 다스려 즐기는 것은 요수조정(樂水釣情)이다. 즉 물과 낚시 자체를 좋아하여 정감(情感)으로 즐겨야 한다. 그러니 자연에 도전하되, 꼭 정복하려고 덤비지는 말아야 한다. 결국은 정복할 수도 없거니와 잠시 정복하는 듯이 해 봐야 의미가 없기 때문이다. 자연 앞에서 만용을 부리는 것은 득보다는 실이 크다.

비단 낚시뿐이랴. 꼭 상대를 정복하고야 말겠다는 욕심을 금해야 하는 것은 사업도, 학문도, 정치도, 인간관계도 같다. 필자 세대가 학교에 다닐 때는 'ㅇㅇ 과목 완전 정복'

이라는 참고서로 공부를 했다. 그런데 요즘도 서점에 가서 보면 'ㅇㅇ 정복'이라는 책들이 많이 보인다. 공부하는 것마저도 '정복'이라는 무시무시한 단어를 당연한 것처럼 가까이 하고 있는 것이다. 그러니 모르는 사이에 어떤 난제를 극복하는 것을 모두 '정복한다'는 극단적인 사고로 고착되게 하고 있는 것이다.

그러나 선진국에서는 문제를 정복하려 하지 않고 친숙하게 가까이하면서 토론과 경험을 통해 하나하나 순리대로 깨우쳐 가는 공부를 중요시한다. 그러니 정치, 사회, 문화, 경제 등 제반 분야에 합리성이 담기는 것이고, 이러한 문화가 상대 진영에 대한 정복이 아니라 상대방과 함께 어려움을 극복하고 최대공약수를 도출해 내는 타협의 문화가 형성되는 것이다.

바로 이러한 여유와 타협의 문화를 스스로가 길러 내는 가장 바람직한 활동이 때로는 자연을 극복하고, 때로는 자연과 타협하여 순응하며 즐기는 요수조정(樂水釣情)의 낚시다. 낚시를 즐길 때는 정복하려고 하지 말고, 스스로 시련을 극복하면서 즐겨야 한다. 만약 자연현상을 탓하여 화를 내거나 억지로 이기려고 몸부림치면 낚시의 즐거움이 없어진다.

(4) 잘못된 챔질 방법과 강력한 챔질, 무리한 강제집행(헛챔질의 원인)

필자가 위와 같이 경량화된 채비를 주장하면 틀림없이 볼멘소리와 함께 반문이 들어오기 마련인데, 줄이 터지고 바늘이 펴지거나 부러질 것이라는 우려일 것이다. 필자도 오랜 세월 낚시를 하였고, 한때는 이런 문제를 가지고 고심한 시절이 있었다. 충분히 이해가 간다.

지금부터 채비의 경량화로 인하여 원줄과 목줄이 자주 터지고 바늘이 펴지는 원인과 대처 방법을 연구해 보자. 가장 큰 원인은 잘못된 챔질 방법과 강력한 챔질, 무리한 강제집행 과정이며, 그 외로 매듭법에 문제가 있거나 제품의 품질 자체가 문제가 있을 수 있다.

순간 챔질을 통해 초기 대물붕어를 제압하는 것은 굉장히 중요한 행위 중의 하나임에 틀림없다. 그렇지만 지나칠 정도로 강력하게 챔질하는 행위나 챔질 방법, 제압 과정의 문제점을 본 단원을 통해 지적하지 않을 수 없고, **원줄, 목줄이 터지고 바늘이 펴지는 가장 큰 원인이 채비의 경량화 때문이 아니라는 점을 설명**하고자 한다.

박정민 동호인

① 챔질 강도와 챔질 방법의 문제점

우리 전통수조 찌맞춤법 동호인 중에는 유료 낚시터 출조 때마다 8~9치급에서 월척급 붕어를 약 100~300수 정도의 어획량을 올리는 분들이 굉장히 많다. 이분들의 채비를 살펴보면 모노필라멘트 원줄 1~2호, 가늘고 탄성이 적당한 합사목줄, 작고 가늘고 휘어지는 가벼운 바늘 3~8호 이내를 사용하지만 전혀 무리 없이 소화해 낸다.

노지 낚시터도 마찬가지다. 상당한 힘과 무게(빵), 순간 당기는 힘 등 준월척급과 4짜 붕어를 낚아 내지만 경량화된 채비로 전혀 무리 없이 소화해 낸다. 그렇다면 일부의 일반 낚시인들께서 힘들어하는 이유와 문제점은 무엇인가?

필자가 글루텐떡밥과 경량화된 채비로 낚은 노지 준월척 붕어. 가장 문제가 되는 필요 이상의 강력한 챔질로 붕어의 턱이 온전한 게 의아할 정도이다. 때로는 경악을 금치 못할 정도로 강력한 챔질을 목격하게 되는데 챔질과 동시에 바늘이 장애물에 걸린 상태라면 채비가 터지든, 낚싯대가 부러지든 지구를 우주 밖으로 날려 버릴 만큼 강력한 힘은 채비 손실의 가장 큰 문제가 될 수밖에 없다.

물론 대상 어종의 순간 저항을 강력한 챔질과 신속하게 처리를 하지 않게 되면 여러 문제가 생길 수 있겠으나 이를 좀 더 효과적으로 세련되게 대처할 줄 아는 노련한 낚시꾼은 최초 찌의 움직임인 예신과 본신을 마음속으로 정확히 판단할 줄 안다(챔질 시기 = 출조 당일의 붕어의 입질 페턴이나 유형을 빨리 알아차려야 한다). 다시 말해서 찌의 표현을 충분히 느낄 수 있는 과정을 통해 본신 타이밍을 잡아 순간 들어 올리는 강력한 챔질로 입걸림을 성공시키고, 2차 제압 과정을 통해 여유롭게 붕어를 유도해 오는 낚시를 할 수 있는데, 지금부터 필자가 평소 즐겨 사용하는 경량화된 채비도 터지지 않는 챔질 방법과 제압 방법을 설명하기로 하겠다.

이준무 회원이 경량화된 글루텐 떡밥낚시 채비로 낚은 두량지 혹부리 사짜 붕어

② 이중(이단) 챔질법(이중 챔질을 통해 헛챔질과 터짐 방지)

필자가 초보 시절 선배낚시인께 배운 챔질 방법은 낚싯대를 힘껏 뒤로 일직선으로 잡아당기는 방식이었으며, 이렇게 하면 대물이 걸리거나 밑걸림이 심할 경우 백발백중 채비는 터지고 만다. 결국 **채비가 터지는 가장 큰 원인**이었다.

필자의 지인 중에 연세가 지긋하신 선배 낚시꾼도 같은 방법의 챔질로 오랜 세월 습관적으로 해 오다 보니 좀처럼 고치지를 못하여 두 가지 형태의 사건이 수시로 발생하는데, 첫째는 3~6치급 붕어의 입질이 들어올 경우 가끔 붕어의 입술만 낚싯바늘에 붙어 나오는 끔찍한 일이 발생하고, 둘째는 대물을 만나게 되면 영락없이 채비는 터지거나 바늘이 퍼지고 헛챔질이 발생하고 만다.

강력한 챔질은 때에 따라서 대물어종을 초기 제압하는 데 큰 도움이 될 수 있겠지만, 이보다 **방향이 더 중요한데 방향만 제대로 잡았다면 굳이 처음부터 힘껏 잡아당길 필요 없이 입걸림 여부를 확인하고 재차 다시 당겨 주는 것(이중 챔질법)이 오히려 챔질 확률도 높아지며 붕어를 쉽게 제압할 수 있다.**

필자는 직접 촬영이 가능할 정도로 느긋하게 손맛을 본다. 이중 챔질법으로 낚아 올리는 월척급 붕어

이중 챔질법은 매우 간단하며 이미 오래전부터 해 오던 방식으로서 필자가 개발한 방법이 아니다. 필자도 청년 시절 이름 모를 선배 낚시인으로부터 전수받았고, 이후로는 필자처럼 이중 챔질을 하는 전통낚시인을 만난 적은 없었다.

이중 챔질법(뗏짱 수초에서 굉장한 위력을 보임)은 1차 위로 들어 올리듯 2차 챔질에 이어 제압을 통해 안전하면서 대상어에 큰 충격을 주지 않는 챔질 방법이다. 즉, 예신이 들어왔을 때 느긋하게 기다렸다가 챔질 시점(본신)이 되면 **미끼를 교체할 때 낚싯대를 들어 올리는 행동과 똑같은 방법으로(12시 방향) 낚싯대를 들어 올려준다. 이때 액션, 스냅을 주는 형태로 챔질 동작을 하지 않는다.** 바늘이 작고 외바늘낚시, **헛챔질이 심한 날은 낚싯대를 들어 올리는 속도를 좀 더 느리게** 하는 것이 좋다. 이렇게 하면 낚싯대는 이미 80도 이상 세워져 있는 상태이며, 낚싯대의 길이가 4~6m 이상이므로 살짝만 들어도 원심에 의하여 붕어에게는 청천벽력과 같은 엄청난 충격을 받게 되며 날카로운 바늘은 12시 정각으로 정흡 입걸림이 될 것이다. 2차로 다시 한번 힘껏 들어 올리면서 이리저리 손맛을 만끽하면 된다.

다만, 얕은 수심에서 장애물(수몰나무, 부들, 갈대)이 많다면 어쩔 수 없이 강제집행할 수밖에 없음을 이야기하는 것은 아니니 오해가 없기 바라며, 이때는 2차 행동을 생략하고 무자비하게 강제집행 한다. 뗏짱 수초의 경우는 초기 1차 챔질을 통해 구멍 위 수면까지만 올려놓아 낚싯대의 높이만 그대로 유지시킨다면 스키를 타듯 붕어를 끌어내는데 전혀 문제가 되지 않는다. 특히 이중 챔질법은 뗏짱수초 구멍낚시에 아주 적합하다.

경량화된 채비와 글루텐 미끼로 낚은 중량급 대물 붕어. 예쁜 찌올림과 묵직한 손맛, 대물의 향기는 낚시꾼만 누릴 수 있는 특권이자 환희이다.

이중 챔질의 장점은 장비 및 채비보호, 심한 챔질에 의한 대상어의 충격 완화, 획기적인 헛챔질 방지에 많은 도움이 된다. 이중 챔질을 하게 되면 버들잎 크기의 치어나 참붕어, 납자루와 같은 작은 어종이 8호 이상의 큰 바늘에도 걸려 나오는 일이 흔하며, 원인을 찾을 수 없는 헛챔질 시 답을 찾을 수 있다. 즉 헛챔질의 원인이 잡어였을 때 이중 챔질법을 통해 잡어의 존재를 확인할 수 있다(때로는 새우도 잡혀 나온다).

그 외 채비가 터지고 헛챔질이 발생하는 원인은 대부분은 챔질 요령에 문제가 있기는 하나 상황에 맞는 적절한 크기의 바늘과 개수, 떡밥 사용법, 찌맞춤이 잘못되었을 때 원인을 찾을 수 있다.

장애물이 많은 낚시터도 포인트 개발을 통해 경량화된 채비와 글루텐 낚시가 가능하다. 사진은 필자와 동료 회원들이 포인트를 개발 중인 모습이며 바닥낚시는 채비 일체가 꼭 바닥에 닿게 해야 한다.

(5) 현장 상황에 따라 필자의 경량화된 채비 운용 기준

▶ 수심 1~3m권의 수온변동기, 저수온기의 필자의 경량화된 채비 운용 기준

· 양바늘 사용 시 붕어 바늘 3~6호를 넘지 않는다. 외바늘 사용 시 7호를 넘지 않는다.

※ 이때 바늘의 선택 기준은 중층낚시용 바늘처럼 가늘고 가볍고 날카로운 것을 선택하며 수온, 활성도 등을 감안하여 크기나 바늘의 개수를 선택한다.

· 떡밥 전용찌를 선택하며 찌의 전장 길이는 40~60㎝ 이내에서 선택 운용한다.

· 이때 찌의 전장 길이는 낚싯대의 길이 포인트의 수심, 활성도 등에 따라서 선택을 달리하고 찌의 푼수도 낚싯대의 길이 수심, 수온, 활성도 등을 감안하여 선택한다.

· 저수온일수록 짧고 매끈한 칠 마감과 찌톱이 가는 수준의 순부력이 좋은 찌를 사용한다.

· 대물찌처럼 몸통의 표면적이 넓고 찌톱의 굵기가 굵은 것은 피한다.

· 사진과 같이 수초가 심하여도 필자는 모노필라멘트사 2호를 넘지 않는다. 만약 수초가 없다면 1.5호를 사용한다. 2호 이상의 굵은 줄을 사용하더라도 카본사는 사용하지 않는다.

수초와 콧부리 포인트는 최고의 명당

▶ 수심 1~3m권의 고수온기: 필자의 경량화된 채비 운용 기준

· 양바늘 사용 시 붕어바늘 5~8호를 넘지 않는다. 외바늘 사용 시 8~9호를 넘지 않
는다. 이때 바늘의 선택 기준은 중층용 바늘처럼 가늘고 가볍고 날카로운 것을 선
택한다.

· 성능이 좋은 고부력찌를 선택하며 찌의 전장 길이는 45~75㎝ 이내에서 선택 운용
한다. 수심, 낚싯대의 길이, 낚시터 환경, 활성도 등을 감안하여 찌의 길이와 부력
을 선택한다. 몸통이 지나치게 슬립하고 찌톱의 굵기가 굵은 것은 피한다.

· 장애물이 심하지 않거나 없을 경우, 모노필라멘트사 1.5~2호를 넘지 않는다.

· 장애물이 아주 심할 경우, 모노필라멘트사 2.5~3호를 넘지 않는다.

· 장애물은 없으나 수심이 얕아 대물붕어의 순간 저항이 유독 심할 경우, 모노필라
멘트사 2~2.5호를 넘지 않는다.

(6) 각기 다른 성분을 지닌 글루텐떡밥 조합의 중요성

본 단원의 특성상 글루텐떡밥과 어분만을 다루기로 한다. 필자가 처음 접한 글루텐 떡밥은 대부분 일산 제품이었고, 제품의 성능이 매우 우수함에 놀라면서도 한편으로는 '왜 우리 조구업체에서는 이보다 더 우수한 제품이 생산되지 않는가?'를 생각하며 우리 도 이런 제품을 생산하기를 소망하였던 기억이 난다. 당시로서는(필자와 낚시인들은) **일산 제품에 익숙**할 수밖에 없었고, 현재도 일산 제품을 주로 사용하게 되어(특정한 일 산 제품을 중심으로 설명하게 되어) 필자로서는 굉장히 유감이다. 요즘 국산 제품도 떡 밥의 품질이 굉장히 좋아졌고, 상당한 기능을 갖추고 있다고 한다. 필자가 애석하게도 일산 떡밥을 비교하여 성분과 기능을 설명하지만, 내용을 잘 이해할 수만 있다면 이에 해당되는, 기능이 같은 성능의 국산 제품을 구입하여 적용하거나 사용하는 데 크게 어 려움이 없을 것으로 예상된다.

떡밥의 크기, 물성, 배합 비율 등은 유속, 수온(계절), 대상 어종의 크기와 개체군, 활 성도, 생태 환경(잡어, 치어, 외래 어종) 등 여 러 조건을 두루 살펴서 판단해야 한다.

우리가 흔하게 사용하는 국산, 일산 3번 딸 기글루텐, 5번 우유글루텐 떡밥은 특유의 콧 물 현상이 심하여(**어린아이가 콧물을 흘리 는 것과 같은**) 잡어나 치어 등의 공격에 취약 하고 흘러내린 글루텐떡밥의 끝자락을 잡어, 치어, 대상어가 물고 늘어지기 때문에, 이때 찌의 거짓 표현을 보고(가짜 입질) 낚시꾼은 챔질을 할 수밖에 없었을 것이다. 이렇듯 콧 물 현상은 최초 성형한 콩알떡밥의 모양새가

모델: 강창경 동호인

아닌 늘어진 형태로 바뀌므로 정상적인 입질(입걸림)을 받아낼 수 없는 경우가 많아 헛챔질이 유발되고, 이로 인하여 미끼를 자주 교체할 수밖에 없어 대상 어종의 접근(경계심)을 방해하는 요인이 되었다. 즉 상대적으로 경계심이 적은 잔 씨알의 붕어나 잡어가 글루텐 떡밥의 끝자락을 물고 늘어지는 과정에서 가짜 찌올림이 발생하고, 이로 인한 소음이 대상 어종의 접근을 방해하는 요인이 된다. 이런 현상이 지속될 경우, 평균 씨알이 작아지게 되며 늘어진 떡밥은 대상어의 입질에도 영향을 끼치게 된다. 이런 이유로 인하여 필자는 글루텐 단품을 사용하는 것보다는 각각의 특징을 지닌 여러 종류의 글루텐 떡밥을 조합하여(최대한 분해 속도가 늦춰지도록 하기 위하여 조합할 수밖에 없었고), 동호인들께도 사용하는 것을 늘 권장해 왔다.

사진 속 떡밥은 시중에 판매되는 다양한 종류의 국산과 일산 제품의 떡밥이며, 필자가 주로 사용하는 제품도 일부 있다. 한 가지 단품만을 고집하지 말고, 각각의 성분을 공부하여 블렌딩을 한다면 잔분력, 집어력, 응집력이 향상되어 씨알 선별력과 찌올림의 품질에 도움이 될 것이다.

(7) 글루텐 단품과 조합한 글루텐 4합의 수중 실험

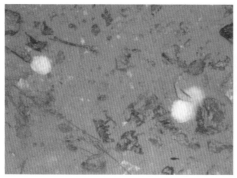 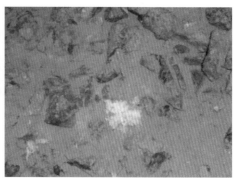

혼합한 4합 글루텐(다대편성 시 유리)
장시간 붕어의 입질을 기다릴 수 있다.

글루텐 단품은 분해속도가 빠르고
콧물 현상이 심하다.

위 사진은 오래전 노지, 유료 낚시터 전천후로 사용할 수 있는 글루텐 혼합(4합, 5합)의 중요성과 레시피를 발표한 이후 박인호 동호인과 함께 실험을 통해 증명한 자료 사진이다.

위 사진의 왼쪽은 필자가 즐겨 사용하는 글루텐 4합이고, 오른쪽은 단품의 딸기글루텐이다. 위와 같은 실험을 통해 결과를 알 수 있듯이 분해 속도에서 많은 차이가 있었다. 따라서 한 가지 단품만을 고집하지 말고 각각의 성분을 공부하여 블렌딩한다면 위의 왼쪽 사진과 같이 일정 시간 원형을 그대로 유지시킬 수 있으며, 분해가 잘되는

글루텐조합 떡밥은 대물떡붕어 바닥 낚시에도 효과가 좋다.

성분을 조합할 경우 그물망처럼 원형은 그대로 유지되면서 분진이 발생하여 집어력도 높일 수 있다.

글루텐 단품은 물에 닿기만 하여도 축 처지는 현상이 심한 반면, 조합한 글루텐은 1회 한 번 투척을 잘못하였어도 쉽게 원형이 훼손되지 않기 때문에, 다시 던질 수 있을 만큼 응집력이 좋다. 그렇기 때문에 생태계가 교란된 낚시터에서 장시간 기다리는 글루텐 대어낚시에 아주 적합하며 생태계가 교란 중이거나 살아 있는 낚시터에서 참붕어, 새우와 같은 잡어의 공격(축구공처럼 굴러다닐 정도)에도 일정 시간 잘 버텨 주고, 잔분력도 좋아 대어를 만날 확률과 씨알 선별력이 좋아질 수밖에 없다.

글루텐의 선택, 배합 비율(배합법), 점성(점도), 부착 방법, 크기 등으로 어획량 및 씨알 선별력이 달라지고 고품질의 찌올림에도 영향을 미친다.

(8) 2, 3, 4, 5합 글루텐의 조합

콧물 현상을 방지하고 붕어의 미각과 후각을 좀 더 자극하기 위해서는 각각의 기능을 가진 떡밥을 조합하라고 하였다. 조합할 각각의 글루텐 떡밥의 특징을 구체적으로 알아보자.

해초의 섬유질, 어분 등 유인 성분을 함께 첨가해 바늘 결착력이 좋고, 풀림이 상당히 느리며, 집어력이 뛰어나 대어낚시에 적합한 글루텐을 ⓐ(페레글루)라 하고＋응집력(변혁력)이 강하며 비중은 높고 집어력과 솜뭉치처럼 부풀어 오르는 성질의 고구마 성분 글루텐을 ⓑ(이모글루텐)라 하고＋비중은 가볍고 섬유질이 매우 강하며 경시 변화에 강한 기능을 가진 글루텐(풀림을 저지하는 기능)을 ⓒ(알파 21)＋콧물 현상이 심하긴 하나 터치감, 잔분감 블렌딩 효과가 뛰어난 성분의 딸기글루텐을 ⓓ, 우유글루텐을 ⓔ라 정하였다.

위와 같이 각각의 특징을 지닌 여러 가지 글루텐을 두루 혼합하여 수심이나 수온, 활성도, 생태계 조건 등의 현장 여건을 감안하여 물성 조정을 한다면 결착력이 향상되고, 붕어의 미각, 후각을 좀 더 자극할 수 있다. 특히 바닥낚시의 특성상 비중과 응집력이 좋은 글루텐 제품만을 혼합하였기에, 최초 떡밥을 반죽하여 성형한 모양을 원형 그대로 보존할 수 있으므로 어지간한 잡어의 공격이 아닌 이상(물속에서 긴 시간 버틸 수 있게 함으로써) 그만큼 대어를 만날 확률이 높아질 것이라는 게 필자의 주장이다.

몇 가지 예를 들어서 이해를 돕고자 한다.

2합: 두 가지 이상의 떡밥을 조합하는 것을 말한다.

· ⓒ의 떡밥에 ⓐ 또는 ⓑ를 1:1로 혼합
 집어력을 높일 수 있고, 유속, 잡어 등 외부적 자극에 의한 떡밥의 유실, 원형 보존 등이 용이하며, 떡밥의 비중도 적절히 조절할 수 있어 붕어의 활성도가 저조하고 기다리는 낚시에 사용한다. 특히 ⓐ 떡밥의 어분 성분은 대어를 만날 확률을 높여주며, 평균 씨알이 커짐을 알 수 있다.

- ⓒ의 떡밥에 ⓓ 또는 ⓔ를 1:1로 혼합
  ⓓ, ⓔ는 물성 조정이 용이하고 붕어의 미각, 시각을 자극하며 결착력이 뛰어나기 때문에 낚시인들 사이에 가장 인기가 높은 떡밥이기는 하나, 콧물 현상이 심하여 (단품을 사용하기보다는) ⓒ를 조합하면 콧물 현상이 개선되어(경시 변화 방지) 씨알 선별력, 입질 빈도수, 고품질의 찌올림에 도움이 될 것이다. ⓒ 떡밥이 ⓓ, ⓔ 떡밥을 그물망처럼 감싸 준다.

3합: 세 가지 이상의 떡밥을 조합하는 것을 말한다.

2합의 두 가지 유형의 패턴에 조합하지 않은 떡밥을 1개 더 추가함으로써 각각의 떡밥들이 지니고 있는 특징을 통해 점성, 미각, 후각, 비중(유속, 잡어에 용이) 등을 높여 찌올림의 폭이나 입질 빈도수 씨알 선별력을 높이기 위함이다. 예를 들어 ⓒ+ⓐ의 조합에 ⓓ또는 ⓔ를 선택하여 혼합하는 것을 말한다.

4, 5합: 네 가지 이상의 떡밥을 조합하는 것을 말한다.

필자는 주로 4합과 5합을 선호하며 4합을 통해(2합, 3합 때보다) 좀 더 효과를 증대시키기 위함이다.

우선 작은 밀폐용기와 50cc 미만의 계량컵을 준비한다. 최초 비닐봉지에 밀봉된 떡밥을 개봉하게 되면 공기와 맞닿게 될 것이고, 시간이 흐를수록 성능이 저하될 것이다. 따라서 한꺼번에 많은 양을 혼합하는 것은 좋지 않다. 즉 밀폐용기 전체 높이의 3분의 2 정도의 분량을 혼합(준비)하고, 실제 사용할 때는 **50cc 이내의 작은 계량컵을 사용하여 소량 자주 반죽하여 사용하는 것이 요령이다. 실제로 붕어는 바로바로 새로 갠 떡밥에 반응이 좋은 편이고, 떡밥낚시는 부지런해야 한다.**

예를 들어서 필자가 주로 사용하는 레시피(딸기 300cc + 우유 100cc + 이모글루텐(또는 페레글루, 이모 100 + 페레 100) 200cc + 알파21 100cc)를 혼합하면 700cc가 된다. 출조 횟수가 많은 낚시인이라면(더 많은 양을 혼합하고자 한다면) 곱하기 2하면 될 것이다. 밀폐용기에 보관하여 공기와 습도를 차단시키고, 계량컵을 이용하여 조금씩 덜어 쓰면 된다. 필자가 주로 사용하는 3가지의 형태의 레시피를 예를 들어 보자.

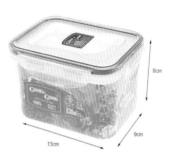

※ 알파 21의 경우 수심이 깊거나 저수온기에 가까울수록 50cc 단위로 더 추가하여 혼합한다. 수심이 깊을수록 이모글루텐, 페레글루텐 함량을 높일 수 있다. 모두 비중이 높은 떡밥이다.

▶ 고수온기(노지)

· 1유형

4합: 딸기 300cc + 우유 100cc + 이모글루텐 200cc + 알파 21 100cc

5합: 딸기 300cc + 우유 100cc + 이모글루텐 100cc + 페레글루 100cc + 알파 21 100cc

물성비율 : 떡밥 1컵 + 물 1.5컵(±0.3)

(예) 고수온기 유속이 심하다, 잡어가 심하다: 떡밥 1컵 + 물 1컵(최고 1.2컵)

수온변동기 또는 고수온기 활성도가 좋다: 떡밥 1컵 + 물 1.2~1.5컵

저수온기, 활성도가 미약하다: 떡밥 1 + 물 1.5컵~최고 1.8컵

위의 세 가지 유형은 상황 변화에 따라 물±0.3 이내로 함량을 조절할 필요성이 있다.

▶ 수온변동기(수온 변동에 따라서 알파 21 ↕, 수심이 깊을수록 이모, 페레 ↑의 용량을 달리한다.)

· 2유형

4합: 딸기 300cc + 우유 100cc + 이모글루텐 150cc + 알파 21 150cc

5합: 딸기 300cc + 우유 100cc + 이모글루텐 75cc + 페레글루 75cc + 알파 21 150cc

물성비율 : 떡밥 1컵 + 물 1.5컵(±0.3)

(예) 유속이 심하다, 잡어가 심하다: 떡밥 1컵 + 물 1.2컵(±0.3)

평상시 떡밥 1컵 + 물 1.5컵(±0.3) 현장 상황에 따라서 비율을 조정한다.

▶ 저수온기

물성비율 : 떡밥 1컵 + 물1.7컵(±0.3 이내)

· 3유형

4합: 딸기 300cc + 우유 100cc + 이모글루텐 200cc + 알파 21 200cc

5합: 딸기 300cc + 우유 100cc + 이모글루텐 100cc + 페레글루 100cc + 알파 21 200cc

주의할 점: 위의 레시피는 유료 낚시터, 노지 낚시터 두루 사용이 가능하나 물성은 글루텐 노지 대어낚시에 적합한 비율이다. 따라서 장소, 수온, 유속, 잡어, 활성도 등을 감안하여 적용 정도를 달리해야 하기 때문에, 위에 표기된 물의 함량이 절대적일 수 없다. 많은 연습을 통해 답을 찾아가기 바란다.

위 레시피는 자연산붕어, 양식붕어 모두 평균 씨알이 좋아지는 경향이 두드러지게 나타난다. 특히 어분 성분이 함유된 페레글루를 혼합하면 유·무료 낚시터 모두 평균 씨알이 더욱 좋아진다.

알파 21에 있는 망사 형태의 매우 강한 글루텐 섬유는 감자나 고구마 성분의 가루를 확실하게 감싸고 균일하게 확산시키는 작용을 하는데, 이런 망사 형태의 섬유가 바늘 몸통에도 제대로 얽히기 때문에 떡밥은 자연스럽게 오래 달려 있기 마련이고, 찌올림에도 도움이 된다. 다시 말해서 어지간한 흔들림(외부적 자극)에도 잘 떨어지지 않기 때문에 수심이 깊고 잡어, 유속 등과 같이 외부적 자극에 잘 견디며 동시에 비중이 가벼워 붕어의 입질 시 잘 빨려 들어가는 장점이 있다.

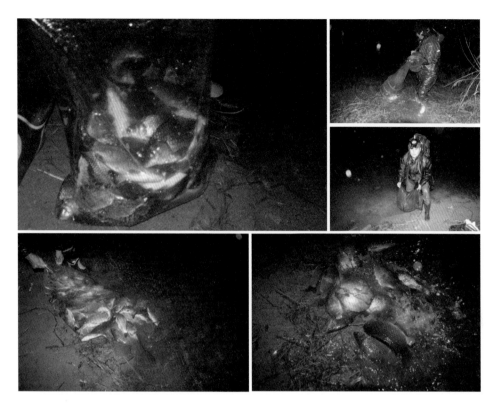

혼합글루텐, 어분＋혼합글루텐 미끼는 씨알 선별력과 바늘 결착력이 좋다. 이준무 동호인과 함께 낚은 준월척 붕어(약 80~100수 중. 월척만 30수 이상이다). 모두 방생함.

(9) 레시피보다 중요한 물성 조정(점성, 점도)

물성 조정은 찌맞춤 다음으로 중요하다 하여도 과언이 아니다. 즉 고수온기, 수온변동기, 저수온기, 활성도, 유속, 잡어, 수심 등 현장 상황에 맞는 물성과 점도가 되어야 한다. 예를 들자면 강·중·약 형태로서 고수온기라면 강(되게), 수온변동기라면 중(약간 묽게), 저수온기라면 약(묽게)이 될 것이고, 이런 기준은 활성도의 정도에 따라서도 구분해야 한다.

백문불여일견(百聞不如一見). 이때의 점도나 터치감을 글로 표현하는 데 한계가 있고, 사실상 완벽한 전수가 불가능하므로 주변에 경험이 많고 터치 감각이 뛰어난 실력 있는 낚시인에게 도움을 요청하는 것이 좋겠다. 수조 찌맞춤법 실전 낚시 전문교관께 도움을 요청하는 것도 좋은 방법이므로 연락처를 남기기로 한다.

모델: 박근필 동호인

자존심을 꺾고 떡밥반죽기술이
뛰어난 동료에게 배움을 청하라!

(전문교관: http://cafe.naver.com/2joungho/942 옥수 안영섭 교관)

※ 떡밥반죽의 중요성

과거 찌맞춤이 다소 문제가 있던 시절에도 떡밥반죽기술이 좋은 낚시인은 찌올림과 함께 조과도 좋았다. 지금은 전설로 전해지는 이야기지만 성씨가 우씨고, 떡밥 반죽기술이 워낙 출중하여 늘 나가는 낚시 대회마다 상을 싹쓸이하던 대선배 낚시인이 있었다. 별명이 '우떡밥'이다. 이와 같이 찌맞춤도 중요하겠지만, 떡밥운용술에 따라 찌올림의 품질과 어획량에 상당한 차이가 있음을 이해하자.

(10) 씨알 선별력을 획기적으로 높이기 위한 어분과 혼합한 글루텐의 조합

입질 빈도수는 글루텐에 비하여 다소 떨어지지만 **씨알 선별력을 확실히 높이기 위해서는 조합한 글루텐에 어분을 혼합하여 치대는 방법**이 있다. 이때 반드시 점성은 어린아이의 귓불처럼 쫀득쫀득 말랑말랑하게 반죽하고 살아 있어야 한다. 점성을 살리는 방법은 상당히 오랜 시간 치대는 방법밖에 없는데 한 가지를 예를 들어서 이해를 돕고자 한다.

수제비 반죽의 비법은 오랜 시간 반복적으로 치대는 것인데 떡밥도 마찬가지로 열심히 치대면 된다. 예를 들어서 조합한 5합 글루텐 7 + 어분 3의 비율로 물과 혼합하여 5분 치대고, 5분 숙성 후, 또 5분 치대고 또 10분 숙성하고 이런 작업을 많이 하면 할수록 떡밥의 점도는 굉장히 좋아질 것이다. 수제비 반죽 요령도 마찬가지이다. 20분 치대고 30분 숙성시키고, 또 20분 치대고 또 30분 숙성시키고 하는 작업을 최소한 7~8차례 이상 반복하고 하루 24시간 저온 숙성을 시키면 굉장히 쫀득하고 말랑한 수제비가 탄생한다. 바로 이것이 수제비 맛집의 비법이다.

이준무 동호인이 어분과 혼합한 글루텐으로 낚은 4짜 붕어

박준휘 동호인이 어분과 혼합한 글구텐으로 낚은 4짜 붕어

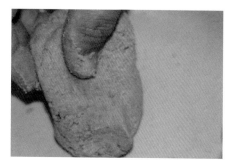

엄청나게 쫀득쫀득해 질때까지 정성을 다해 치댄다.

정리하자면 조합한 글루텐에 어분을 혼합함으로 인하여 씨알 선별력이 좋아지지만 전제조건으로 떡밥의 점도, 감촉을 상당 수준으로 높여야 한다. 글루텐 단품이나 조합한 글루텐만을 사용하면 마릿수는 좋은 반면에 어분을 혼합한 떡밥보다 평균적으로 씨알이 작게 나온다는 것을 실전 경험을 통해 알 수 있었기에 마릿수보다 씨알을 확실히 높이고 싶다면 어분을 혼합하여 열심히 치대기 바란다. 특히 사짜, 오짜가 많은 낚시터에서 효과를 발휘한다.

획기적으로 씨알 선별력을 높이기 위해서는 어분을 혼합한 글루텐떡밥을 열심히 치대야 한다.

(11) 초보자를 위한 떡밥낚시의 일반 상식과 요점 정리

- 저수온기라면 글루텐 떡밥의 물성을 묽게 하고 풀림이 좋은 떡밥을 조합한다.
- 유속이 있는 낚시터라면 비중과 섬유질이 강하고 바늘 결착력이 뛰어난 성질의 글루텐을 조합하여 다소 되게 점성을 유지하는 것이 좋다.
- 유속이 아주 심하다면 초보시절로 돌아가 딱딱하게 반죽하는 것이 오히려 유리하다.
- 잔 씨알과 굵은 씨알의 개체가 골고루 나와 준다면 조합한 글루텐에 어분을 첨가하여 수제비 반죽하듯 정성을 다해 치대어 떡밥의 점성을 높여 주면 씨알이 선별된다.
- 생태계가 완전히 교란되었고, 유속이 전혀 없는 낚시터라면 정숙을 요하며 버티는 낚시가 유리하다.
- 수온이 높고 붕어의 활성도가 좋다면 작은 콩알, 큰 콩알떡밥을 번갈아 가면서 공략해 본다.
- 수온이 높고 붕어의 활성도가 좋은데 떡밥이 묽다면 득보다 실이 많다.
- 잡어의 성화가 심하고 대상어종의 경계심도 없고 대상어의 군집성도 좋다면 집어를 겸한다. 다만 '콩알 낚시로 집어를 할 것인지? 짝밥 형태로 할 것인지?'의 판단이 요구된다.
- 첫 입질에 큰 붕어가 낚일 확률이 높다. 어른 붕어는 정숙을 요하는데 요란스럽게 처음부터 또는 낚시 도중에 집어를 하게 되면, 오히려 대상 어종을 쫓아 버리는 행동이 될 수 있으므로 집어를 겸용하는 것은 매우 조심스러운 판단을 요구한다.
- 고요하고 기다리는 낚시가 유리한 낚시터에서는 집어를 하지 않는다.
- 강고기가 유입된 저수지나 웅덩이, 수로, 하천, 전형적인 떡밥낚시터라면 집어가 필요할 수도 있겠지만, 항상 그런 것은 아니므로 무조건 집어를 하고 낚시를 시작하는 것은 좋지 않다. 낚시터의 특성을 잘 파악하여 꾸준히 낚시를 하면서 콩알 낚시로(글루텐에 집어 성분을 첨가하여) 진행할 것인지, 유료 낚시터처럼 짝밥 형태로 할 것인지를 판단하는 것은 현지 낚시터 특성에 따라 달라지므로 무조건 집어부터 시작하는 것은 삼가야 한다.

- 회나리(강붕어)처럼 회유성, 군집성이 심한 낚시터는 사전 집어 작업이 유리할 수 있다. 특히 새벽낚시에 유리하고 동틀 무렵 집중적으로 입질이 들어올 확률이 높다.
- 잔 씨알과 굵은 씨알이 함께 군집하여 마구잡이로 나와 준다면 양바늘, 양콩알의 크기에 수시로 변화를 주고, 잦은 떡밥 교체로 자연발생적으로 집어하는 방법과 집어떡밥과 콩알 떡밥을 짝밥 형태로 운용하는 등 당일 상황을 고려하여 판단한다.
- 떡밥낚시를 목적으로 출조하였지만, 출조한 낚시터가 떡밥보다 유독 생미끼(지렁이, 새우, 참붕어)에 반응이 좋고, 글루텐이나 옥수수에 잔 씨알에만 반응한다면 과감히 글루텐 대어낚시를 포기하고 큰 바늘로 교체하여 생미끼 낚시로 전환하는 것이 좋다.
- 대상 어종은(붕어는) 회유성 어종이므로 길목을 잡고 기다리다 보면(시간이 되면) 틀림없이 포인트로 들어올 것이다. 이런 회유 시간대는 일·월·계절에 따라 수시로 변하므로 현지인의 정보가 필수이다. 또한 회유 시간대가 보장된 낚시터에서 조급하게 집어를 하고 소음을 발생시키며 기다리지 못하면 낭패를 볼 수 있다.
- 고수온기 잡어의 성화가 굉장히 심하고, 수심이 다소 깊은 편이라면 딱딱한 건탄 낚시가 유리할 수도 있다. 건탄낚시를 진행하다가 대상 어종의 입질이 시작되었다면 글루텐이나 어분과 혼합한 글루텐 떡밥을 짝밥으로 교체해 가며 공략해 본다.
- 바닥낚시는 채비의 안착이 매우 중요하다. 수초가 많다면 반드시 봉돌(미끼)은 바닥에 안착시켜야 한다. 이때 유독 붕어가 잘 나오는 구멍이 있다면 욕심을 버리고 1~2대 가지고 유독 잘 나오는 구멍을 집중 공략하는 것이 좋다.

(12) 바늘의 선택 및 운용

바늘의 선택 및 운용을 적절히 하게 되면 입걸림을 좋게 하고(헛챔질을 방지), 입질 빈도수를 높일 수 있다. 또한 찌올림의 폭, 빨리는 입질, 버벅거리는 입질, 치고 나가는 입질 등 찌오름의 품질에도 많은 영향을 끼친다.

떡밥낚시는 부지런해야 한다. 출조 당일의 상황을 잘 파악하여 바늘, 목줄, 찌, 떡밥 의 물성 및 크기 등에 변화를 주고, 능동적으로 대처할 줄 아는 기량을 키워야 한다.

바늘 운용은 출조 당일의 상황을 잘 파악해야 하는데, 이때 상황이란 무엇인가?

※ 상황이란? 유속, 장소(입질이 좋고 나쁨의 차이가 있는 낚시터가 존재함), 수온(계절), 수 심, 장애물, 잡어, 어종의 크기, 바닥 상태, 활성도 등을 말하며 당일 수온이나 시간 흐름, 자연현상에 따라서 붕어의 활성도는 자주 바뀌는 경향이 있다.

상황 변화에 따른 신속한 바늘 교체는 필수

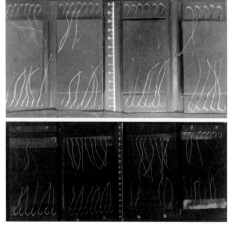

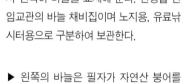

수조찌맞춤 실전낚시 전문가 안영섭 교관
교관상담 : http://cafe.naver.com/2joungho

떡밥낚시에 적합한 바늘로서 폭이 넓 고 가늘며 가볍고 날카롭다.

떡밥낚시에 적합 하지 않은 바늘로 서 무겁고 두껍다.

▶ 기량이 출중한 낚시인은 사전준비 작업 이 철저하고 부지런하며 상황변화에 따라 서 신속히 바늘을 교체해 준다. 안영섭 선 임교관의 바늘 채비집이며 노지용, 유료낚 시터용으로 구분하여 보관한다.

▶ 왼쪽의 바늘은 필자가 자연산 붕어를 상대할 때 주로 사용하는 떡밥낚시용 바늘 이다. 바늘 끝과 바늘허리의 간격이 넓고 전체적으로 늘씬하며 가볍다.

① 활성도에 따라 바늘의 크기, 개수, 굵기 등에 변화를 준다

　활성도에 따라 붕어의 입질 각도가 달라지고 입질 각도에 따라 찌올림 폭이 달라진다.
　활성도에 따라 헛챔질, 입질빈도수, 입질폭이 달라지고 이런 현상을 판단하여 바늘
의 개수, 크기에도 변화를 주어야 한다.

　오름 수온에 붕어의 활성도는 좋아지고, 내림 수온에 활성도가 저조해지는 것은 지
극히 자연적인 현상이고, 하루 24시간 흐름에 따라 활성도는 수시로 변한다. 이런 활성
도에 따라 붕어의 입질 형태도 시시각각 달라지고 헛챔질에도 영향을 미친다. 다시 말
해서 입질 각도가 높아질수록 헛챔질 발생 가능성이 높아진다.
　수온이 상승곡선을 타면서 붕어의 활성도가 좋아지게 되면 붕어의 입질 각도가 45
도 이상으로 높아진다. 또한 미끼 흡입력도 향상되고, 미끼 흡입 후 상승반경도 넓어진
다. 반대로 수온이 내려가면 활성도가 저조해지는데, 이때 입질 각도는 45도 이하로 낮
아지며 심하면 수평에서 입질할 수도 있다. 당연히 미끼 흡입력도 약해지고, 미끼 흡입
후 상승 반경도 짧아지며, 심할 경우 전혀 이동하지 않을 수 있다. 예를 들어 미끼 투척
후 일정 시간 전혀 입질이 없어서 미끼를 교체하기 위하여 낚싯대를 들어 보면 민망하
게도 붕어가 자동으로 걸려 나온 경험이 있을 것이다. 물론 찌맞춤, 수심 맞추기 등이
잘못되었거나 목줄이 너무 길어도 이런 일이 발생할 수 있지만 활성도가 저조할 때 이
런 현상이 자주 발생한다.

　아래의 글·그림과 같이 수온, 시간 변화에 따라 활성도가 좋아지기도 하고 나빠지기
도 하며, 이런 활성도에 따라 입질 각도에 변화가 생겨서 챔질이 잘될 수도 있고, 헛챔
질이 발생할 수도 있다. 이런 현상을 종합적으로 판단하여 바늘의 크기나 개수에 변화
를 주는 것이며, 이를 잘 판단할 줄 알아야 하고 대처(판단) 능력을 키워야 한다.
　붕어는 떡밥이나 대물미끼 속에 감추어진 바늘을 보고 입질하는 것은 아니지만(붕어
는 미끼를 보고 입질한다), 붕어가 떡밥 속에 감추어진 바늘을 쉽게 알아차리지 못하게
하거나 이물감이 최소화되도록 바늘을 선택하는 것은 낚시꾼의 몫이며, 이런 대처 능

력인 기량, 촉, 부지런함은 개인에 따라서 차이가 있기 마련이다. 따라서 출조 당일의 활성도를 정확히 파악하여 바늘을 적절히 잘 선택하고 능동적으로 교체하는 부지런한 낚시꾼이 되고자 노력해야 한다.

활성도에 따라 붕어의 입질각도

활성도 좋을 때(입질 폭 높다)   활성도 저조(입질 폭 저조)

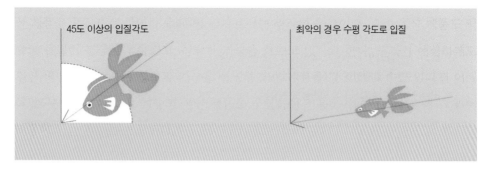

45도 이상의 입질각도   최악의 경우 수평 각도로 입질

활성도가 좋을수록 입질각도는 높아지며 저조해질수록 입질각도는 낮아진다. 최악의 경우 수평에서 입질한다.

바늘의 크기와 활성도에 따라 외바늘, 두바늘, 합봉 등의 운용법을 알아보자.

세 종류의 바늘운용법은 각각의 장단점이 있으며 상황에 따라서 적절히 적용할 필요가 있다. 즉 활성도, 헛챔질 유무를 비롯하여 찌맞춤(부상력값), 입질 빈도수, 찌올림의 폭, 찌올림의 품질, 미끼의 종류, 바늘의 크기, 바닥 상태, 수초, 계절(수온), 잡어, 기타 등등을 감안하여 세 종류의 바늘 중에서 운용을 선택하고 적용해야 한다.

필자가 자연산 붕어를 상대하는 떡밥낚시용 바늘

4호 5호 6호 7호 8호 9호 10호 이상은 주낙에 사용함.

4   5   6   7   8   9   10   11   12

유료낚시터용 무미늘바늘

10호 이상은 생미끼 낚시에 적합함.
4~7호 : 수온변동기 및 저수온기, 활성도가 저조할 때 사용.
7~9호 : 고수온기 및 활성도가 좋을 때 사용.
9호 바늘은 최고조의 활성도에 외바늘로 사용함.

※각 호수별로 외바늘, 짝바늘 사용 여부에 따라서 크기의 적용 범위가 달라질 수 있다.
※유료낚시터도 미늘만 없을 뿐 위와 같은 구조의 바늘 선택한다.

옆의 바늘은 필자가 권장하고 자주 사용하는 노지용 바늘로서 바늘 끝과 허리의 사이가 넓고 가늘고, 가볍고, 바늘 끝이 날카로워 흡입이 용이하고 입걸림이 잘 되는 장점이 있다. 단점으로는 잘 휘어진다. 휘어지는 단점을 극복하기 위해서는 챔질 방법이나 챔질 방향, 정확한 찌맞춤법과 운용술 등 낚시꾼의 기량만 보완된다면 전혀 문제되지 않는다.

7.5mm

② 바늘의 크기와 외바늘과 두바늘 운용법

활성도가 좋다면 보통은 45도 이상의 각도에서 붕어는 미끼 흡입 동작을 취한다. 간혹 활성도가 극도로 상승하게 되면 붕어의 입질 각도도 덩달아 좋아지는데, 심할 경우 90도에 가까운 각도에서 미끼를 흡입하기도 한다. 특히 해 뜰 무렵, 해 질 무렵, 먹이 활동이 왕성하고 서로 먹이 경쟁이 심하다. 이때는 흔한 말로 봉사도 붕어를 낚는다는 말이 있듯이 그만큼 입질이 왕성하다는 뜻이다. 이런 상황에서는 찌맞춤이 다소 무겁고, 바늘이나 채비, 떡밥 등 전반적으로 수준이 많이 떨어져도 찌는 몸통까지 상승하고 마릿수도 좋기 마련인데, 이런 상황에서 작은 바늘을 사용한다면 헛챔질을 비롯하여 많은 문제가 발생할 수밖에 없을 것이다.

이때 외바늘을 사용한다면 위 그림의 바늘을 기준으로 최소한 8호 이상이 유리하고, 그래도 헛챔질이 많이 발생한다면 더 큰 바늘로 교체한다. 장애물(수초, 이끼)이 없다면 짝바늘로 운용해야 한다. 만약 짝바늘(두바늘)을 사용하게 되면 다른 한쪽 바늘의 존재(무게, 침력)로 인하여 헛챔질이 개선될 수 있다.

반대로 시간 흐름에 따라 활성도가 저조해진다면 입질 빈도수가 떨어지거나 찌올림 폭이 저조해지고 버벅거리는 등 지저분한 입질 현상이 발생할 수 있다. 이때는 다른 한쪽 바늘의 존재가 거북스럽다는 뜻으로 두바늘 중 한쪽 바늘을 과감히 제거하고 외바늘 낚시로 전환해야 한다. 정리하자면 바늘의 개수와 크기, 종류 등 부지런히 바늘을 교체해야 한다.

만약 유료 낚시터에서 양식 붕어를 상대로 분할편대 채비로 낚시를 진행 중 까칠한 입질이 진행된다면 한쪽 바늘을 제거하고 다른 한쪽 날개를 위쪽으로 살짝 꺾어서 외바늘, 외편대 외바늘 낚시로 전환하여 문제를 해결하듯이 노지의 전통적인 전통채비식 자연산 붕어낚시도 바늘 개수나 크기에 변화를 주기 바란다.

체구가 높은 대어일수록 입질 각도가 낮아지므로 점잖고 묵직한 입질이 들어올 확률이 높기 때문에 이때 기본적으로 찌맞춤, 떡밥 운용, 채비 운용, 찌 등에 문제가 없다면 바늘 개수나 크기, 종류(모양) 선택 여부에 따라서 찌올림의 표현 정도(품질), 입질 빈도수, 챔질률 등에서 차이가 날 수밖에 없다.

두바늘 운용 중 유독 다른 한쪽 바늘이 붕어의 아가미, 배 등에 걸리는 날이 있는데, 이때 지나친 액션과 잘못된 챔질 방법, 지나친 힘과 앞으로 잡아당기는 형태의 챔질 방향으로 인하여 줄이나 바늘이 터지는 일이 발생할 수 있으니 낚시인 특유의 호들갑과 허풍을 자제하고, 이때는 붕어가 바닥을 기는 특이한 현상으로 외바늘 낚시로 전환하는 것이 좋다.

두바늘을 사용하게 되면 두바늘 모두 떡밥을 달 수 있기 때문에 전체적인 떡밥의 크기도 크고 다른 한쪽 바늘의 존재감으로 인하여 헛챔질이 개선되며 외바늘 때보다 평균적으로 큰 씨알의 붕어 입질이 많은 편이다(항상 그런 것은 아니나 큰 미끼에 큰 붕어가 낚이는 경향이 있다).

지금까지의 내용을 간략하게 정리하자면 시간 변화 및 수온이 높고 낮음에 따라서 붕어의 활성도가 좋거나 나빠질 수 있고, 수온 변화로 인한 활성도에 따라 헛챔질, 입질각도(찌올림 폭), 입질 빈도수도 달라진다. 따라서 **이런 현상을 진단하여 바늘의 크기나 개수(외바늘 ↔ 두바늘 교체 작업)에 변화를 주는 것이고,** 외바늘, 두바늘 모두의 장단점을 잘 살려서 적절히 적용해 나갈 수 있는 기량을 키워야 한다.

고(故) 박영균 동호인. 합천호에서 함께 한 시간이 엊그제 같은데……. 고인이 떠난 후 필자는 한동안 충격에서 벗어나지 못하였다. 이런 와중에 이상한 소문이 돌았다. 필자와 고인과의 관계는 원만하였음을 밝히며, 언젠가는 소문의 진상이 밝혀질 것이다.

③ 합봉 운용법

합봉에 대하여 알아보자. 합봉을 하게 되면 두바늘 모두가 붕어의 윗주둥이에 걸리거나 최소한 한 개라도 걸리게 된다.

※ 참고로 확률적으로는 1개만 걸리는 빈도수가 높은 편이다. 그만큼 헛챔질 개선에 도움이 되며 떡밥의 바늘 결착력을 향상시키는 효과가 있다.

합봉을 통해 떡밥이 바늘에 오랜 시간 붙
어 있도록 결착력(잔존력)이 좋으면 유속,
잡어(참붕어, 새우, 치어)의 성화에도 잘 버
티므로 그만큼 대상어로부터 입질받을 확률
이 높아지고, 씨알 선별력도 향상되며 입질
빈도수도 높아진다는 뜻이다. 즉 결착력이
좋다는 뜻은 그만큼 오랜 시간 떡밥이 바닥

모델: 권용숙 동호인

에 있다는 것이다. 그 시간이 길어질수록 떡밥 교환 주기를 길게 갈 수 있기 때문에, 소
음 발생을 최소화할 수 있어 대상어로부터 입질받을 확률이 높아진다는 뜻이다. 만약 호
남권이나 유독 생미끼가 잘 먹히는 낚시터라면 합봉을 그대로 생미끼에 적용시켜도 크
게 무리가 없고, 떡밥과 달리 두바늘 모두 입걸림 되는 빈도수가 높아짐을 알 수 있었다.

합봉의 또 다른 장점은 소위 말하는 3짜, 4짜 붕어나 잉어와 같은 대물들이 합봉을
한꺼번에 꿀꺽 삼키는 바람에(필자의 경험) 두바늘의 힘으로 인하여 전혀 무리 없이
대물붕어와 잉어를 제압할 수 있었다.

합봉은 외바늘의 효과를 볼 수 있다.
합봉은 떡밥 결착력을 높일 수 있다.
합봉은 입걸림 확률(챔질 확률)도 아주 높아진다.
만약 외바늘 사용 시 헛챔질이 많다면 좀 더 큰바늘로 교체하거나 두바늘로 바꾼다.
만약 두바늘 사용 시 입질이 둔하고 입질폭이 저조하다면 신속히 외바늘로 바꾼다.
만약 두바늘 사용 시 입질 빈도수가 떨어진다면 외바늘로 교체한다.
만약 두바늘 사용 시 버벅거리는 입질이 들어온다면 다른 한쪽 바늘의 크기를 작게
달거나 외바늘로 교체한다.

참고로 합봉을 이용한 보쌈낚시도 효과를 발휘한다. 〈 I.1.(4)⑤ 스위벨 채비를 이용
한 외바늘 흔들이보쌈 운용법과 양바늘교차 떡밥운용법〉 단원을 참고하기 바란다.

낚시터 선정 및 포인트

(1) 낚시터 선정

완벽한 찌맞춤과 개인 기량, 획기적인 미끼로 중무장하여도 낚시터에 붕어가 없으면 다 소용없는 일이다. 따라서 반드시 정확한 정보에 의한 출조를 원칙으로 한다.

경남 사천시 두량지에서 이준무 동
호인이 낚은 혹부리 4짜 붕어

(2) 포인트 선정(어떤 낚시터든 반드시 1급 포인트는 존재한다)

    실력이 좋은 낚시꾼은 포인트도 잘 잡는다. 따라서 첨단 낚시 기술과 포인트 잡는 안목만 가지고 있다면, 조력에 관계없이 베테랑 낚시꾼의 칭호를 얻을 수 있다. 이런 낚시꾼은 실제로 현장에 도착하면, 허겁지겁 아무 자리에나 낚싯대를 펴지 않고 포인트 잡는 데 신중을 기하기 마련이다. 일단 낚시터에 도착하면 조급한 마음을 버리고 낚시터 모양에 따른 자리 탐색에 최대한 많은 시간을 할애하는 것이 가장 현명한 방법이다. 자리 탐색과 더불어 정확한 판단력(포인트 선정, 낚싯대 편성)과 정보력은 필수라 하겠다. 포인트 선정과 관련된 상식은 이미 자료가 차고 넘치는 관계로 관련 자료를 찾아보고 매의 눈과 같은 통찰력을 발휘하기 바란다.

    만약 볼 것도 없이 좋은 자리거나 정보를 가지고 있다면? 옛 선배낚시인들의 말이 있다. 누구 말처럼 웃자고 하는 소리지만, 최고의 명당자리는 위아래도 없이 신발부터 던지고 본다······ 그만큼 자리는 낚시 행위에 있어서 매우 중요한 요소라 하겠다.

필자와 김근오 동호회장

전통올림낚시
수조 찌맞춤법

ⓒ 이정호, 2019

개정판 1쇄 발행 2019년 2월 22일

지은이   이정호
펴낸이   이기봉
편집   좋은땅 편집팀
펴낸곳   도서출판 좋은땅
주소   경기도 고양시 덕양구 통일로 140 B동 442호(동산동, 삼송테크노밸리)
전화   02)374-8616~7
팩스   02)374-8614
이메일   so20s@naver.com
홈페이지   www.g-world.co.kr

ISBN   979-11-6435-038-4 (03690)

이 도서의 국립중앙도서관 출판예정도서목록(CIP)은 서지정보유통지원시스템 홈페이지(http://seoji.nl.go.kr)와 국가
자료공동목록시스템(http://www.nl.go.kr/kolisnet)에서 이용하실 수 있습니다. (CIP제어번호: CIP2019004156)